**디지털 리더십으로 이끄는
최고의 학교**

디지털 리더십으로 이끄는 최고의 학교

DIGITAL LEADERSHIP
Changing Paradigms for Changing Times

에릭 셰닝어 Eric Sheninger 글 | 김보영 옮김

테크놀로지 도구를 활용한 학교 운영

다봄교육

내 아내 멜리사에게. 당신의 한결같은 뒷받침, 사랑, 이해가

일을 향한 내 열정에 불을 붙입니다.

내가 하는 모든 일을 항상 지지해주는 당신에게 감사합니다.

차례

추천사 수가타 미트라 10 **머리말** 14 **감사의 글** 28
디지털 리더의 어느 하루 30

1 학습 지형은 어떻게 변했는가 »»»»»»»»»»»»»»»» 35

테크놀로지와 사회　　　　　　　　　　　　　　39

디지털 시대, 새로운 학습자　　　　　　　　　　60

요약/생각해볼 문제　　　　　　　　　　　　　65

2 변화의 강력한 사례 »»»»»»»»»»»»»»»»»»» 67

학교 리더가 나아갈 새로운 방향　　　　　　　　73

우리를 방해하는 핑계들　　　　　　　　　　　83

학교의 미래를 그려라　　　　　　　　　　　　84

테크놀로지와 혁신의 수용　　　　　　　　　　86

신세계를 준비하기 위한 대담한 아이디어　　　　89

디지털 리더로의 성장　　　　　　　　　　　　99

요약/생각해볼 문제　　　　　　　　　　　　105

3 지속 가능한 변화를 위하여 »»»»»»»»»»»»»»» 107

변화의 여섯 가지 비결　　　　　　　　　　　115

변화 프로세스　　　　　　　　　　　　　　120

잠재적 장애 요인을 찾아라　　　　　　　　　125

대규모 변화를 추진하는 전략　　　　　　　　129

요약/생각해볼 문제　　　　　　　　　　　　133

4 디지털 리더십의 필수 요소와 일곱 기둥 ≫≫≫≫≫≫ 135

변화의 운전석에 앉아라   139

디지털 리더십의 일곱 기둥   153

ISTE 교육지도자 표준   154

퓨처 레디 프레임워크   155

요약/생각해볼 문제   158

5 첫 번째 기둥:
학생 참여, 학습, 성과의 개선 ≫≫≫≫≫≫≫≫≫≫≫ 161

연구 결과가 말해주는 것   164

학습자 중심의 프레임워크   166

가르침에서 주체적 배움으로   170

엄격성/현실 적합성과 학습 표준   179

디지털 학습의 실제   189

디지털 시대의 핵심 역량   195

디지털 시민의식과 책임성   200

요약/생각해볼 문제   202

6 두 번째 기둥:
학습 환경과 공간의 변화 ≫≫≫≫≫≫≫≫≫≫≫≫ 203

클라크 홀, 창의적인 학습환경 사례   208

구글에서 배우는 학교 디자인   217

메이커스페이스   219

모두에게 디지털 기기를!   223

BYOD가 필요한 순간   227

블렌디드 수업이 아닌 블렌디드 러닝   233

학습의 개별화와 개인화   236

요약/생각해볼 문제   243

7 세 번째 기둥:
최고의 리더는 다 아는 개인 학습 네트워크의 힘 》 245

직무 역량 강화를 위한 소셜미디어 활용　　　250

개인 학습 네트워크(PLN)　　　251

필수가 된 연결성　　　257

전문성 강화 시간　　　266

모든 리더에게 PLN이 필요한 열 가지 이유　　　267

요약/생각해볼 문제　　　270

8 네 번째 기둥:
모든 유능한 리더는 유능한 커뮤니케이터다 》》》》 271

디지털 소통의 3대 원칙　　　276

새로운 방법의 개척자들　　　285

더 많은 참여를 위한 다각적인 접근　　　286

요약/생각해볼 문제　　　297

9 다섯 번째 기둥:
홍보를 보는 관점을 혁신하라 》》》》》》》》》》》》》》》 299

새로운 길을 개척한 어느 교육구　　　301

스스로 매체가 되는 법　　　305

더 많은 성공 스토리가 필요하다　　　314

요약/생각해볼 문제　　　317

10 여섯 번째 기둥: 성공적인 브랜드 구축에 필요한 전략적 사고 » 319

브랜드ED 사고로 이행하기   321

브랜드ED 사고를 구현하는 두 차원   326

왜 브랜드ED 마인드셋이 중요한가   335

적절한 해시태그의 힘   339

요약/생각해볼 문제   342

11 일곱 번째 기둥: 기회 발견 »»»»»»»»»»»»»»»»»»»» 343

전략적 파트너십   345

아카데미   352

소셜미디어 활용   355

일곱 기둥의 상호 연결성   358

요약/생각해볼 문제   360

12 효능을 이끌어내는 리더 »»»»»»»»»»»»»»» 361

디지털 리더십으로 만든 최고의 학교   364

디지털 효능을 달성하는 법   367

요약/생각해볼 문제   376

교육계의 반응 378   온라인 자료 381   참고문헌 382

추천사

어느 도시 또는 마을의 중심지에 학교를 하나 세운다거나, 오랫동안 존경받아온 명문 학교의 교장을 맡고 있는데 새로운 시대에 발맞추어 완전히 탈바꿈해야 할 필요성을 느낀다고 상상해보자. 어디서부터 시작하면 좋을까?

약 25년 전, 1990년대였다면 기존 체계에서 힌트를 얻을 수 있었을 것이다. 우선 교실과 복도, 많은 계단으로 이루어진 표준적인 설계가 있을 것이다. 운동장, 도서관, 실험실, 미술실, 음악실, 강당도 있을 것이다. 광고를 내면 훈련된 교사들을 채용할 수 있고, 정부의 표준 교육 과정이 있으며, 아이들이 표준화 시험을 잘 치르게 돕는 교육 방식도 벌써 마련되어 있을 것이다. 모든 준비를 마친 뒤 광고와 약간의 입소문을 활용하면 학부모들이 찾아올 것이다.

그런데 이제 사정이 달라졌다. 지금이라면 잠시 멈칫하고 만다. 우선 궁금해진다. "어떤 건물이 필요할까? 교실은 있어야 하나? 교실에서는 어떤 일이 벌어지지? 어떤 교사가 필요할까? 교사는 어디에서 구하지? 미술실과 과학실이 따로 필요할까? 메이커스페이스 같은 공간을 만들어야 하나? 모든 것이 디지털화했다면 음악실에서 수학 실험을 할 수도 있지 않을까? 학부모와 어떤 이야기를 하고 어떻게 소통해야 할까? 그들이 우리 학교에 아이들을 보내야 할 이유가 뭘까? 다 제쳐두고, 우리 학교는 무엇을 위해 존재할까?

바로 지금 이 책이 필요한 순간이다.

저자 에릭 셰닝어는《디지털 리더십으로 이끄는 최고의 학교》개정판에서 "본보기로 삼을 모델을 찾을 수 있을 것"이라고 말한다.

전통적인 학교 모델은 300년 넘게 거의 변함없이 유지되었다. 사실 오래된 학교일수록 더 훌륭해 보였다.

그러나 이제는 새로운 모델이 필요하다. 기존 모델은 낡았다. 이 책의 강점은 새로운 모델이 무엇인지 말해주기보다 저마다 자기만의 모델을 만들려면 어떤 질문을 해야 하는지 알려준다는 데 있다. 이 책은 학교의 리더, 새로운 학교를 만들고자 하는 사람을 위한 책이다. 새로운 학교가 있어야 학교를 이끌 새로운 리더도 존재할 테니까.

학습자는 변화하고 있다. 집중할 수 있는 시간은 짧아지고, 대신 여러 가지 일을 동시에 한다. 어떤 연구에서는 좋은 현상이라고 주장하고, 또 어떤 연구에서는 불행한 일이라고 말한다. 저자는 어느 편도 들지 않고 선택지를 제시한다. 그리고 이렇게 질문한다. "학교는 현실의 삶을 반영해야 한다는데, '실제' 삶의 상당 부분이 이미 현실이 아닌 가상에 있지 않은가?"

드디어 초점이 '가르치는' 것에서 '배우는' 것으로 이동했다. 저자는 디지털 학습의 세계로 조심스럽게 발을 내딛는다. 그가 조심스러운 이유는 사람들이 언제든 물어뜯을 준비가 되어 있다는 것을 알기 때문이라고 생각한다.

최초의 전차가 런던과 콜카타에 등장했을 때 사람들은 이렇게 물었다. "말은 어디에 숨겼나요?"

이 책은 현실과 가상을 아우르는 학습환경과 공간을 다룬다. 인터넷과 인터넷을 활용하기 위한 디지털 도구는 학교의 물리적 공간 전체에서 작동한다. 물론 인터넷도 현실이다. 그런데 그 현실이 어디에 있다고 해야 할까? 이번에는 말을 어디에 숨겼을까?

에릭 셰닝어는 전형적인 학자를 뛰어넘는 강점을 지녔다. 그는 실제 학교에서 자신의 제안을 직접 실행해보았다. 이 책에는 저자와 전 세계 사람들이 경험한 사례가 가득하다. 현직 교사들의 생생한 목소리가 담겨 있다는 말이다.

교사는 무엇을 해야 하는가? 교사는 어떻게 자신의 기술을 발전시키고 새로운 기술을 습득해야 하는가? 나는 오늘날의 교사를 조력자, 소통자라고 본다. 이 책은 조력자이자 소통자로서 교사가 새로운 스킬을 어떻게 개발하는지를 다룬 지침서다. 결국 핵심은 네트워킹이다. 여기서 잊지 말아야 할 것은 네트워크가 현실 공간이 아닌 다른 어딘가에 존재한다는 점이다.

8장부터는 경영과 마케팅을 다룬다. 옛 교육 현장에서는 경영과 마케팅이 매우 낯선 주제였겠지만, 지금은 결코 빼놓을 수 없다.

학교는 학습자, 교사, 학부모, 정부, 나아가 대중과 소통해야 한다. 이것은 디지털 리더십의 새로운 과제인데, 다행스럽게도 오늘날 학교의 리더는 전 세계와 즉시 소통할 수 있는 수단이 있다.

학교의 리더는 저마다의 얼굴을 지니고 스토리를 전달해야 하며, 그렇게 하기 위한 자원과 테크놀로지가 반드시 필요하다.

끝으로, 학교는 급변하는 세계에 뒤처지지 않아야 한다. 그래야만 학습의 새로운 위협 요인을 피하고 새롭게 나타나는 기회를 움켜쥘 수 있다.

이 책을 늘 가까이에 두기를 바란다.

수가타 미트라
영국 뉴캐슬대학교 교수, 수석 연구위원
《구름 속의 학교 : 컴퓨터 한 대로 시작한 미래형 학교 실험》 저자

머리말

테크놀로지의 유례없는 발전 덕분에 우리 사회는 기하급수적인 속도로 진화 중이다. 사람들의 소통과 협동, 문제 해결, 프로젝트 기획, 콘텐츠 소비 방식도 변화하고 있다. 이제 학습자의 확실한 성공이라는 원대한 목표를 성취하려면 모든 교육자가 교수, 학습, 리더십의 효과성을 다시 생각해보아야 한다. 학교는 여기에 초점을 맞추어야 한다. 말하자면, 아이들이 디지털 세계에서 잘 살아갈 수 있는 능력을 갖추게 하는 데 주력해야 한다. 두 번째 목표는 교육의 핵심 이해관계자들(부모, 학생, 지역사회 구성원)의 일상적인 참여를 유도하여 튼튼한 관계를 구축하는 일이다. 우리는 새로운 도전을 마주할 준비가 되었는가?

우리 삶에서 테크놀로지가 차지하는 비중이 점점 더 커진다는 사실은 사람들의 행동을 관찰해보면 쉽게 알 수 있다. 전문가나 기업은 물론이고 아이들과 부모도 마찬가지이며, 조부모도 예외가 아니다. 2017년 12월을 기준으로 세계 인구의 약 54퍼센트가 인터넷을 사용한다(Internet World Stats, 2018). 하루가 다르게 새로운 디지털 도구가 등장하고 있다. 학교의 구조와 절차는 이러한 변화를 감안하고 있는가? 학교의 리더는 이러한 변화에 발맞추어 의미 있고 지속 가능한 변화를 이끌어내고 있는가? 요점은, 학교 담장 밖에서 일어나는 변화 때문만이 아니라 우리가 더 나아질 필요가 있다는 것이다. 변화는 우리 각자에게서 시작되어 퍼져나간다. 완벽한 수업, 프로젝트, 학급, 학교, 교육구, 교사, 관리자는 없다. 그러나 더 나아질 기회는 얼마든지 존재한다.

이 책은 학교 리더를 주요 독자로 상정했다. 여기서 학교 리더란 교육감, 교육과정 책임자, 교장, 교감, 주임 교사 등 모든 단위의 리더를 말한다. 대학 교수도 입학 예비 프로그램을 위해 이 책을 활용할 수 있으리라 생각한다. 그만큼 이 책에서 제시하는 리더십 스타일이 절실하다는 데 많은 사람이 동의할 것이다. 이 책이 학교 리더를 대상으로 쓰인 이유는 그들에게 학교나 교육구 전체를 변화시킬 의사결정 권한이 있기 때문이다. 그러나 일반 교사들도 학급 수준에서 교수법이나 학생, 동료, 학부모, 지역사회 구성원과의 소통을 개선하는 데 이 책에 실린 원칙을 쉽게 적용할 수 있을 것이다.

오늘날의 리더는 학생들이 창의력, 소통 능력, 협업 능력, 비판적 사고, 문제 해결 능력, 기업가 정신, 테크놀로지 활용 능력, 글로벌 의식 등 필수 역량을 키울 수 있게 도와주는 교수·학습 문화를 창출하기 위해 비전을 수립하고 전략 프로세스를 실행해야 한다. 새로운 시대에 접어들면서 21세기형 역량이 새롭게 요구되기 때문이다.

디지털 시대가 원하는 유능한 학습자를 길러내는 일은 미래를 여는 열쇠다. 리더는 모든 의사 결정에서 이를 중심에 두고, 아직 등장하지 않은 미래의 일자리에서 유용하게 쓰일 도구를 갖춰주어야 한다. 지속적인 혁신, 목적의식적인 테크놀로지 활용, 의미 있는 교사 학습, 학교 담장 바깥과의 연결, 개방적인 사고는 디지털 시대 리더의 의무가 될 것이다.

예산 삭감, 새로운 표준, 표준화 시험의 비일관성, 시험 점수에 바탕을 둔 교직원 평가, 교육자들의 사기를 떨어뜨리는 무차별적인 공격은 아직 존재하지 않는 직업에 아이들을 대비시키기 더욱 어렵게 만든다. 따라서 어지러울 만큼 빠르게 변하는 사회에서 어떤 변화가 요구되는지 예측하고, 이와 동시에 개별 학생의 학습과 성취에 초점을 맞춘 학교 문화를 육성하는 수준 높은 리더십이 더욱 절실해졌다.

또한 사회의 이러한 변화는 새로운 학습자 유형을 만들었을 뿐 아니라 주요 이해관계자가 학교에 관여하는 방식에 대한 요구도 바꾸었다. 디지털 시대를 맞이한 우리는 교육 테크놀로지의 놀라운 진보를 경험하고 있다. 발전된 테크놀로지는 교수·학습 프로세스를 개선하고 지역사회나 이해관계자와 강력한 관계를 구축할 능력이 있으며 학생·교사·관리자가 잠재한 창의성을 발휘할 기회를 열어준다.

학교 리더에게 주어진 과제는 바로 이러한 사회 변화를 인정하고 받아들이는 것이다. 학교가 산업화한 인력 양성에 중점을 두는 예전 교육 모델을 고수하면, 우리 아이들과 지역사회로부터 외면당할지도 모른다. 학생들이 배우고 싶어 하는 것과 학교가 생각하는 교육 사이에 근본적인 단절이 존재하는 경우가 많지만, 학생들에게 적절한 교육을 제공하는 일은 그들의 성적을 올리는 것만큼 중요하다. 현실 적합성을 늘 중요하게 여기지 않는다면 성취도를 올리기도 힘들다.

왜 학교는 다양한 학습을 향한 학생들의 요구를 충족하지 못할까? 학교 리더들은 지금 자기가 하는 일을 개선하는 데 테크놀로지와 소셜 미디어를 활용하고 있는가? 우리는 미래의 사회 변화를 고려해 결정하고 행동하는가, 아니면 현재 상태만 소중하게 유지하려고 하는가? 왜 그렇게 많은 사람들이 변화를 주저하고 두려워하는가? 리더들이 이 긴급한 질문에 정확히 답하지 않는다면 우리의 교육 시스템은 현실과 괴리되고 부적절한 존재로 남고 말 것이다.

디지털 리더십을 구성하는 것은 사고방식, 행동, 기법이다. 이 세 가지는 역동적으로 결합하여 테크놀로지의 전략적 활용을 바탕으로 학교 문화를 바꾸고 개선한다. 이제는 거의 모든 부문의 리더가 인터랙티브 웹을 활용한다. 그들은 테크놀로지를 통해 투명성을 보여주고, 참여를 유도하고, 협업을 도모하고, 공유에 집중하고, 글로벌 대화를 주도하며, 커뮤니티를 형성하기 시작했다. 리더들은 넘쳐나는 디지털 도구에서 근본적인 변화를 추진하는 새로운 경로를 구축하는 한편, 리더십의 여러 측면(관리, 생산성, 협업, 평가, 피드백, 소통)에 도움이 되는 가치를 금세 알아보았다. 이러한 리더십 스타일은 벌써 널리 퍼져 있다.

학교에서 디지털 리더십은 유비쿼터스 연결성, 오픈 소스 테크놀로지, 인공지능, 로보틱스, 모바일 기기, 개인화 등의 변화를 고려한 학교 운영을 말한다. 이것은 한 세기를 넘게 이어져온 학교의 모습을 벗어나 극적인 변화가 일어난다는 뜻이다. 개인 차원에서 테크놀로지를 활용하고 있는 많은 리더는 이 변화를 벌써부터 시작한 셈이다. 이제는 그 변화를 업무로 확장해야 한다. 디지털의 흐름을 타고 테크놀로지를 리더십의 모든 측면에 매끄럽게 통합할 최적의 시간이 왔다. 또한 리더가 보고 싶어 하는 변화보다 더 중요한 것은 학습자들이 갈망하는 변화다.

진화하는 웹을 비롯한 여러 테크놀로지는 우리 모두에게 '더 열심히'가 아니라 '더 스마트하게' 일하여 성과 개선 목표를 달성할 기회를 제공한다. 지금의 리더십에 개선된 사고가 적용되면 새로운 길이 만들어질 수 있다. 이와 같이 디지털 리더십은 학교가 미래에 성공적으로 대비하기 위해 변화를 예측하고자 방향을 설정하고, 다른 사람들에게 영향력을 발휘하고, 지속 가능한 변화를 실행하며 관계를 구축하는 것으로 정의할 수 있다.

리더는 학습에 대한 학생과 교직원의 요구와 정보에 대한 이해관계자의 요구, 엄격한 표준에 부합하며 필수 역량을 키워주기 위해 필요한 학교 문화의 구성 요소를 잘 파악해야 한다. 또한 다음과 같은 일에 정통한 '변화의 달인change savvy'이 되어야 한다(Herold & Fedor, 2008).

- 새로운 환경으로 신중하게 진입하기
- 그 환경에 먼저 진입한 사람들의 말을 경청하고 배우기
- 현황 파악과 문제 해결에 참여하기
- 서두르지 말고 조심스럽게 상황 진단하기
- 솔직한 태도로 사람들의 우려 해소하기
- 환경 변화에 진정성 있고 열정적이며 성실한 태도로 임하기

- 수정, 개선되어야 할 사항에 대한 지지 구하기
- 수정, 개선을 위해 신뢰할 만한 계획 수립하기

새로운 디지털 지형 ———

《디지털 리더십으로 이끄는 최고의 학교》초판을 출간한 뒤 많은 변화가 있었다. 우리가 애용하던 여러 도구가 수명을 다하고 새로운 도구가 등장했다. 디지털 시대의 변화 속도는 기하급수적으로 빨라지고 있으며, 그 결과 거의 모든 부문에서 파괴적 혁신이 일어나고 있다. 우리는 4차 산업혁명을 지나 5차 산업혁명으로 나아갈 것이며, 새로운 시대에 적응하고 새롭게 요구되는 변화를 수용하여 실천하는 일은 디지털 리더의 몫이 될 것이다. 첨단 로보틱스, 자동화, 인공지능의 세계에서는 이전과 달리 더 진보한 교수·학습과 리더십을 갖추는 것이 최우선 과제가 되어야 한다.

이 책의 초판은 디지털 도구와 그 활용 기법을 다루는 데 주력한 반면, 개정판에서는 교수·학습과 리더십 개혁에 필요한 구체적인 역량에 훨씬 더 큰 비중을 두었다. 이 개혁은 테크놀로지가 얼마나 빠르게 진화하는지와 상관없이 매우 중요하다. 개정판은 일시적인 추세나 유행이 아니라 현재와 미래의 혁신적인 교육 변화를 선도하기 위한 본질에 접근하고자 애썼다.

이 책의 중심 목적과 초점 ————

《디지털 리더십으로 이끄는 최고의 학교》 개정판은 투명하고 실제적이고 의미 있으며 참여를 촉진하고 영감을 준다. 더 나은 결과를 얻게 도와주는 학교 문화를 창출하고자 혁신적인 아이디어와 디지털 전략의 힘을 활용하려는 리더에게 하나의 프레임워크를 제시한다. 학생들의 성취를 끌어 올릴 수 있는 장을 마련하고 우리가 학교에서 하고 있는 일에 지역사회가 더 큰 자부심을 느끼게 하려면 이제까지 구성원을 이끌어온 방식이 바뀌어야 한다.

변화를 시작하려면 테크놀로지를 활용하거나 혁신적인 아이디어를 실행에 옮길 때 사람들이 흔히 품는 두려움과 오해의 근원을 이해해야 한다. 이에 관해 터놓고 대화를 나누어야 비로소 테크놀로지를 효과적으로 활용해 학교 운영을 개선하는 데 필요한 공동의 비전을 만들어갈 수 있다. 왜, 어떻게, 어디에서 시작할지가 학교 리더에게 주어진 과제다. 디지털 리더십에서 핵심은 화려한 도구가 아니다. 우리가 지향하는 학교 문화를 육성하려면 어떤 변화가 필요한지 파악하면서 가용한 자원을 활용하여 우리가 하는 일을 개선하는 전략적 사고방식이 중요하다. 이 책은 진화한 형태의 리더십 구축을 제안한다. 그 리더십은 리더가 디지털 세계와 맺는 공생적 관계에서 성장할 수 있다.

말로만 떠드는 것은 무의미하다. 리더의 말에는 행동이 뒤따라야 하며 그래야 개선이 확산한다. 이 책은 학교나 교육구의 교수·학습 문화를 개혁하기 위한 연구 기반의 전략과 증거를 독자에게 제공한다. 이 책에 제시한 많은 아이디어는 뉴저지주 뉴밀퍼드고등학교 교장으로 재직하면서 디지털 리더십으로 성과 개선의 길을 닦았던 경험에서 나왔다.《디지털 리더십으로 이끄는 최고의 학교》는 학교의 구조와 기능에 대한 내 믿음이 완전히 뒤바뀐 이야기를 들려준다. 그 결과는 테크놀로지와 관련된 여러 프로그램과 수업, 행동, 리더십의 지속 가능한 변화였다. 명령, 지시, 승인에 의한 리더십에서 권한 부여, 지원, 수용에 기반한 리더십으로 이행하는 일이 어떻게 해서 지속 가능한 변화의 열쇠가 되는지 검토한다. 이를 위해 내 이야기뿐 아니라 아이들을 위한 학교를 만들고 있는 여러 대담한 리더들의 이야기도 함께 담았다.

디지털 리더십의 일곱 기둥

디지털 리더십의 일곱 기둥은 목적에 걸맞은 테크놀로지 사용으로 개선되거나 향상될 수 있는 학교 문화의 영역들이다.

학생 참여, 학습, 성과 학생이 배우고 있지 않은데 성취도 향상을 기대할 수는 없다. 참여하지 않는 학생은 배우고 있지 않을 가능성이 높다. 그렇다고 참여가 모든 것을 해결해주지는 않는다. 학생들이 주체적으로 실제적인 맥락에 배운 것을 적용하면서 더 높은 인지 수준의 사고를 할 수 있어야 한다. 리더는 학교가 현실의 삶을 반영해야 한다는 점을 알고 학습자가 현실 세계의 도구로 현실 세계의 문제를 해결해볼

그림 0.1 디지털 리더십의 일곱 기둥

학생 참여와   학습 환경과   교사 학습과   소통   홍보   브랜드 구축   기회
학습   공간   직무 역량 강화

자료: Copyright © 2018 by International Center for Leadership in Education

기회를 열어주어야 한다. 테크놀로지가 변화하면 교수법, 특히 평가와 피드백 방법도 달라져야 한다. 이 책은 실제 사례를 바탕으로 디지털 학습의 효능을 보장하기 위한 수업 설계와 책임 프로토콜 개선의 청사진을 제시한다.

혁신적인 학습 환경과 공간 당신은 지금 우리 학생들이 공부하는 조건 또는 공간에서 배우고 싶은가? 아마 아닐 것이다. 혁신적인 공간이 학습 성과에 긍정적인 영향을 준다는 사실은 연구로도 입증되었다. 학교 리더는 학습자가 테크놀로지를 효과적으로 활용할 수 있게 돕고 현실 세계를 더 잘 반영하는 교실과 건물을 조성하기 위해 비전과 전략을 세워야 한다. 그렇게 하려면 개인 기기 활용Bring Your Own Device; BYOD, 1인 1기기 보급 사업, 블렌디드 러닝이나 가상 학습처럼 더 개인화한 학습 방식, 메이커 교육 등이 가능한 혁신적인 학습공간과 환경의 특징·원리를 잘 알아야 한다.

직무 역량 강화 리더는 교육계의 최신 트렌드와 연구, 아이디어에 밝아야 한다. 디지털 도구가 끊임없이 진화하고 연결성이 확대되면서 학교는 더 이상 정보 저장고가 아니게 되었다. 따라서 리더는 외딴 섬에 홀로 앉아 모든 질문에 대답할 줄 알아야 한다거나 늘 대단한 아이디어를 내놓아야 한다는 압박감을 느낄 필요가 없다. 이 부분에서는 리더가 자기만의 개인 학습 네트워크Personal Learning Network; PLN를 형성하는 방법을 다룬다. 리더는 PLN을 통해 스스로의 다양한 학습 욕구를 충족하고, 여러 자원과 지식을 얻으며, 피드백을 받고, 교육계 전문가나 현장 실무자들과 교류하고, 교수·학습과 리더십 개선을 위한 입증된 전략에 관해 토론할 수 있다. 독자들은 무료로 자신의 PLN을 만들어 언제 어디서나 값진 자원을 얻는 방법을 배울 수 있을 것이다. 또한 직무 역량 개발에서 학습으로 이행하는 과정에 관해서도 논의할 것이다. 디지털 리더십은 교육자들이 더 개인화한 학습 경로를 창출할 것을 요구한다.

소통 좋은 커뮤니케이터가 아닌 좋은 리더는 보기 힘들다. 오늘날의 리더는 다양한 디바이스를 통해 다른 공간에 있는 이해관계자들이 실시간으로 적절한 정보를 받아보게 할 수 있다. 뉴스레터나 웹사이트 같은 정적인 일방향 도구로는 충분하지 않다. 이 책에서 소통과 관련한 논의는 다양한 도구와 간단한 실행 전략으로 어떤 유형의 정보를 전달할 수 있는지에 집중한다. 이러한 새로운 소통은 더 투명한 문화를 낳게 도와줄 것이다.

홍보 내 스토리를 내가 직접 이야기하지 않으면 다른 누가 할 것이고, 그 이야기는 내가 원하던 내용과 달라질 것이다. 리더는 집단의 수석 스토리텔러storyteller-in-chief가 되어야 한다. 이 책은 긍정적인 홍보 플랫폼을 형성하기 위해 무료 소셜미디어 도구를 활용하고, 리더 스스로가 학교나 교육구의 실질적인 뉴스 발신자가 되는 방법에 초점을 맞출 것이다. 학교에서 날마다 벌어지는 긍정적인 일을 공유함으로써, 교육에 관한 부정적인 수사가 팽배한 시대에 요구되는 높은 투명성을 확보하고 내러티브를 전환해야 한다.

브랜드 구축 브랜드 구축이란 학교나 교육구를 규정하는 과정이다. 이 일은 다른 사람에게 맡길 수 없다. 기업은 브랜드의 가치와 브랜드가 현재 고객이나 앞으로 고객이 될 이들에게 미치는 영향을 오래전부터 중요하게 생각했다. 학교 리더는 소셜미디어를 활용하여 학교 문화의 긍정적인 면을 부각하는 긍정적인 브랜딩을 창출할 수 있다. 긍정적인 브랜드를 구축하면 지역사회의 자부심을 높이고 아이들을 보낼 학교를 찾는 학부모들을 유치하고 붙들어두는 데 도움이 된다. 학교의 스토리를 말하라. 그 과정은 긴밀한 관계를 구축하고 궁극적으로 학습을 개선하는 데 도움이 될 것이다.

기회 기존의 프로그램과 자원, 직무 학습 기회를 개선할 방안을 끊임없이 모색하는 것은 리더에게 중요한 일이다. 이 책은 테크놀로지를 통한 연결을 활용하여 학교 문화의 여러 영역에서 개선의 기회를 넓히는 방법에 주목한다. 다른 여섯 기둥이 서로 이어지고 함께 작동하면서 기부금 확보, 교육 자원, 현장 학습 경험, 서로에게 도움이 되는 파트너십 등 전에 없던 여러 기회가 나타날 것이다.

리더는 변화의 촉매가 되어야 하며, 디지털 리더십의 일곱 기둥이 그 일을 도울 것이다. 바람직한 학교 문화를 조성하고 유지하려면 각 기둥이 모두 중요하다. 이 책은 각 기둥을 정의하고, 여러 연구를 통해 그 중요성과 가치를 확인하며, 예산이라는 장애물을 뛰어넘을 수 있는 구체적인 전략을 개괄한다. 각 영역에서 내가 경험하고 성공한 사례뿐만 아니라 다른 혁신적인 리더, 학교, 교육구의 경험과 성공 사례도 함께 담았다. 말하는 데 그치지 않고 적극적인 행동으로 보여준 실무자들의 생생한 사례는 실제 맥락에서 각 기둥의 '왜'와 '어떻게'를 설명해주는 강력한 목소리다. 독자는 이를 바탕으로 저마다의 상황에 알맞은 전략을 실행할 수 있을 것이다.

리더는 일곱 기둥을 하나씩 다루기 시작해 학생들을 디지털 시대에 대비시키고자 각 학교를 변화시키고 개혁할 것이다. 그와 함께 개선된 참여 전략으로 이해관계자들과의 핵심적인 관계를 구축해나갈 수 있을 것이다. 독자들이 소셜미디어에서 해시태그 #digilead로 각자의 생각과 아이디어, 성찰, 경험을 공유하면 그 또한 다른 리더들에게 도움이 될 테고 말이다.

이 책을 읽은 독자는 다음과 같은 역량을 얻을 것이다.

- 디지털 시대에 교수·학습과 리더십을 변모시키는 데 어떤 걸림돌이 있는지 확인하고 극복할 구체적인 해법을 찾아낼 수 있다.
- 디지털 중심의 사고방식을 학교 운영에 조화시킴으로써 학교 문화와 이해관계자들과의 관계를 더 스마트한 방식으로 개선할 수 있다.
- 디지털 자원과 개인화한 경로를 활용하여 전문성을 더욱 신장할 수 있다.
- 연구뿐 아니라 현장의 사례를 통해서도 입증된 실용적인 디지털 리더십 전략을 곧바로 실행에 옮길 수 있다.

개정판에서 새로 추가된 특징은 다음과 같다.

- 디지털 리더십 일곱 기둥의 상호연결성이 지속적으로 변화를 추진하여 결과를 얻는 데 중요하다는 점을 강조했다.
- 도구의 비중을 줄이고 늘 새로운 자원을 창출하는 리더십을 더 강조했다.
- 이 책에서 제시한 전략을 성공적으로 구현한 디지털 리더들의 사례를 추가하고 보완했다.
- 전 세계의 여러 학교·기관과 함께 일하면서 얻은 새로운 통찰력을 추가했다.
- 더 많은 그래픽 정보를 담았다.

- 수가타 미트라의 추천사를 더했다.
- 각 장의 마지막에 생각해볼 문제를 제시하여 독자가 내용을 숙고하고 저마다의 상황에 적용해볼 수 있게끔 보완했다.
- 스킬보다 효능과 역량에 집중한 12장을 덧붙였다.
- 온라인 자료를 추가했다.

이 책을 읽으며 각 장의 마지막 질문에 대한 답을 소셜미디어에서 해시태그 #digilead를 달아 공유하면 또 다른 논의의 기회로 삼을 수 있을 것이다.

감사의 글

《디지털 리더십으로 이끄는 최고의 학교》는 애정의 산물이다. 디지털 도구는 아이디어와 영감을 가져다주었을 뿐만 아니라 데이비드 브리튼, 드와이트 카터, 존 카버, 스파이크 쿡, 로버트 지워키, 셰릴 피셔, 로버트 딜런, 린 힐트, 패트릭 라킨, 조 마자, 팸 모런 등 전 세계의 가장 놀라운 교육 리더들을 만나게 해준 대화의 촉매제였다. 그들은 디지털 리더십의 핵심을 보여주는 본보기로, 변화를 이끌고 전문성을 키우는 데 꾸준한 도움과 지침을 제공했다. 교육에서 브랜드의 중요성을 알려준 비즈니스 전문가 트리시 루빈도 잊을 수 없다. 루빈의 통찰과 지속적인 멘토링은 교육이 할 수 있고 해야 하는 일에 관한 신선한 시각을 열어주었다.

디지털 테크놀로지와 그 분야의 인플루언서 그리고 학교를 둘러싼 여러 전통적인 요소도 이 책을 써나가는 데 중요한 역할을 했다. 여기서 제시한 아이디어와 전략 중 다수는 뉴밀퍼드고등학교NMHS에서 시작했거나 발전한 것이다. 학생, 교사, 관리자, 학부모, 다른 이해관계자들을 포함한 NMHS 커뮤니티는 지지와 신뢰, 피드백, 영감의 원천이었으며 앞으로도 영원히 그럴 것이다. 다양한 교육자들에게 가치 있는 책이 되게끔 도와준 가족의 조언과 그들의 인내 또한 이 프로젝트를 결실에 이르게 하는 데 중요했다.

　끝으로, 코윈 출판사 담당자들의 기여를 빼놓을 수 없다. 발행인 아니스 버비콥스는 디지털 리더로서의 경험을 책으로 내자고 제안했으며, 한 차례 거절당했음에도 끈질기게 나를 설득했다. 편집자 데저레 바틀렛은 초고 단계에서 귀중한 피드백과 의견을 제공했다. 케이트 휘스먼의 예리한 눈과 알찬 제안은 이 가치 있는 작업에 큰 도움이 되었으며, 수석 편집 보조원 엘리자 에릭슨은 일정 관리와 자료 사용 허가, 그 밖에 이 책에 필요한 참고자료 확보를 도와주었다. 모든 이에게 감사를 전한다.

디지털 리더의 어느 하루

내가 디지털 리더가 된 것은 2009년부터였다. 일과는 여느 교장들과 다르지 않았다. 학교에 도착하면 직원들과 인사를 나누고 컴퓨터를 부팅했다. 그러고 나서 가장 먼저 한 일은 전 교직원에게 아침마다 보내는 메일을 작성하는 것이었다. 이 일이 보통 교장들과 약간 다른 점이었을지도 모르겠다.

메일을 쓰면서 트윗덱TweetDeck이라는 애플리케이션에서 트위터 메시지도 확인할 수 있다. 개인 학습 네트워크Personal Learning Network; PLN 회원들의 트윗을 훑어보며 이메일에 쓸 소재를 찾는다. 예를 들면, 교사들이 이전 수업 내용을 검토하거나 학생들의 이해도를 확인하거나 온라인에서 수업을 마무리하는 데 활용할 수 있는 무료 웹 기반 도구를 찾았다. 이 도구들을 소셜 북마크 사이트 디이고Diigo와 핀터레스트Pinterest에 정리해두면 교직원들이 필요할 때 참고하곤 했다. 자료를 찾은 뒤에는 얼른 이메일을 보내고 다시 트위터와 플립보드를 훑어보며 교육계의 최신 소식을 살펴보았다.

다음 업무는 학생들이 학교 웹사이트에서 읽을 공지사항을 구글독스Google Docs에 업데이트하는 일이었다. 작성이 끝나면 링크 주소를 학교 트위터와 페이스북 페이지에 올리고, 알림 메시지를 학교 공식 앱으로 보냈다(이 앱 개발에는 NMHS 학생들도 참여했다). 그다음에는 학교 소셜미디어 계정을 모두 업데이트해서 학교에 관련된 사람들이 최신 소식을 놓치지 않게 했다.

아침 8시쯤이면 드디어 수업이 시작되었다. 나는 스마트폰과 태블릿으로 무장하고 복도를 걸으며 각 교실을 살피거나 손님을 안내했다. 하루에도 몇 번씩 직원들과 함께 교내를 순회하고, 수집한 정보는 구글폼으로 저장했다. 이 방법을 쓰면 교사들이 평가에 부담을 느끼지 않고도 교수법 향상을 위한 피드백을 제때 받을 수 있었다. 맥렐McREL(미국 중부교육학습연구소)의 디지털 플랫폼을 이용해 하루에 한두 번 공식적인 수업 참관도 실시했다. 참관이 끝나고 교사가 교수법 등에 관한 결과물을 업로드하면 이를 바탕으로 피드백, 발전·개선안 논의가 이루어졌다.

나는 오전 시간 대부분을 교실에서 보냈다. 그 시간 동안 수업을 평가할 뿐만 아니라 학생들의 학업과 성취에 관해 트위터, 인스타그램, 유튜브, 페이스북 등 소셜미디어에 늘 공유했다. 우리 학교 교사들이 더 깊은 사고와 응용을 위해 테크놀로지를 이용한 혁신적인 수업이나 프로젝트를 실행하는 모습을 마주하면 매우 기뻤다. 교사들이 수업을 시작할 때 브레인스토밍을 위한 질문의 답을 웹 기반 도구로 받는 일은 꽤 흔했다. 학생들이 모바일 학습 기기를 사용하여 대답하고, 활발하게 토론에 참여하고, 디지털 프로젝트를 위해 협동하는 모습은 더없이 흥미진진했다. 이것은 학습 경험을 강화할 뿐만 아니라 학생들이 현실 세계를 더 잘 준비하게 돕는다. 실제로 여러 직업 세계에서 디지털 기기가 필수적이기 때문이다.

그 모든 일이 끝나고 나서야 일상적인 관리 업무를 해치우러 사무실로 돌아갔다. 그렇지만 내 디지털 저널리즘 수업을 듣는 학생들이 《더 랜스The Lance》에 쓴 글을 정독하고 논평을 남길 시간은 항상 남겨두었다. 《더 랜스》는 디지털로만 발간하는 공식 교지다. 수업 전용 트위터 계정에서 학생들이 새 글을 게시했음을 알 수 있었다.

점심시간에는 직원들과 내가 번갈아 학생들을 감독하여 교사들이 역량을 키우는 데 시간을 활용할 수 있게 만들었다. 우리 학교는 각자 자신의 기기를 학업에 활용하는 BYOD^Bring Your Own Device(개인 기기 활용) 정책을 실행하고 있었으므로, 학생들은 친구들과 교류하거나 숙제를 하거나 일정을 관리하는 데 개인 기기를 자유롭게 사용했다. 나는 아들을 위해 마인크래프트 공략법을 알아내기도 하고, 랩톱(노트북 컴퓨터)이나 태블릿으로 참관수업 평가 작성도 마무리했다. 교내에 설치한 와이파이와 휴대전화 충전소 덕분에 건물 어디서든 업무를 매끄럽게 이어갈 수 있었다. 학생들이 있는 곳에서 일할 수 있다는 점은 보너스 같은 즐거움이었다.

오후 업무도 오전과 비슷했다. 복도를 돌면서 교실 안을 들여다보면 학생들이 모바일 학습 기기를 사용하여 교사가 칠판에 적은 내용을 사진으로 찍고, 학습 결과물을 만들고, 과제를 위한 공동 작업을 하는 모습을 볼 수 있었다. 학생들이 모두 집으로 돌아가고 나면 나에게 주어진 관리 업무가 다 끝났는지 확인했다. 그 뒤 몇 시간은 그날 본 멋진 일들에 관해 블로그에 글을 쓰고, 교사들에게 도움이 될 자료와 정보를 얻기 위해 소셜미디어 공간에서 어떤 이야기가 오갔는지 훑어보면서 보냈다.

나는 디지털 리더였으며, 학교뿐 아니라 글로벌 교육자 네트워크도 활동 범위에 있었다. 여섯 대륙의 교육자 수만 명으로 구성된 이 네트워크는 나에게 가장 귀중한 자원이 되었다. 나는 소규모 학교의 리더로서 수업 참관, 방문객 안내, 신규 표준 적용, 교육과정 개정, 교사평가 제도 변경 준비, 예산 편성, 주요 일정 관리, 각종 회의 등 여러 관리 업무에 두루 관여하고 실행해볼 수 있었다. 특히 여느 교장들과 달리 다양한 디지털 기술과 전략을 통합하여 나의 모든 업무 방식을 개선할 수 있었다.

디지털 리더십은 부수적인 사항이 아니다. 내가 교장으로서 했던 모든 일과 지금 교육계의 사고 리더thought leader로서 하는 모든 일에서 중요한 부분이다. 학교의 효과와 효율을 높이고, 더 풍부하고 더 질 좋은 정보를 제공해주는 차별화한 리더십이다.

1

학습 지형은
어떻게 변했는가

How the Learning Landscape Has Changed

오늘날의 아이들은 태어날 때부터 이미 디지털화한 세상, 다양한 매체로 이루어진 네트워크 세계의 무한한 가능성 속에 존재한다. 디지털 시대 그들의 라이프 스타일은 멋진 기기를 사용하는 것뿐 아니라 참여, 자기주도학습, 창의성, 주체성에 관련된다.

—에듀토피아(2012)

변화는 벌써 시작되었다. 변화를 반기는 사람에게는 이 시대를 살아가는 일이 신나는 경험일 것이다. 반대로 변화를 싫어하는 사람이라면 기하급수적인 속도로 펼쳐지는 전례 없는 기술 혁신을 보게 될 테니 안전벨트를 단단히 조여야 할 것이다. 달아날 수도 없고 숨을 곳도 없다. 각자의 세계관에 따라 누구에게는 혁명으로, 또 다른 누구에게는 진화로 보일 그 변화는 우리가 알던 모든 세계를 변모시킬 것이다. 우리도 적응해야겠지만, 그보다도 우리의 학습자들을 아무런 예측도 할 수 없는 완전히 새로운 세계에 대비시키는 일이 가장 중요하다. 이른바 4차 산업혁명의 시대다.

《학습의 변모Learning Transformed》에서 톰 머리와 나는 우리 모두가 지금 겪고 있거나 곧 마주할 파괴적인 변화를 자세히 다루었다. 아래는 그 일부다.

오늘날 테크놀로지는 경이로운 속도로 변화한다. 이 속도는 인류 역사에서 처음 있는 일이다. 소비자는 최신 디바이스에 정통해 보이지만, 0과 1로 이루어진 세상에 사는 테크놀로지 전문가들이 아니라면 인공지능AI, 로봇 공학, 자율주행차, 사물인터넷IoT, 나노 기술의 발달에 관해 거의 알지 못한다. 곧 이러한 물리적 세계의 테크놀로지와 가상 세계의 테크놀로지가 상호작용하면서 상상할 수 없던 일들이 가능해질 것이다.

우리는 새로운 산업혁명이 시작되고 있으며, 새로운 시대에는 우리가 살아가고 일하고 교류하는 방식이 체계적인 변화를 겪을 것이라고 짐작한다. 4차 산업혁명은 인류가 세계를 경험하는 방식의 뼈대에 영향을 끼칠 것이다. 2000년대에도 우리가 테크놀로지를 활용하여 세상과 상호작용하는 방식에서 중요한 변화가 일어났다. 그러나 앞으로 일어날 전면적 변화transformational change는 인류가 경험해본 그 어떤 변화에도 견줄 수 없을 것이다(Schwab, 2016).

4차 산업혁명은 아직 태동기이지만 기하급수적으로 성장하고 있다. 테크놀로지의 발전은 거의 모든 국가와 산업에서 혁신을 일으키고 있으며, 물리적인 경계나 정치적인 경계는 변화 속도에 별다른 영향을 미치지 못한다.

테크놀로지 융합은 물리학적·생물학적 생태계에 디지털 생태계를 겹쳐 탄생시킨 4차 산업혁명을 향해 이제 첫발을 내디뎠다. '인더스트리 4.0'이라고도 불리는 이 전망은 제조업 부문 디지털화가 새로운 단계로 진입함을 뜻한다. 데이터 용량, 연산 능력, 연결성의 놀라운 향상, 애널리틱스와 비즈니스-인텔리전스 역량의 출현, 터치 인터페이스나 증강 현실 같은 새로운 형태의 인간-기계 상호작용, 첨단 로보틱스와 3D 프린팅 등 디지털 명령을 물리적 세계로 전송하는 기술의 발전이 이 새로운 단계를 이끄는 네 가지 혁신이다(Baur & Wee, 2015). 자동화 시스템은 인공지능으로 물리적 세계를 모니터할 수 있게 만들고, 가상에 복제하거나 향후의 프로세스에 관해 의사결정도 할 수 있게 해준다. 본질적으로, 이제는 기계가 문제를 생각하고 해결하며 중요한 결정까지 내릴 수 있다. 이 시대에는 빅데이터와 데이터 분석이 의사 결정을 견인할 것이다. (2017, pp. 16~17)

학습자에게 4차, 5차 산업혁명을 대비시키려면 교육의 개념이 크게 바뀌어야 한다. 우리 눈앞에서 벌어지는 이 모든 변화를 토대로 알 수 있는 사실이 하나 있다. 바로 학교가 할 일이 아이들에게 '무엇인가' 할 수 있게 만들기보다는 '무엇이든' 할 수 있게 준비시키는 것이라는 점이다. 또한 학교에 다니게 하는 것만으로는 불충분하다. 우리에게 좋은 방법이었다고 해서 아이들에게도 좋으리라는 법은 없다. 어쩌면 도움조차 안 될 수 있다.

4차 산업혁명 시대로 이행한다고 해서 우리 사회의 전망이 암울하다는 뜻은 아니다. 이 책에서 말하고자 하는 바는 변화가 일어난 다음에 대응할 것이 아니라 선제적인 태도로 임해야 한다는 것, 전 세계 교

육 시스템의 성장과 진전을 위한 기회가 어디에 놓여 있는지 파악해야
한다는 것이다.

그림 1.1은 자동화한 세계에서 경쟁하려면 학생들에게 어떤 능력을
길러주어야 하는지 보여준다.

테크놀로지와 사회 ────

테크놀로지에 따른 사회 변화는 교사, 인프라, 자원, 이해관계자들과의
관계, 학습자 등 교육 전반에 중대한 영향을 끼치기 시작했다. 풍부한
멀티미디어 콘텐츠를 활용할 수 있게 되었고, 온라인 과정 이용이 증
가했으며, 인터넷에 접속할 수 있는 모바일 기기가 널리 확산했다. 학
습과 직무 능력 향상에 소셜 네트워킹 도구가 차지하는 역할이 늘어났
고, 더 개인화한 학습을 위해 디지털 게임을 향한 관심도 늘었다
(Education Week, 2016).

온라인은 학습자들의 세계에서 큰 부분을 차지하게 되었다. 이러한
변화를 이해하는 것이 학생들의 요구를 가장 잘 만족시키고 이해관
계자들에게도 가치를 증명할 수 있게끔 학습 문화를 발전시키는 열
쇠다.

사람들은 날이 갈수록 더 많은 테크놀로지를 활용하고 있다. 퓨리서
치센터(www.pewinternet.org)가 해마다 집계하는 데이터를 잠시 들여다

그림 1.1 **이것을 자동화하라**

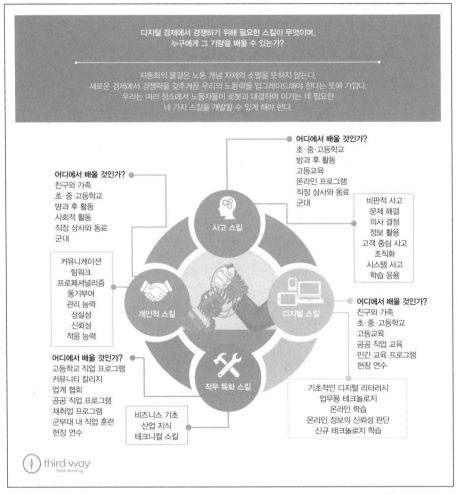

디지털 경제에서 경쟁하기 위해 필요한 스킬이 무엇이며,
누구에게 그 기량을 배울 수 있는가?

자동화의 물결은 노동 개념 자체의 소멸을 뜻하지 않는다.
새로운 경제에서 경쟁력을 갖추게끔 우리의 노동력을 업그레이드해야 한다는 뜻에 가깝다.
우리는 여러 장소에서 노동자들이 로봇과 대결하여 이기는 데 필요한
네 가지 스킬을 개발할 수 있게 해야 한다.

어디에서 배울 것인가?
초·중·고등학교
방과 후 활동
고등교육
온라인 프로그램
직장 상사와 동료
군대

어디에서 배울 것인가?
친구와 가족
초·중·고등학교
방과 후 활동
사회적 활동
직장 상사와 동료
군대

비판적 사고
문제 해결
의사 결정
정보 활용
고객 중심 사고
조직화
시스템 사고
학습 응용

사고 스킬

커뮤니케이션
팀워크
프로페셔널리즘
동기부여
관리 능력
성실성
신뢰성
적응 능력

개인적 스킬

디지털 스킬

어디에서 배울 것인가?
친구와 가족
초·중·고등학교
고등교육
공공 직업 교육
민간 교육 프로그램
현장 연수

어디에서 배울 것인가?
고등학교 직업 프로그램
커뮤니티 칼리지
업계 협회
공공 직업 프로그램
재취업 프로그램
군부대 내 직업 훈련
현장 연수

직무 특화 스킬

비즈니스 기초
산업 지식
테크니컬 스킬

기초적인 디지털 리터러시
업무용 테크놀로지
온라인 학습
온라인 정보의 신뢰성 판단
신규 테크놀로지 학습

third way
fresh thinking

자료: Third Way(2018)

보면 최근의 동향뿐 아니라 장기적인 추세도 알 수 있다. 테크놀로지
의 확산과 접근의 용이성은 우리의 행동을 변화시키고 있다. 안드레우
카세로-리포예스(Andreu Casero-Ripollés, 2012)의 연구는 젊은 층의 뉴

스 소비에서 신문은 쇠퇴하고 뉴미디어, 특히 소셜네트워크에 기울고 있음을 보여주었다. 와이파이는 산업화한 세계의 필수품이며 머지않아 세계에서 가장 외진 시골 마을에도 당연히 있어야 한다고 여겨질 것이다. 아이들이 일하게 될 직장은 새로운 테크놀로지의 영향을 받을 것이 분명하다. 변화하는 경제에 적응하려면 알고리즘과 컴퓨터 연산의 논리에 따라 사고하고, 다양한 추상 수준에서 문제를 해결하는 법을 배워 사회에 나가야 한다(Jacob & Warschauer, 2018).

학생, 학부모 등 이해 당사자, 교사, 관리자 대부분이 온라인 공간에 참여하고 있으며 인터넷에 접속할 수 있는 수단을 충분히 갖추었다. 그들은 온라인 공간 안의 여러 사이트에서 다양한 도구를 활용하여 콘텐츠를 생산하고 대화하고 협력하며 토론한다. 또한 인터넷에서 친구와 연락하고 디지털 콘텐츠를 이용하고 비디오게임을 하며, 자기만의 콘텐츠를 만드는 데 많은 시간을 보낼 가치가 있다고 생각한다. 학교가 항상 원하던 높은 수준의 참여와 상호작용이 온라인에서 일어나고 있다. 이것이 우리 사회의 모든 구성원이 몰입하고 있는 세계이며, 우리 아이들은 거기서 태어났다. 지금까지 디지털 원주민과 이주민의 경험에 주목했다면 이제는 테크놀로지가 실제로 사회 구석구석까지 스며 있다는 사실에 주목해야 할 것이다. 테크놀로지와 세계는 꾸준히 진화할 것이고, 학습자도 그에 따라 적응을 거듭할 것이다. 지금처럼 변화를 뒤따르면서 이리저리 재볼 시간이 없다.

퓨리서치센터가 지속적으로 발표하는 조사 결과를 보면 인터넷을 비롯한 테크놀로지에 대한 우리 사회의 사용 의존과 열광이 얼마나 증가하고 있는지 엿볼 수 있다. 이제 실시간 정보 액세스는 표준이 되었으며, 나날이 증가하고 진화하는 소셜미디어가 그 선봉에 있다. 첨단 모바일 테크놀로지, 저렴해진 기기, 무선 접속 발달 추이를 볼 때, 전 세계 대부분이 서로 이어지는 날은 우리 생각보다 일찍 올지도 모른다. 그렇다면 사후 대응보다 선제적 접근이 필요할 것이다.

우리 아이들은 기하급수적인 테크놀로지 진보가 펼칠, 지금으로서는 어떤 모습일지 예측조차 힘든 미래 세계에 잘 대비하고 있는가? 그렇지 않다면 교실과 학교, 교육 당국이 더 나은 방향으로 움직이기 위해 무엇을 해야 할까?

우리 사회는 다양한 목적으로 더 자유로운 인터넷 접속을 갈망하며, 이제 그 수단을 갖추었다. 이러한 변화에 따라 일부 교육 리더들은 현 교육기관의 구조와 기능이 끊임없이 학교의 벽을 넘어 진보하는 현실에 맞지 않음을 인식하고 있다. 그리고 드디어 디지털 시대의 르네상스를 일으키는 데 이 현상을 어떻게 이용할 수 있을지 논의하기 시작했다. 과거에 인터넷 인프라에 크게 신경 쓰지 않았던 학교들이 이제는 건물 전체가 인터넷에 연결되게끔 무선 네트워크에 투자한다. 인프라를 갖추는 것만이 능사는 아니다. 어떻게 활용하여 학습의 질을 높이고 리더십을 강화할지가 중요하다.

이제 학교는 일과 시간 동안 소셜네트워크 세계에 들어가기를 주저하지 않아도 된다. 새로운 세대의 학습자는 소비자가 아닌 창작자, 즉

'크리에이터'로서 디지털 도구를 활용하여 협업하고 참여하는 일에 익숙하고 열정적이다. 이제 모든 교육 시스템과 리더의 소명은 학생들이 지금껏 보지 못한 강력하고 의미 있는 방식으로 학습할 수 있게 자율성을 부여하는 것이다.

규모의 변화는 굼벵이처럼 느릿느릿 진행되었다. 두려움, 결단력 부족, 변화에 대한 저항감 때문이기도 하고 어디서부터 시작해야 할지 몰라서이기도 했다. 그 결과 학교와 학생 간의 연결이 저절로 끊어졌다. 이러한 단절이 오래갈수록 학교는 학생들에게 무의미하고 시대에 맞지 않는 존재가 되고 만다. 아이들은 교육에서 얻을 수 있는 것보다 더 많은 것을 갈망하며 그럴 자격이 충분하다. 학교를 활발한 학습 공동체로 변모시켜야 할 때다. 학습자의 창의성을 불러일으킬 수 있는 수많은 길에 열려 있는 공동체로 말이다. 그렇게 하면 참여도가 높아지고 궁극적으로 성취도 또한 높아질 것이다. 리더는 모든 이해관계자가 인터넷에 얼마나 의존하고 있는지 이해함으로써 정보 교환 개선 전략을 개발하거나 홍보 및 대외 협력을 강화할 수 있으며, 학교 문화를 개선할 기회를 발견하거나 혁신적인 아이디어를 직접 얻을 수도 있다.

변화하는 것은 인터넷만이 아니다. 새로운 테크놀로지 도입뿐 아니라 기존 테크놀로지의 발전도 학교가 활용할 수 있는 풍부한 시장을 창출한다. 학교가 테크놀로지를 채택하는 목적은 다음과 같다.

- 학생 참여도 향상

- 학습 개선(표준 학력검사 점수 향상)

- 학생들의 경제적 생존력 제고(모둠 활동, 기술 유창성, 고도의 생산성을 통한 업무 환경 적응력 향상)

- 디지털 격차 감소(모든 학생의 테크놀로지 리터러시 향상)

- 학문의 현실 적용성 증대

- 21세기형 역량의 구축(예: 비판적 사고, 논리적 사고, 글로벌 의식, 커뮤니케이션 스킬, 정보와 시각 리터러시, 과학적 추론, 생산성, 창의성)

(Lemke, Coughlin, & Reifsneider, 2009)

학생 참여도 향상, 정보 검색과 관리, 창의력 촉진, 콘텐츠 평가와 선별, 개념 이해의 보조에 활용할 테크놀로지 도구는 충분해 보인다. 사회적 압력이나 비전의 변화 또는 마케팅의 힘에 따른 것일 수도 있지만, 어쨌든 학교에서는 교육 테크놀로지 활용이 점점 더 보편화하고 있다. 이러한 변화에 빠르게 적응하는 학교도 있지만, 많은 학교가 뒤처져 있다. 이는 단순히 인터넷 접근성의 정도가 아니라 교육 테크놀로지의 질에 따른 또 다른 디지털 격차를 만든다(Herold, 2016). 이 책은 교육 테크놀로지를 어떻게 활용할지 그리고 테크놀로지 활용이 교수, 학습, 리더십 개선에 얼마나 효과적인지를 다룰 것이다.

학교에서의 교육 테크놀로지라고 하면 우리는 흔히 데스크톱과 랩톱을 떠올린다. 컴퓨터가 발달하면서 그 가격은 하락했고, 학교 예산

내에서 훨씬 더 쉽게 갖출 수 있게 되었다. 오늘날 랩톱 가격은 1980년대에 견주어 99퍼센트나 저렴해졌다. 어떻게 보면 많은 학교가 컴퓨터 대수를 늘리는 데 집중하는 것도 당연하다. 컴퓨터 공급업체들이 내놓은 임대 상품은 경제적으로 어려운 시기에 더욱 매력적으로 다가온다. 컴퓨터 이외의 장비 또한 가격이 계속 떨어질 것이다.

오늘날 학교에서 활용하는 교육 테크놀로지는 컴퓨터 말고도 다양하다. 여러 테크놀로지의 도입으로 콘텐츠의 소비와 제작 방식뿐 아니라 교수법, 개념 숙달, 교사 연수도 변화하기 시작했다. 학교 리더의 선택지는 늘었지만 예산은 언제나 빠듯하기 마련이다. 모든 구매 행위가 학습 향상에 최선의 선택이 되게끔 합리적으로 결정해야 한다.

흔히 학교에서 투자하는 몇 가지 장비를 살펴보자. 여기서 중요한 점은 시간이 지남에 따라 테크놀로지는 진화할 테지만 일부는 도태된다는 사실이다. 왜 특정 장비가 올바른 투자 대상인지, 그것이 학생들의 학습을 어떻게 향상할 것인지가 가장 중요한 기준이다.

대화형 전자 칠판과 디스플레이 장치

여러분 중에는 오버헤드 프로젝터가 표준 장비였던 시절을 기억하는 사람이 있을 것이다. 대화형 전자 칠판Interactive Whiteboard; IWB은 그 낡은 기술을 대체했을 뿐만 아니라 교사와 학생에게 쌍방향으로 상호작용하는 경험을 선사했다. IWB의 특징은 동적 대화형 이미지, 애니메이션, 동영상, 텍스트를 교실 전체에서 볼 수 있는 크기로 보여준다는 점이다(Lemke, Coughlin, & Reifsneider, 2009). IWB를 구매하면 딸려오는 소프트웨어 패키지가 점점 발달하고 있다는 점도 이 장치를 더욱 매력적으로 만든다. 이제는 교사가 웹으로 대화형 강의에 접속하거나 자기만의 강의를 만들 수 있고, 원거리에 있는 동료와 콘텐츠를 공유하는가 하면, 학생 반응 기능을 활용하여 학습 경험을 더 생생하게 만들 수도 있다.

연구에 따르면 IWB를 비롯한 디스플레이 장치는 학습에 긍정적인 영향을 끼칠 수 있다. 헤이스테드와 마자노(Haystead and Marzano, 2009)는 학교 50군데에서 85회에 걸친 연구를 수행한 결과, 경력이 10년 넘는 교사들이 2년 이상 수업의 75~80퍼센트 시간 동안 IWB를 사용해왔으며, 그 장비에 대한 확신을 품고 있는 경우 학생의 성취도가 상당한 비율로 향상됨을 알 수 있었다. 그러나 IWB가 교실에 가져다주는 진정한 이점은 학생들이 이 장치로 무엇을 하느냐에 달려 있다. 디스플레이 장치는 개념 이해를 돕는 수단일 뿐, 그 자체가 수업을 대신해주지는 않는다.

태블릿

태블릿은 랩톱보다 휴대성이 뛰어나 학교에서 활용하기 좋다. 특히 1인 1기기 보급 사업이나 블렌디드 러닝 환경blended learning environment(면대면 학습과 컴퓨터 매개 학습의 혼합-옮긴이)의 스테이션 순환 모델을 적용하려 한다면 더욱 매력적일 것이다. 태블릿은 정보 검색을 통한 창의적인 학습과 생산성 증대에 기여할 수 있다. 연구에 사용할 수 있어 교육 도구로도 적격이다.

테이(Tay, 2016)는 어느 중등학교에서 3년 동안 학생 절반에게 아이패드를 활용한 시범 수업을 진행하고, 수업을 관찰하면서 얻은 경험적 데이터, 교사와 학생을 대상으로 한 설문조사와 집단 면담 결과를 분석했다. 그 결과 아이패드를 사용하면 학습자의 참여와 협업이 늘어난다는 사실을 발견했다. 학년말 시험에서도 아이패드를 사용한 집단의 점수가 더 높았는데, 이 차이는 수학 능력 최상위 집단과 최하위 집단에서 더욱 두드러졌다. 그 밖에 태블릿을 프로젝트 기반 학습의 구성 요소나 통합 교육에서 학생을 보조하는 수단으로 활용하면 학습효과를 증진한다는 연구도 있다(Cheu-Jey, 2015; Maich & Hall, 2016).

최근 디지털 출판이 발전하면서 실물보다 훨씬 저렴하게 태블릿에서 이용할 수 있는 교과서가 많아졌다. 지금까지 전 세계의 많은 학교가 의존하던 값비싼 교과서를 대체하게 된 것이다. 예를 들어 아이튠스 U에 접속하면 초·중·고등학교용 교육 콘텐츠를 모두 무료로 이용할 수 있다. 2010년에 아이패드를 출시한 애플이 현재 태블릿 시장에서 가장 큰 비중을 차지하지만, 그 밖의 여러 회사가 제조한 안드로이드 태블릿과 치열한 경쟁을 벌이고 있다. 2019년 기준으로 아이패드에서 활용할 수 있는 앱이 200만 개가 넘고, 안드로이드용 앱은 약 380만 개에 이른다.

문서 카메라

문서 카메라document camera는 그 전신이라 할 수 있는 오버헤드 프로젝터와 매우 비슷하다. 문서 카메라에는 프로젝터가 연결되어 있어서 카메라 아래에 놓인 대상의 이미지를 스크린에 보여준다. 영상과 음향을 녹화할 줄 알면 이 장치를 더 폭넓게 활용할 수 있다. 교사는 이 기능을 이용하여 강의와 메모를 저장한 뒤 웹사이트에서 학생들에게 제공하거나 플립 수업flipped lesson 동영상을 만들 수 있다. 학생들이 자신의 연구나 생각을 발표할 때도 문서 카메라를 이용할 수 있다. 이 장치는 비용 대비 효과적이고 크기가 작아서 옮기기가 쉽다. 어떤 모델은 프로젝터와 무선으로도 연결된다.

크롬북

구글은 운영체제나 하드디스크가 없는 독특한 디바이스를 개발했다. 컴퓨터를 부팅하면 약 10초 만에 인터넷에 연결된다. 크롬북은 싸고 관리하기도 쉬워서 예산과 기술 지원 인력에 한계가 있는 학교에서 환영받는다. 전 세계적으로 학교와 가정에서 와이파이가 일반화하면서 학생들에게 인터넷 기반 디바이스의 실용성이 높아졌다(Jesdanun, 2017).

크롬북은 흔히 쓰이는 랩톱이나 대중적인 태블릿 모델보다 훨씬 저렴하다. 사용자는 어느 크롬북에서든 자기 계정으로 G 스위트(지메일, 구글독스, 구글드라이브, 캘린더 등으로 이루어진 도구 제품군. 학교에는 무료로 제공된다ー

옮긴이), 즐겨찾기, 이전에 자기 계정에 추가한 웹 기반 애플리케이션을 이용할 수 있다. 인터넷 연결이 필요하지 않은 앱은 오프라인에서도 작동한다.

이러한 까닭에 크롬북은 초·중·고등학교의 1인 1기기 보급 프로그램에서 합리적인 대안이 되었다. 실제로 시행한 결과, 가격과 관리 면에서 유리할 뿐 아니라 학습효과를 높이는 것으로 밝혀졌다. 쳉 등 (Zheng, Warschauer, Lin, & Chang, 2016)은 15년 동안 초·중·고등학교에서의 컴퓨팅 기기 보급에 관한 연구를 종합하여 메타 분석을 실시했다. 통계 기법으로 기존 연구들을 분석한 결과, 1인 1기기 보급 프로그램을 실시했을 때 영어/외국어, 작문, 수학, 과학 점수 평균이 통계적으로 유의미한 상승을 보였으며, 21세기형 역량을 기르는 데에도 기여했다.

미러링 장비

미러링 장비란 랩톱, 스마트폰, 태블릿 등 디지털 기기의 작업을 유선으로 연결하는 번거로움 없이 다른 화면에 그대로 비춰주는 장치를 말한다. 애플 TV에는 아이패드 등 애플 기기의 화면을 프로젝터나 텔레비전으로 미러링하는 기능이 있다. 애플 TV 장치를 HDMI 프로젝터나 텔레비전의 HDMI 포트에 연결한 뒤 애플 기기에서 미러링 환경을 활성화하면 텔레비전이나 프로젝터 스크린에 이미지가 나타난다. 많은 학교가 애플 TV, HDMI 프로젝터, 아이패드를 구입하여 무선 IWB

를 구축하는 데 활용하기 시작했다. 가장 좋은 점은 IWB를 따로 설치할 때보다 훨씬 적은 비용으로 동일한 이점을 누릴 수 있다는 것이다. 물론 애플 TV가 유일한 대안은 아니다. 구글 크롬캐스트로도 컴퓨터 화면상의 웹페이지를 안드로이드 기기에 미러링할 수 있다.

증강현실과 가상현실

증강현실AR이나 가상현실VR은 우리가 세계를 새로운 방식으로 인식할 수 있게 돕는 독보적인 힘을 지니며, 학습자에게 개념을 이해시키는 데에도 큰 도움이 될 수 있다. AR에서는 컴퓨터가 생성한 그래픽과 음향에 따라 현실의 삶이 보정되고 향상된다. '포켓몬 고'를 생각하면 이해하기 쉬울 것이다. 사이딘 등(Saidin, Abd Halim, and Yahaya, 2015)은 기존 연구들을 검토하면서 AR가 학습을 더 활기차고 효과적이며 의미 있는 과정으로 만들 수 있는 잠재력을 보여주었다고 말한다. 테크놀로지의 발달로 사용자가 가상 애플리케이션과 실시간으로 상호작용하면서 여러 상황을 자연스럽게 경험할 수 있게 되었기 때문이다. 교육의 맥락에서 보자면, AR는 학생들을 실감 나는 경험에 몰입시켜 더욱 실질적이고 심도 있는 이해를 가능하게 한다.

한편 VR의 인공 세계를 구성하는 이미지와 사운드는 실제로 경험하는 사용자의 움직임에 따라 달라진다. VR 헤드셋은 오큘러스 리프트처럼 60만 원이 넘는 고급장비도 있지만 1~2만 원이면 구입할 수 있는 구글 카드보드도 있다. 구글 카드보드로 VR를 체험하려면 호환

가능한 앱을 설치한 스마트폰을 카드보드로 만든 헤드셋에 끼워 넣기만 하면 된다. 구글 엑스페디션이 대표적이며 대개 무료다. 여러 학교가 가상 현장학습, 원격 학습, 협동 학습, 게임 기반 학습, 특정 개념의 심층 탐구에 VR를 활용하고 있다.

3D 환경을 활용하여 교수·학습의 질을 높이기 위한 VR 콘텐츠 사용이 꾸준히 증가하는 추세다. 콘텐츠 제공 업체들은 교육 전용 프로젝터부터 시각 학습 솔루션에 이르기까지, 시각뿐 아니라 청각과 촉각을 활용하여 학생들을 가상 학습환경에 몰입하게 돕는 제품을 계속 개발하고 있다. 그리고 그 테크놀로지들은 학습에 긍정적인 영향을 끼친다. 일리노이주 록아일랜드의 JTM콘셉츠는 2003년부터 자사 3D 콘텐츠의 교육적 효과에 관한 데이터를 수집했는데 그 결과가 인상적이다. 3D 시뮬레이션을 활용한 수업을 받은 학생은 기존 방식의 수업을 받은 학생에 견주어 이전보다 점수가 크게 올랐다(Gordon, 2010). 더 작은 규모로 이루어진 한 연구에서는 3D 수업을 받은 학생들의 사후 테스트 평균 점수가 사전 테스트 평균 점수보다 32퍼센트 상승한 것으로 나타났는데, 상위권과 하위권 모두에서 이러한 향상을 볼 수 있었다. 머천트 등(Merchant, Goetz, Cifuentes, Keeney-Kennicutt, and Davis, 2014)은 메타 분석을 통해 VR 기반 수업이 학습 성과 향상에 효과적이라는 사실을 밝혔다.

클라우드 컴퓨팅

이 용어는 인터넷상에서 이용할 수 있는 모든 호스티드 서비스를 일컫는다. 기존 방식보다 비용 대비 훨씬 효과적이어서 많은 학교가 가상 서버에 투자하고 있다. 학교에서는 가상 서버에 저장하여 어디에서나 이용할 수 있게 해주는 '클라우드'로 문서와 프로젝트, 정보를 더 효과적이고 효율적으로 관리할 수 있다. 이 때문에 많은 학교와 교육자들은 구글의 무료 도구 모음이나 마이크로소프트의 오피스 365를 채택했다. 클라우드 컴퓨팅이 비용 대비 효과적이고 매력적이긴 하지만, 학생의 개인정보 통제권이 기업에 넘어가는 사태를 우려하는 학교도 많다.

가족 교육권과 프라이버시 법Family Educational Rights and Privacy Act; FERPA 은 학업 기록에 관련한 학생의 프라이버시를 보호하기 위해 제정된 미국 연방법이다. 이 법은 미국 교육부에서 보조금을 받는 모든 학교에 적용된다. FERPA는 학교가 클라우드 제공 업체를 선택하고 유지하는 일에 별다른 지침을 제공하지 않는다. 그러나 클라우드 기반 서비스를 사용하는 데 걸림돌이 되는 조항도 없어 전국의 여러 학교가 클라우드 서비스를 활용하고 있다. 클라우드 컴퓨팅 솔루션 사용 계약을 맺을 때는 업체가 학생들의 정보를 부모나 학생의 사전 동의 없이 제삼자에게 공개하지 않을 것을 확실히 해야 한다. 이 조건이 충족되지 않는다면 FERPA 위반이다.

미국의 아동 온라인 프라이버시 법Children's Online Privacy and Protection

Act; COPPA은 웹사이트, 앱 등 온라인 서비스 운영자가 13세 미만 아동에게서 데이터와 개인정보를 수집하는 방법을 규정하고 있다. 학교는 해당 도구가 오직 교육 목적으로만 사용되는 경우에 한해 COPPA에 따라 부모를 대신하여 정보 수집을 허용할 수 있다. 이때 학교는 제품을 철저히 검토하고 부모에게 적절한 정보를 제공해야 한다. 부모는 사이트나 서비스의 명칭, 그 사이트나 서비스의 정보 공개·보안 정책을 알 권리가 있다.

여기에서는 미국의 사례만 살펴봤지만, 학교에서 디지털 도구를 사용할 때는 언제나 학생의 프라이버시 보호와 관련된 자국의 법률을 참고할 필요가 있다.

웹 기반 도구

클라우드에는 보통 웹 도구라고 일컬어지는 많은 애플리케이션이 있다. 그중 상당수는 무료로 이용할 수 있으며 협업 능력, 소통 능력, 창의력, 기업가 정신, 글로벌 의식 등 필수적인 역량을 키우는 데 활용하기 좋은 유용한 자원이다. 웹 도구는 끊임없이 진화하며 수시로 새로 생기고 사라지므로 즐겨찾기에 나열하는 것은 무의미하다.

교사와 학생에게 가장 좋은 도구를 찾는 비결은 디지털 공간 안에 있다. 트위터, 블로그, 온라인 토론방 같은 소셜미디어가 당신을 전문가로 만들어줄 것이다. 웹 애플리케이션의 유일한 단점은 페이스북이나 유튜브 같은 주요 소셜미디어와 연결되어 있다는 점이다. 이 때문에 미국의 많은 학교에서는 아동 인터넷 보호법Child Internet Protection Act; CIPA 위반이 될 것을 우려하여 웹 애플리케이션 접속을 차단하거나 금지한다. CIPA는 아이들이 인터넷으로 부적절한 콘텐츠를 접할 수 있다는 지적에 대한 해결책으로 마련된 법률이다. 연방통신위원회Federal Communications Commission; FCC 는 CIPA와 관련하여 각급 학교가 알아야 할 사항을 다음과 같이 설명한다(2011).

각급 학교는 기술적 보호 조치를 포함하여 인터넷 안전에 관한 정책을 수립해야 한다. 보호 조치란 미성년자가 이용할 수 있는 컴퓨터에서 ①음란물, ②아동 포르노그래피, ③미성년자에게 유해한 콘텐츠에 대한 액세스를 차단 또는 필터링하는 것을 뜻한다. 학교와 도서관은 인터넷 안전 정책을 채택하기 전에 합리적인 방법으로 통지하고, 공청회나 회의를 적어도 한 번은 개최해서 의견을 수렴해야 한다.

그렇다면 왜 대다수 학교가 이 훌륭한 도구를 차단하는 것일까? 학교의 리더들은 CIPA를 잘 알고 있지만 웹 기반 디지털 애플리케이션과 관련해서는 잘못 알고 있는 경우가 많기 때문이다. CIPA에 따르면, e-레이트e-Rate(미국의 학교 및 도서관 인터넷 광대역망 지원 프로그램-옮긴이) 지원을 받으려면 부적절한 웹사이트를 차단해야 한다. 2011년 미국 교육부 교육정보화국장 캐런 케이터는 2011년 한 인터뷰에서 유튜브 등 소셜미디어 사이트 사용이 CIPA 위반이 아니며, 웹 기반 도구를 차단할 필요가 없다고 설명하기도 했다(Barseghian, 2011). 따라서 학교 리더들은 배타적으로 바라보지 말고 오히려 웹 애플리케이션 사용을 옹호할 필요가 있다. 또한 이해관계자들과 협력하여 책임 있는 사용이 가능한 환경을 만들어야 한다. 리더들이 적극 나서서 오용을 방지하기 위한 이용 목적 제한 방침Acceptable Use Policy; AUP을 마련하고 항상 적절한 감독이 이루어지게 하는 등 학생들에게 안전한 온라인 환경을 조성하고 유지해야 할 것이다.

학생의 프라이버시 문제와 마찬가지로 학교에서 디지털 도구를 사용할 때 학생들을 보호하기 위한 조치 역시 이 책에서는 미국의 예만 다루었으니, 여러분은 자국의 법률을 참고하기 바란다.

모바일 테크놀로지

휴대전화, 태블릿, 전자책 단말기 등 모바일 테크놀로지가 시장에 폭발적으로 쏟아져 나와 각 가정으로 파고들고 있다. 교육계도 이러한 추세에서 예외가 아니다. 모바일 기기를 구입하여 1인 1기기 보급 사업을 추진하기도 하고, 비용 대비 효과를 높이기 위해 학생들이 이미 소지한 기기를 활용하는 프로그램을 택한 학교도 있다. 예전에는 교육적 가치가 있는 사이트에도 접속할 수 없게 하고 학습에 활용할 수 있는 개인 기기 사용도 금지했다. 그러나 학교 리더들이 기존 정책을 재고하면서 디지털 친화적인 환경이 마련되고 있다.

모바일 학습 기기에는 큰 잠재력이 있다. 교사뿐 아니라 여러 관계자들이 평가, 콘텐츠 선별, 연구, 조직, 협업, 참관수업에 참여할 수 있기 때문이다. 앞서 언급했듯이, 쳉 등(Zheng et al., 2016)의 연구에 따르면 모바일 학습은 학생들의 학업 성과를 향상한다.

화상회의

인터넷의 진화와 함께 화상회의 기술도 발달했다. 학교에서 화상회의 기술을 이용하는 것이 부유한 지역에서나 또는 가뭄에 콩 나듯 있는 보조금을 받아야 가능하던 시절도 있었지만 벌써 오래전 얘기다. 지금은 웹캠 기능이 있는 장비(데스크톱, 랩톱, 태블릿, 스마트폰 등), 인터넷, 화상회의용 프로그램이나 앱(스카이프, 페이스타임, 어도비 커넥트, 구글 행아웃, 줌 등)만 있으면 된다. 가상 현장학습을 하거나 저자와 대화하거나 해외의 교사들과 협업할 수 있는 수단이 생긴 것이다. 페이스북, 유튜브 라이브 같은 도구를 사용하면 생방송도 가능하고 영상을 저장해서 나중에 볼 수도 있다.

OER

공개 교육 자료Open Education Resources; OER는 인터넷에서 무료로 얻어 교수·학습·평가에 활용할 수 있는 오픈 라이선스 자료를 말하며, 여기에는 텍스트·미디어 등 여러 유형의 디지털 자원이 포함된다. 연구 목적으로 사용할 수 있는 OER도 있다. 가장 먼저 방문해볼 만한 사이트는 공개 교육 자료를 모아놓은 공공 디지털 도서관 OER 커먼스(www.

oercommons.org)다. 이곳에서 교육과정을 개선할 자료를 찾거나 직접 만들 수 있고 전 세계 교육자들과 협업할 수도 있다. 이 사이트에서는 과목, 학년, 적용 표준(미국의 공통 핵심 교육과정이나 주정부에서 정한 교육과정 등을 말한다 - 옮긴이)에 따라 필터링하여 수업 계획과 프로젝트를 검색할 수 있다.

최근 교육 테크놀로지에서 이루어진 중요한 발전 가운데 하나는 OER 콘텐츠뿐 아니라 유명 대학, 유명 교수의 강의 전체를 무료로 이용할 수 있게 되었다는 점이다. 이러한 움직임은 매사추세츠공과대학교MIT의 오픈코스웨어OpenCourseWare; OCW에서 시작했다. MIT는 OCW가 지식의 그물망을 제공하여 전 세계적으로 학습의 수준을 높일 수 있으리라는 믿음으로 이 서비스를 시작했다(Vest, 2004). 하버드, 예일, 스탠퍼드, 미시간을 비롯해 여러 대학교가 참여하는 온라인 공개 강의 플랫폼 MOOCMassive Open Online Courses도 있다.

OCW의 콘텐츠는 대학 강의와 강의 자료, 과제물로 구성되는데, 교수와 수강생 또는 수강생끼리의 대화가 이루어지지는 않는다. 반면에 MOOC는 교수나 퍼실리테이터가 온라인 학습에 알맞게 수강 기간을 정하고 과제, 시험, 토론 참여를 부과한다. OCW는 접근성이 좋고 높은 강의 수준이 보장되므로 학생이나 교육자가 필요에 따라 활용할 수 있을 것이다. 놀라운 무료 학습 경험을 원한다면 코세라(www.coursera.org)나 edX(www.edx.org)를 방문해보기를 추천한다. edX에서 수강할 수 있는 OCW 강의도 있다.

가상 학교

사이버 학교라고도 불리는 가상 학교는 학생이 언제 어디서나 수업을 들을 수 있는 방법이다. 기존의 학교에서 가상 학교 서비스를 도입하면 학생들이 흥미를 느낄 만한 수백 개의 수업을 새로 개설할 수 있다. 학생은 실제 수업에서 부족했던 학점을 취득하고 자기 속도에 맞게 공부할 수 있다. 우수한 교사의 강의를 일 년 내내 들을 수 있으며, 매우 다양한 수업이 자주 업데이트된다(Kelly, McCain, & Jukes, 2009).

가상 학교는 학급 학생 전체가 동시에 수업을 듣는 경우도 있고 학생마다 다른 시간에 수업을 듣는 경우도 있다(Mielke, 1999). 모두 동시에 수업에 참여하는 동기식 커뮤니케이션 형태라면 학생들이 정해진 시간에 실시간으로 교사와 만난다. 콘텐츠는 화상회의 기술로 전달되며 학생은 과제를 기한 내에 교사에게 제출해야 한다. 학생들이 서로 다른 시간에 수업을 듣는 비동기식 커뮤니케이션 형태라면 각자 편할 때 학습 자료를 받아보면 되지만 과제를 정해진 기한 내에 제출해야 하는 것은 마찬가지다. 제출한 과제는 지정된 교사에게 송부된다. 가상 학교는 학생들을 시공간의 제약에서 해방해주며 그 밖에 다른 장점도 많다(LeLoup & Ponterio, 2000). 대표적인 가상 학교 서비스로 버추얼 하이스쿨(vhslearning.org)과 플로리다 버추얼 스쿨(www.flvs.net)이 있으며, 둘 다 전 세계에서 이용할 수 있다.

게임

게임은 오랫동안 학습을 방해하는 요인으로 여겨졌지만 전혀 다른 연구 결과도 있다. 제임스 지는 사람들이 새로운 게임을 익힐 때 나타나는 복잡한 자기주도학습을 연구한 끝에 학습 원리 36가지를 도출했다(James Gee, 2007). 그는 이 원리들에 천착하면 학교에서의 학습을 변모시킬 수 있다고 주장한다. 스티브 존슨은 '테트리스' '심즈' '그랜드 테프트 오토' 등 다양한 비디오게임이 IQ를 높이고 책에서는 배울 수 없는 인지능력도 발달시킨다고 밝혔다(Steve Johnson, 2006). 초등학교 2학년 학생 500여 명을 대상으로 한 웩슬러 등의 연구(Wexler et al., 2016)에서는 한 학년 동안 두뇌 훈련 게임을 하게 한 아이들이 통제 집단의 아이들보다 수학과 읽기 과목에서 더 높은 향상을 보였다. 심지어 일대일 수학 수업이나 여름 독서 프로그램보다도 효과가 뛰어났다.

일부 혁신적인 학교는 게임의 교육적 효과를 알아보고 닌텐도 위나 마이크로소프트의 엑스박스 같은 게임기를 구비하는 데 투자했다. 두 게임기 모두 촉각과 운동감각을 기르는 데 활용될 수 있다. 연구 결과에 따르면 학생들이 다중 모드multiple modality와 다양한 매체를 활용한 수업에서 더 빠르고 쉽게 학습한다는 사실이 입증되었다(Lemke, 2008).

여러 연구자들은 게임이 학습에 미치는 긍정적인 영향을 계속해서 찾아내고 있다(IGI Global & Information Resources Management Association, 2018). 가장 주목받은 게임 가운데 하나로 '마인크래프트'가 있다. 가상의 세계를 만들어나가는 이 게임은 물리, 지리, 영어 수업에 활용되었다. 또 다른 흥미로운 도구인 VR 퀘스트^{VR Quest}에서는 학생들이 3D 가상현실 게임을 직접 디자인해볼 수도 있다.

디지털 시대, 새로운 학습자 ─────

　학생들은 급격하게 변했다. 오늘날의 학생은 우리의 교육 시스템이 설계
　될 때 상정한 학생과 다르다.

— 마크 프렌스키(2001)

세계는 변화했고, 학교가 교육을 책임지는 학습자들도 변화했다. 우리가 어떻게 생각하든 상관없이, 오늘날의 학생들은 디지털 매체와 디지털 도구로 가득한 세상에 빠져 있다. 디지털 도구는 사용자의 정체성을 드러내는 상징이자 커뮤니케이션 수단, 디지털 시대를 조직하는 주체가 되었다. 여러분도 디지털 테크놀로지가 학생들의 신경 중추가 되었다는 점을 인정할 것이다. 그만큼 학생의 삶에서 큰 비중을 차지하고 있다. 아이들은 아주 어리고 순수할 때부터 디지털 세계에 이끌린다. 두세 살부터 아이패드를 들여다보고 그보다 조금 더 자라면 '마인크래프트'에서 가상 세계를 만들거나 '포트나이트' 같은 슈팅 게임에 빠지는 요즘 아이들을 보라. 그런 모습을 자세히 관찰해보면 테크놀로지가 호기심을 자극하고 기발한 생각을 하게 만들며 협업을 촉진한다

는 사실을 부정하기 힘들다.

학생들은 디지털 세계를 살아가며, 어른의 도움 없이 스스로 학습한다. 구성주의적 학습에 도움이 되는 도구도 많고 인터넷에서 쉽게 얻을 수 있는 정보도 다양하다. 덕분에 이 세계에서 학습은 훨씬 능동적인 과정이 되었다. 아이들은 테크놀로지를 통해 가치 있고 유용하며 재미있는 방식으로 의미를 구축해간다.

학교의 리더들은 오늘날의 학습자가 학교 바깥에서 경험적으로 학습한다는 사실을 인정해야 한다. 능동적인 디지털 학습자의 학습 스타일은 전통적인 교수 스타일과 충돌한다. 어떻게 하면 이 독특한 학습자들의 요구를 충족할 수 있을까? 이언 주크스 등(Ian Jukes, Ted McCain, and Lee Crockett, 2010)은 오늘날의 학습자가 다음과 같은 특징을 띠며, 그 결과 학교에서 괴리감을 느낄 수 있다고 설명한다.

- 디지털 학습자는 여러 매체에서 정보에 빠르게 접근하는 것을 선호하지만, 교육자는 제한된 정보원에서 정해진 정보만 천천히 알려주는 편을 선호한다.
- 디지털 학습자는 정보의 병렬처리와 멀티태스킹을 선호하지만, 교육자는 선형처리를 선호하고 한 번에 한 가지만 하는 것이 바람직하다고 생각한다.
- 디지털 학습자는 하이퍼링크로 연결된 멀티미디어 정보에 무작위적으로 접근하기를 선호하지만, 교육자는 선형적·논리적·순차적

으로 정보를 제공하고 싶어 한다.

- 디지털 학습자는 필요할 때 배우기를 선호하지만, 교육자는 언제든 필요할 때 써먹을 수 있게끔 미리 가르쳐야 한다고 본다.
- 디지털 학습자는 즉각적인 만족감과 보상을, 교육자는 지연된 만족감과 보상을 선호한다.
- 디지털 학습자는 곧바로 다른 사람들과 네트워킹하면서 배우고 싶어 하지만, 교육자는 학생들이 먼저 혼자 공부한 뒤에 다른 사람들과 교류하며 상호작용 하기를 바란다.
- 디지털 학습자는 텍스트보다 그림·소리·색채·영상을 먼저 접하고 싶어 하지만, 교육자는 그림·소리·영상보다 텍스트를 먼저 보여주려고 한다.
- 디지털 학습자는 자기와 관련이 있고 능동적이며 즉각적으로 유용하고 재미있는 학습을 선호하지만, 교육자는 교육과정에 따라 내용을 암기시켜야 한다는 압박감을 느낀다.

책 대신에 랩톱과 함께 자란 이 시대의 학습자들은 펜보다 키보드를 더 많이 사용한다. 오늘날의 학생들은 항상 뭔가를 알고 싶어 한다. 그들의 세계에서는 언제 어디서나 수많은 디지털 도구를 사용하여 원하는 모든 것을 배울 수 있다. 아이들은 풍부한 테크놀로지 속에서 자라났고, 그런 환경을 당연하게 여기며, 늘 다른 사람들이나 외부 세계와 일상적으로 상호작용 하는 디지털 디바이스에 둘러싸여 있다(Prensky,

2001).

밀레니얼 세대는 능동적인 학습자다. 정규 교육이 이루어지는 세상과 학생들의 세계 사이의 격차가 심해지면서 많은 아이들이 학교 수업을 지루해한다. 반면에 학교 바깥 환경의 매력은 점점 더 커진다. 아이들은 디지털 세상에서 친구들과 놀고 예술 작품도 만들고 학교 밖의 아이들도 만난다. 그 세계는 학교와 확연히 다르다. 능동적 학습자는 교과서보다 온라인에서 지식을 구할 때가 많으며 언제나 기다림 없이 즉시 알고 싶어 한다. 이는 학습자의 질의에 대한 피드백이 더 중요해졌음을 뜻한다. 능동적 학습자는 지식을 사회 공동체 안에서 만들어지는 산물로 보는 경향이 있다는 점도 주목해야 한다(Skiba & Baron, 2006).

사회는 능동적 학습자를 만들었고, 학교는 그들에게 발맞추어 가야 한다. 그 반대가 아니다. 아이들은 선택권을 쥐고 싶어 하고 연결을 원한다. 그들에게는 연결이 전부다. 좋아하는 것을 발견하면 디지털 기기와 소셜미디어로 친구와 공유하며 기뻐한다. 그들은 교육 경험도 그렇게 되기를 바란다. 능동적 학습자는 협력적으로 배우고, 배운 것을 창조적으로 응용하기를 원한다. 그들은 자기가 원할 때 원하는 방식으로 학습하는 것을 선호하며, 그들에게 중요한 현실 속의 문제를 알고 싶어 한다. 그들은 자신의 휴대용 기기에 필기하고 싶어 하며, 교사가 판서한 내용을 휴대전화로 촬영할 수 있다면 더 좋아할 것이다. 뉴저지의 뉴밀퍼드고등학교에서는 그렇게 하고 있다. 이제 전통적인 방식은 예전만큼 효과적이지 않다. 우리 교육자들은 디지털 시대에 자신의 행동이 어떻게 바뀌었는지 되돌아본 뒤 교육에도 적용해야 한다.

오늘날의 능동적 학습자가 테크놀로지와 함께 성장했다고 해서 그들이 언제나 테크놀로지를 학습에 효과적으로 활용하는 것은 아니다. 이때 학교의 역할이 중요하다. 점점 더 테크놀로지에 의존하게 될 앞으로의 사회는 비판적으로 사고하고 현실 세계의 문제를 해결하며 기업가 정신을 발휘할 줄 아는 인력을 더욱 필요로 할 것이다. 우리의 과제는 학생들이 이러한 사회에서 성공적으로 살아갈 수 있게끔 준비시키는 일이다.

요약

학교의 리더들은 4차 산업혁명(더 나아가 5차 산업혁명)이 불러올 교육 지형 변화를 인식해야 한다. 여기에는 우리 사회의 테크놀로지 활용 방식 변화, 교육 테크놀로지의 발전, 새로운 유형의 학습자 등장이 포함된다. 학생들에게 중요한 역량 개발을 위한 도구를 제공하고 성공을 격려하고 혁신을 지원하며 학습과 성취의 동기를 부여하는 학습 문화를 창출하려면, 지금 일어나는 변화를 인정하고 이해하는 데서 비전과 전략 개발을 시작해야 한다. 디지털 리더십의 출발점은 바로 여기다. 우리가 학교 담장 밖에서 일어나는 변화를 무시하거나 새로운 학습자들의 요구와 기대를 수용하지 못한다면, 우리는 학교 문화를 더 나은 방향으로 변모시키기 위해 필요한 변화가 무엇인지 결코 알아낼 수 없을 것이다.

생각해볼 문제

1 우리의 교실과 학교는 사회 변화에 발맞추어 어떠한 변화를 꾀했는가? 확실히 개선된 바가 있는가? 변화가 더디다면 어디부터 손을 대야 하는가?

2 우리는 4차, 5차 산업혁명에 대비해 학생들을 어떻게 준비시키고 있는가? 새로운 시대에 성장의 기회는 어디에 있는가?

3 우리 학교는 어떤 테크놀로지를 채택했는가? 그 테크놀로지가 학습 성과를 높이는 데 성공했는가? 그 이유는 무엇인가?

4 우리는 새로운 학습자의 요구에 어떻게 부응했는가?

2

변화의
강력한 사례

A Compelling Case for Change

19세기에는 제조업이 급속히 늘어나면서 학생들을 그에 알맞은 노동력으로 키우는 일이 절실했다. 산업화는 미국은 물론 전 세계적으로 학생들이 기능을 배워 새로운 작업 환경에 적응할 수 있게 하는 핵심 역할을 했으며, 교육의 방향은 제조업의 절박한 요구에 맞추어졌다. 조직이 진화하고 경쟁이 심화하면서 더 전문적인 기술을 보유하고 더 효율적으로 일할 줄 아는 노동자의 필요성도 늘어났다.

20세기가 다가올수록 산업에서 이루어진 혁신은 꾸준히 정규교육에 큰 영향을 주었다. 헨리 포드가 창안한 조립라인의 효율성과 생산성은 점차 다른 부문에도 퍼졌고, 마침내 학교의 구조와 기능까지 변화시켰다. 학교는 모든 면에서 조립라인을 모델로 삼았다. 전문성을 갖춘 교사는 온종일 한 과목만 가르치고, 학교는 학생을 각 산업별 일자리에 적합한 인력으로 키워내기 위해 존재했다. 미국의 교육 시스템은 완전히 달라졌으며 전 세계 학교가 조립라인을 닮아갔다. 교육과정은 지식 암기가 주를 이루고 산업화 시대에 필수적인 기능 위주로 바뀌었다.

기술의 진보는 또다시 많은 것을 변화시켰다. 물건을 만드는 것 이상의 기능을 보유한 새로운 유형의 인력이 필요해졌다. 농업에서 제조업으로 전환되자 서비스, 전문직, 기술직 등 여러 영역에서 새로운 직업이 등장했다. 학생들은 고등학교를 졸업하고 나서도 더 배워야 했다. 산업 경제에서 글로벌 경제로 넘어가면서 대학교 졸업장은 일자리를 구하기 위한 필수 조건이 되고 여러 전문직에서는 석사 학위가 기본으로 자리 잡았다. 이렇게 큰 변화가 일어나는 동안에도 바뀌지 않은 한 가지가 있는데, 바로 학교의 시스템이다.

중·고등학교 건물에 들어가보라. 어디를 가나 신기할 만큼 비슷할 것이다. 그곳에서 이루어지는 일과도 거의 똑같다. 종이 울리면 과목이 바뀌고 수업마다 다른 교사가 다른 교과서로 가르친다. 책상들이 줄을 맞추어 놓은 교실에서 학생들은 시키는 대로 필기를 하고, 질문에 답하고, 하라는 활동만 한다. 일방향적인 강의가 수업시간의 대부분을 차지한다. 하루 일과는 보통 숙제를 내주는 것으로 끝난다. 정해진 내용을 다 다루고 나면 정부나 학교가 정한 방법, 즉 빈칸 채우기와 객관식 문제로 학생들을 평가한다. 물론 테크놀로지를 사용하기도 하지만, 어디까지나 앞서 언급한 방식에서 비효율적인 부분을 대체하기 위해서다. 이처럼 공교육은 공장에서 일할 노동자와 상품을 구매할 소비자를 배출하는 또 하나의 공장에 불과하다(Godin, 2010). 한 세기 전과 달라진 점이 있는가? 그렇다면 학교 밖은 어떨까?

교육을 표준화하고 고부담시험high-stakes testing의 비중을 낮추려는 노력은 오히려 교육 시스템을 학습자에게 맞지 않는 옷으로 만든다. 표준화한 성취도 평가는 아이들에게 동기부여가 되지 못한다. 그런 평가로는 진정한 의미와 가치를 찾을 수 없기 때문이다. 한편 교육자들은 직업 안정성이나 급여처럼 엉뚱한 데서 동기를 부여받는다. 표준화에 중점을 두면 교육 내용이 협소해지고 창의력과 탐구 정신, 비판적 사고를 발휘하기 힘들어진다. 학습자는 당근과 채찍이나 성과에 대한 약속된 보상 같은 방식으로만 지속할 수 있는 학습 문화를 좋아하지 않는다. 방향의 전환이 필요하다. 학교가 변하지 않는다면 학생들의 창의성을 저해하고 열정을 억누르며 학생들을 미래에 대비시키지 못하는 시대착오적인 모델만 강화될 것이다.

표준화한 교육은 산업화에 초점을 맞춘 한 세기 전의 교육 모델을 답습하고 있다. 이 모델은 교사와 학생, 학교 행정가 모두의 성장을 가로막는다. 많은 학교가 눈에 보이지 않는 필수 역량을 키워주기보다는 쓸모없는 지식을 머릿속에 주입하는 데 더 큰 비중을 둔다. 이 완고한 시스템은 창의력이 떨어지고 실패를 두려워하며 순응적인 학생만 키울 뿐이다. 숙제를 내주면 해오고, 시험이 있으면 공부하고, 권위에 의

문을 품지 않는 학생 말이다. 결국 학교에는 산업화 이후의 사회에서 활용할 수 없는 기능만 남을 것이다. 학교는 성취도 평가에서 얼마나 좋은 점수를 받았는지보다 얼마나 배움을 즐거워하고 좋아하는지에 따라 학생을 평가해야 한다. 그래야 아이들의 미래에 더 큰 영향을 줄 수 있기 때문이다.

학습자들은 지금과 같은 방식을 좋아하지 않는다. 나의 두 아이만 봐도 알 수 있다. 나는 내 아이들이 배움을 좋아하고 자신의 능력이 점수 하나로 표현될 수 없음을 알기를 바란다. 학교가 할 일은 모든 학습자가 그렇게 되게끔 돕는 것이다. 우리 아이들은 지금과 다른, 더 나은 교육을 받을 자격이 있다. 이것이 대대적인 방향 전환이 필요한 이유다.

1장에서 말했듯이, 세계는 엄청난 속도로 변화하고 있다. 학습자는 정보화 시대를 받아들인 반면 학교는 한 세기가 훨씬 넘게 기존의 역할을 고수하고 있다. 그러면서 우리 아이들이 미래에 잘 대비하기를 바라다니, 알 수 없는 노릇이다. 테크놀로지가 주도하는 세계의 변화 속도를 생각하면 우리 아이들의 삶 역시 지금과는 전혀 다를 테지만, 우리의 현 교육 시스템은 학생들이 일생 동안 마주할 문제와 직업에 적절하게 대비시키지 못하고 있다(Schrum & Levin, 2015). 켈리 등(Kelly et al., 2009, p. 9)은 학생과 학교 사이의 근본적 단절을 다음과 같이 지적했다.

• 20세기 초 학교가 채택한 산업 효율성 모델은 21세기 학생들의 학습에는 효과가 없다.

- 디지털 학습자의 학습 스타일은 학교, 특히 고등학교의 모습이 구상될 당시에 상정했던 학습자의 학습 스타일과 몹시 다르다. 공부하고 생각하고 배우는 방식은 완전히 달라졌으며, 지금의 학교는 그 방식에 맞지 않는다.
- 교사의 강의, 교과서, 암기, 지식 확인을 위한 시험으로 이루어지는 학교 수업은 현실 세계와 동떨어져 있다.
- 학교는 선형적·순차적·좌뇌형 사고에 초점을 맞추고 있지만 현실에서는 좌뇌와 우뇌의 능력이 골고루 필요하다.
- 산업사회의 특징인 분업이 미래를 준비해야 할 학교에 반영되어 있는데, 이는 디지털 학습자에게 도움이 되지 않는다.

사회, 교육 지형, 학습자, 이 모든 것이 변화하고 있다. 따라서 학교의 리더가 진보적인 리더십을 발휘해야 할 때다. 그런데 변화의 선두주자로 촉망받는 리더 대부분은 학습자가 지금 무엇을 요구하며 앞으로 무엇을 요구할지를 잘 모른다.

학교에는 미래지향적인 변화를 이끌어갈 역량과 담대함을 갖춘 혁신적인 리더가 필요하다. 학교가 학습자나 사회의 요구를 충족하지 못하고 점점 현실과 멀어지는 모습을 마냥 보고만 있어서는 안 된다. 4차, 5차 산업혁명을 거치면서 학교가 어떤 운명을 맞을지는 학교 리더의 결단에 달려 있다.

디지털 리더십이란 학생들이 창의력, 소통 능력, 협업 능력, 비판적 사고, 문제 해결 능력, 기업가 정신, 테크놀로지 활용 능력, 글로벌 의식 등 새로운 시대의 필수 역량을 키울 수 있는 교수·학습 문화의 조성을 위해 비전을 세우고 전략을 구현하는 자질이다. 또한 이 필수적 역량에 비추어 학교 업무를 바라보고, 지속 가능한 변화에 초점을 맞추어 학교의 구조와 우리의 역량을 재편해야 한다. 혁신, 목적의식적인 테크놀로지 활용, 수준 높은 직무 연수, 투명성, 모범 사례에 대한 격려, 이해관계자들과의 관계 구축, 열린 태도, 앞으로의 변화에 대한 준비 등이 모두 디지털 리더십의 요소다. 디지털 리더십으로 학교를 이끌어야 늘 하던 방식에서 벗어나 교육을 재창조할 수 있다.

교육 종사자들의 사기를 떨어뜨리는 예산 삭감, 교육계에 대한 비판적인 시각은 이러한 과업을 더욱 어렵게 만든다. 이런 상황에서 모든 학생 개개인의 학습과 성취를 중시하는 학교 문화를 조성하려면 디지털 리더십이 더욱 필요하다.

학교 리더가 나아갈 새로운 방향 ————

건축가 루이스 설리번에 따르면 형태는 언제나 기능을 따른다. 교실부터 구내식당에 이르기까지 학교만큼 그 계율이 선명하게 드러나는 곳도 없다. 예전에는 학생들이 자기가 일할 현장에서 준수해야 하는 사항을 학교에서 배울 수 있었다. 학교가 그렇게 기능하게끔 설계되었기 때문이다. 1990년대에 미국은 공장을 해외로 내보냈다. 지난 세기를 위한 노동력은 더 이상 필요 없어졌다. 그러나 학교라는 공장은 여전히 똑같은 노동력을 찍어내고 있다. 바로 이 때문에 2006년 버지니아주의 한 교육구에서 팸 모런 박사가 이 시대의 아이들에게 최적화하기 위한 혁신적인 변화를 추진했다. 모런은 1986년부터 버지니아주 살러츠빌 인근의 앨버말 카운티 교육구에서 근무했으며 2006년부터 교육구 최초의 여성 교육감으로 재직했다. 2016년에는 버지니아주의 '올해의 교육감'으로 선정되었고, 미국 전체의 '올해의 교육감' 최종 후보 네 명에 들기도 했다.

그전까지 앨버말의 학생들은 이제는 존재하지 않는 세상에 대비하고 있었다. 국립연구위원회가 발간한《삶과 일을 위한 21세기 교육 : 이전 가능한 지식과 기술 개발하기》의 제언도 모런이 촉구하는 변화와 같은 방향을 향하고 있다.

학생들이 사회에 나가 새로운 문제를 해결하고 새로운 상황에 적응할 수 있게 하려면 '심층학습deeper learning'이 이루어져야 한다. 혁신, 창의성, 창의적인 문제 해결 등이 21세기형 기술이라는 점 역시 심층학습의 필요성을 시사한다. 심층학습은 학생들이 이전 가능한 지식, 즉 새로운 문제를 해결하거나 새로운 상황에 효과적으로 대응하기 위해 응용할 수 있는 지식을 개발하게끔 도와준다.(National Research Council, 2012, p. 70)

1장에서 보았듯이, 현재의 학습자는 다중 모드 커뮤니케이션, 대면 및 가상 팀 작업, 자기 주도적 문제 해결, 창의적인 해결안 도출이 당연한 세상에 산다. 일터, 가정, 지역사회 모두가 마찬가지다. 젊은 세대는 기본적인 정보를 알고자 할 때 종이로 된 백과사전을 펼치거나 도서관을 찾지 않고 교사를 필요로 하지도 않는다(Riedel, 2012). 그들은 곧장 위키피디아, 유튜브, 트위터, 페이스북, 시리, 알렉사에 묻는다. 이따금 친구에게 문자를 보낼 수도 있겠다. 새로운 테크놀로지의 무서운 발달 속도는 밀레니얼 세대가 살아가는 세계를 바꾸어놓았다. 게다가 그 부모와 조부모도 바뀐 세상에서 살고 있다. 그러나 학교만은 그다지 바뀌지 않았다.

책상이 줄지어 정면을 바라보는 규격화한 교실에서 학습자들은 자신을 통제하고 제한하는 핵심 요소들, 다시 말해 종이에 인쇄된 교과서와 천편일률적인 시험, 종이 울리면 일사불란하게 돌아가는 하루 일과, 어기면 큰일 나는 규정에 시달린다. 다른 영역에서는 그렇지 않은데 반해 학교에서만은 한 세기 전 공장의 조립라인, 분업화한 작업, 반복적인 공정에 담겨 있던 프레더릭 테일러의 '능률 숭배'가 여전하다.

의사는 환자에게 더 나은 의료 서비스를 제공하기 위해 최신 연구와 테크놀로지를 반영해 진료 방법, 도구, 진료실을 꾸준히 변화시켰다. 변호사는 의뢰인을 위해 변론 소견과 계약서를 준비할 때 온라인 자원을 활용한다. 자동차 정비공은 차량 데이터를 다운로드받아 어떤 수리나 관리가 필요한지 판단한다. 아마존 배송 시스템은 점점 더 자동화하여, 택배 상자가 우리 집 문 앞에 도착할 때까지 인간의 손이 닿는 시간은 1분이 채 안 된다. 폐기물 수거 차량이나 택시에도 잠재 고객을 끌어들이기 위한 QR코드가 부착되어 있다. 지금은 분야와 직종을 막론하고 모두가 새로운 테크놀로지에서 비롯된 급격한 변화에 발맞추어야 한다. 넷플릭스, 우버, 에어비앤비가 빠른 변화에 적응하지 못한 동종 업계의 경쟁자들을 제치고 번창한 것만 봐도 변화의 필요성은 분명하다.

팸 모런이 담당한 교육구의 교사들은 아이들이 미래에 겪을 세계 변화의 동학을 이해하려고 노력했다. 그들은 이런 질문을 던졌다.

교육은 21세기의 변화에 대응조차 못 하고 있지 않은가? 벽으로 둘러싸인 교실과 학교를 벗어나 교육의 기회를 학교 바깥으로 확장하는 무한한 가능성의 공간으로 이동해야 할 때가 아닌가? 표준화를 지향하는 20세기형 방법론만 바라볼 것이 아니라 교육과정, 평가, 교수법을 '탈표준화'하여 제한 없는 깊은 학습을 가능하게 만들 때가 아닐까?

모런은 관할 교육구 안팎의 학교들을 정기적으로 순회했다. 공간을 가변적으로 활용하니 학생들은 혼자 공부할 수도 있고 소규모나 대규모 모둠 활동을 할 수도 있으며 인터넷을 통한 가상 모둠 활동까지 가능했다. 물리적 공간과 가상 공간을 아우르는 이 새로운 공간 개념은 수업의 변화를 알리는 중요한 진입점이 되었다. 새로운 테크놀로지는 학습의 개인화, 개별화, 차별화에 활용될 수 있다. 학교가 창의적으로 유연성을 발휘하고 공간을 융통성 있게 활용하면 학생들은 어른들이 가르친 내용을 소비하는 데 머무르지 않고 자신의 성과물을 만들어 배운 것을 보여줄 수 있다. 모런은 공간과 테크놀로지가 아닌 교사들이야말로 교육이 과거에 머무르지 않고 아이들이 오늘과 내일을 살아가기 위해 필요한 것을 담아내게 하는 결정적인 요인이라고 말한다.

모런은 인터랙티브 학습공간으로 설계된 관할 교육구 밖의 어느 신설 학교를 방문한 적이 있다. 그곳은 과거가 아닌 현재와 미래를 위한 학교였다. 그 설계는 초등학교부터 고등학교까지 적용되었다. 모런은 이 시범학교 평가단의 일원이었다. 이 학교는 신선한 공기와 자연광 속에서 자유롭게 움직일 수 있는 환경이 학습효과를 높인다는 최신 뇌과학과 교육 설계 분야의 연구 결과를 반영하여 지어졌으며 프로젝트 기반 학습이 이루어졌다. 관할 교육구에서 교수법, 교육 자원, 학습공간을 개혁하는 데 몰두하고 있던 모런은 처음부터 혁신적 학습을 중심으로 설계된 학교를 경험해보고 싶었다.

학생들은 체험학습을 염두에 두고 만든 탁 트인 공간에서 협동하고 공유하며 함께 배울 수 있었다. 낮에는 복도와 체육관에 자연광이 들어오고 구름 낀 겨울 아침을 위한 조명도 설치되었다. 창가 자리는 아이들 여럿이 옹기종기 모여 전자책이나 자료를 함께 볼 수 있을 만큼 넓었고, 교실 바깥쪽 벽은 유리창으로 둘러싸여 있었다. 미술실과 도서실은 널찍한 데크로 이어져서 학생들이 야외로 나가게끔 유도했다.

식품 실험실, 학습 라운지, 최첨단 퇴비화 설비, 조리 실습실, 성과 발표를 위한 작은 무대가 카페테리아와 통하고, 그 바깥에는 빗물을 이용한 대형 상자 텃밭도 있었다.

개방형과 폐쇄형이 조합된 가변형 학습공간은 건물 밖 곳곳에 있는 둥지, 천막집, 동굴, 숲 등의 자연 공간으로 연결되었다. 가구와 설비는 학생과 교사 모두에게 폭넓은 선택의 여지와 편안함을 안겨주었다. 많은 교육자가 꿈의 학교라고 일컬을 만한 곳이었다.

그런데 이런 혁신적인 공간에서 교사와 학생이 하는 일은 기대와 달랐다. 어떤 교사는 솔직하게 털어놓았다. "저는 교과서를 수납할 수 있는 평범한 책상이 좋아요. 여기서는 갑자기 책이 필요해서 가져오려면 10분이나 걸리거든요." 모린은 학생들이 연습 문제를 풀고 돌아가면서 책을 읽고 교사의 지시 사항을 듣는 모습을 지켜보았다. 규칙으로 정해져 있는지 여부와 관계없이, 메시지는 하나였다. "조용히 앉아서 시키는 대로 하세요." 전자칠판을 비롯한 값비싼 장비 대부분은 사용되지 않았다.

최첨단 학습공간과 기자재가 가득한데도 학생들은 여전히 20세기식 교육을 받고 있었다. 혁신적인 공간 디자인과 설비는 학교의 미래를 보여주는 듯했지만 그곳에서 이루어지는 수업은 옛 모습 그대로였다. 표면적으로만 모든 것이 변했을 뿐 학습자의 경험에서는 아무런 발전이 없었다. 교육구 차원에서 상당한 자원을 투자해 최신 테크놀로지를 도입한 학습환경을 조성한 이런 학교에 미래형 교육을 가로막는 장벽이 있을 리 없다고 생각하는 사람도 있을지 모른다. 그러나 두드러진 문제가 있었다. 교수법과 사고방식이 전혀 변하지 않았다는 점이다.

전 세계에서 중대한 변화가 일어나고 있는 이때에 교육자들이 유독 변화를 거부하는 까닭은 무엇일까? 인식하지 못하기 때문일까, 아니면 자기들과는 무관한 일이라고 생각하기 때문일까? 변해야 하는 이유를 잘 모르기 때문은 아닐까? 단지 실패할까 봐 두려워서 변화에 저항감이 생겼을까? 모든 학교에 뿌리를 내린 표준화의 흐름이나 객관식 시험의 전통 탓일까?

모런은 교육구 직원, 지역 교육위원들과 토론하며 교육계의 관행이 정책의 구현과 학교 운영, 조직 역량, 상상력을 저해하고 있음을 확신했다. 교육계는 대체로 기존의 패러다임을 벗어나려 하지 않고, 정보 공유가 더디며, 새로운 교수법이나 도구 활용 역량을 구축하기 위한 전략도 부족했다. 어제와 다른 것은 말할 나위도 없고 오늘과도 달라질 미래를 상상하지 못한다. 모런은 리더들이 관행을 고수하려는 경향이 나타날 만한 모든 지점에서 그 관행이 과연 현재의 학습자에게도 적합한지 의문을 제기해야 한다고 보았다.

무어의 법칙은 우리 사회의 규범을 대표한다. 일터와 사적인 삶, 사회 공동체에서 사용되는 테크놀로지는 점점 더 빠르게 진화하고 소멸할 것이다. 이제 사람들은 바둑판 같은 사무실이나 조립라인을 벗어나 고도로 활동적인 공간에서 일하게 되었다. 맥도날드, 구글, 심지어 자동차 정비소까지도 일터의 모습이 빠르게 변하고 있다. 모두 테크놀로지가 자연스럽게 녹아들어 있기 때문에 가능한 일이다. 집이 일터가 될 수도 있다.

팸 모런은 버지니아대학교의 협동 연구실 사례에서 제조업 작업장의 미래를 엿보았다. 그곳은 프로그래밍과 디자인을 위한 다목적 라운지, 3D 프린터와 테스트 공간이 있는 시제품 제작실로 이루어졌는데, 두 공간은 유리벽 하나로만 나뉘었다. 담당 교수는 의과대학과 마찬가지로 공과대학에서도 학문 분과 간의 뚜렷한 경계가 사라지고 있다고 설명했다. 현대의 공학은 예전처럼 홀로 존재할 수 없다. 디자인, 엔지니어링, 시험, 제조를 위해 여러 분야의 지식과 기술이 필요하다.

이런 변화는 모든 곳에서 일어나고 있다. 게다가 학교의 변화는 다른 노동 환경의 변화보다 더 큰 의미가 있다. 학교는 좁게는 가정 안에서, 넓게는 글로벌 커뮤니티의 일원으로서 인류가 어떻게 정보를 검색하고 다른 사람들과 관계를 맺거나 소통하고 새로운 것을 창조하는지에 영향을 주기 때문이다. 학교의 변화는 디지털 책임 의식을 비롯한 시민의식의 형성과도 관련된다. 학생들이 학교를 졸업한 뒤에도 끊임없이 발전해나가기를 기대한다면, 학교에서부터 현대의 테크놀로지를 활용하여 친구들이나 교사뿐 아니라 전국, 전 세계의 학생들, 전문가들을 통해 배울 수 있는 학습 능력을 길러주어야 하지 않을까?

구글 경영진이었던 파스칼 피네트(Pascal Finette, 2012)에 따르면 우리는 "참여, 테크놀로지, 네트워크가 결합한 문화" 속에서 살아가고 있다. 피네트는 이 문화가 인류의 역사를 바꿀 것이라고 말한다. 어느 봄날,

팸 모런의 교육구 고등학교 졸업반 학생들이 혁명의 중심에 있던 이집트의 고고학자와 스카이프로 대화를 나누었다. 이집트에 가족이 있는 한 교생 덕분이었다. 두 유치원의 아이들이 유치원 트위터에서 알게 된 미시간의 전문가와 함께 'J'로 시작하는 단어를 공부하기도 했다. 모런은 초등학생들의 블로그에 종종 초대받았다. 블로그를 방문해서 댓글도 남겼다. 인터넷 개인 방송 사이트 유스트림에서 관내 학교 오케스트라의 연말 연주회 라이브 방송을 여러 번 관람하기도 했다. 6학년 아이들은 언론사의 독자 투고란에 요즘 노랫말이 예전의 시와 같다는 의견을 멀티미디어 형태로 올렸다. 모런은 6세부터 18세까지의 아이들이 함께하는 프로그래밍 워크숍을 참관한 적이 있는데, 그곳에서 아이들은 여러 프로그래밍 툴을 서로 배우고 가르쳤다.

팸은 운이 좌우할 수도 있는 시험 성적 하나로 학생들이 승자와 패자로 나뉜다고 진단했다. 결국 학생들은 첨단 시설을 갖춘 학교에서 구시대적인 군대식 교육을 받고 있는 것이다. 정해진 교육과정, 평가, 표준화한 일대다 수업은 아이들의 흥미와 열정, 가능성을 가로막는다. 아이들에게는 두려움 없이 질문하고 호기심을 품고 위험을 감수하도록 독려하여 열정, 역량, 회복 탄력성, 자기 주도성을 북돋우는 학습환경을 마련해줘야 한다. 그런 학교라면 아이들이 등교할 때 모바일 기기의 전원을 끄지 않아도 될 것이다. 기기의 전원이 꺼질 때 아이들의 마음도 함께 닫힌다. 모런은 모든 아이들에게 학교에서 오늘 그리고 내일을 위해 필요한 것을 배울 권리가 마땅히 있다고 주장한다.

앨버말 카운티 교육구는 공간이나 기자재만 바꾸는 정도로는 근본적이고 반드시 필요한 변화가 불가능하다고 깨달았다. 실질적인 변화는 학생이 스스로 던지는 질문과 호기심, 관심에서 시작되어야 한다. 이를 위해 전문가들의 연구와 상호 연계, 대화, 공동 학습을 지원해야 할 것이다. 우리는 아이들이 어느 학교를 다니든 지금 당장 필요한 지식을 넘어 평생 지속될 학습 역량을 갖추어 사회에 나가기를 바란다.

모런은 교사, 교장, 수직적·수평적 학습 공동체와 리더십 팀에서 협업하는 교육자가 몇 년에 걸쳐 꾸준히 노력하여 근본적 변화를 이룰 수 있음을 보았다. 그들은 매년 여름 함께 모여 연구하고 계획을 세우고 학년별 성취 수준에 부합하는 개념 중심 교육과정을 개발했다. 그리고 아이들의 학습 방법에 맞게 개인화, 차별화, 개별화한 수업 방식을 찾아내고 실험하고 발전시키는 데 오랜 시간이 걸렸다. 교사들은 성공의 척도로 여겨지던 표준화 시험에서 벗어날 수 있게끔 개방적이고 교과 통합적인 수행 과제를 설계했다.

앨버말의 교육 위원 모두가 이 변화를 지지했을까? 절대 그렇지 않았다. 그러나 앨버말을 비롯해 여러 지역에서 그 문화와 정신이 퍼져가고 있으며, 교육자들은 그 어느 때보다 '왜 변화해야 하는가?'라는 질문의 답을 찾기 위해 고심하고 있다.

우리를 방해하는 핑계들 ————

이제는 오랫동안 고수했던 학교 구조를 유지할 수 없다. 마침내 불꽃을 일으켜 길고 힘든 변화를 점화하려면 무엇이 필요할까? 그 성공은 핑계를 대지 않는 태도에 달려 있을 것이다. 스스로에게 물어보라. 나는 내 수업, 우리 학교, 우리 지역의 교육을 개선하기 위해 무엇을 준비했는가? 한정된 자원으로 더 큰 성취를 거두려면 어떻게 해야 할까?

리더들은 응당 헤쳐나가야 할 이의 제기, 장애물, 반발을 걱정하기보다 목표를 달성할 방법을 고민하고 실행해야 한다. 변화 과정에서 반드시 발생하는 이런저런 문제를 핑계로 삼아서는 안 된다. 변화하기 위한 길을 찾아야 한다.

리더는 학교의 기둥이 되어야 하고 문제보다 해결책에 집중해야 한다. 리더의 역할은 다른 구성원에게 무슨 일을 해야 할지 알려주는 것이 아니다. 그들이 앞으로 어떻게 되어야 하는지 보여주는 것이다. 부정적인 시각에 굴복하여 현상 유지를 고수하며 수세적으로 관망만 하려 한다면 교수·학습의 질을 높이기 위해 필요한 변화가 결코 시작될 수 없다. 학교 리더에게는 날마다 학생들의 삶에 긍정적인 변화를 일으킬 기회가 주어진다. 장애물이 있든 없든, 모든 학생의 배움과 교직원의 성장을 돕고자 하는 열정을 추진력 삼아 가능한 한 최고의 학교를 만들어가야 한다.

잊지 말아야 할 점이 있다. 가장 강력한 변화는 직함이나 권력, 지위가 있는 사람들이 아니라, 학생들에게 직접적으로 더 나은 교육을 제공하고자 애쓰는 현장의 교사들에게서 나온다. 학교 리더를 규정하는 것은 역할이 아닌 행동이다.

1장에서 보았듯이 세계는 변화하고 있다. 학습자부터 구직 시장, 테크놀로지, 정보에 접근하는 방법까지 모든 것이 변한다. 슬프게도 현실에서는 많은 학교가 이 변화의 흐름에 합류하지 못하고 있다. 시대는 리더들에게 학교 문화를 전면적으로 바꿀 지속 가능한 변화의 촉매가 될 것을 요구한다. 그래야만 우리 학생들이 디지털 유창성과 기업가적 사고에 의존하는 현대 사회에서 삶을 성공적으로 꾸려나갈 수 있을 것이다. 리더는 학교 문화에 뿌리박혀 있는 문제에 관한 건설적인 해결책을 마련하는 데 초점을 맞추어 집단적으로 대응해야 한다.

학교의 미래를 그려라 ———

세계화, 여러 산업 부문에서 나날이 늘어가는 해외 아웃소싱, 해외 이주 증가, 평평해진 세계(Friedman, 2005) 등은 일자리의 급속한 변화를 가져왔다. 프리드먼이 "세계는 평평하다"고 말한 때는 2005년이었다. 우리도 눈앞에 있는 것뿐 아니라 지평선 너머를 상상할 필요가 있다. 테크놀로지가 주도하는 세계에서 일하게 될 차세대 기업가, 과학자, 정치가, 엔지니어를 배출하려면 학교가 변화해야 한다. 우리 학교의 현재 모습은 어떠한가? 우리는 언제 어디서나 정보에 접근할 수 있는 디지털 시대에 성장하는 학생들의 요구에 부응하기 위해 최선을 다하고 있는가?

우리가 변화하려면 한 세기 넘게 학교에 깊이 뿌리박혀 있던 이념·견해·행동을 기꺼이 내버리고, 리더는 그에 대한 분명한 비전을 제시해야 한다. 모든 아이들은 배울 수 있고 배워야 하며, 교육자들은 더 좋은 교육자로 함께 성장하기 위해 서로를 자극해야 한다는 점은 확실하다. 모든 구성원이 이런 생각을 수용하게 이끄는 것이 디지털 리더십의 핵심이다. 여기서 '수용한다'는 것은 그저 승인하는buy-in 것이 아니라 진정으로 받아들인다embracement는 뜻이다. 학생들이 졸업한 뒤에도 끊임없이 진화하는 사회에 성공적으로 적응할 수 있게 하는 교수법과 여러 실천이 다른 구성원들에게 강요되어서는 안 된다. 비전을 세우고 그에 따라 전략적 계획을 수립하는 과정에서 '왜' '어떻게' '어디에서' '무엇을'이라는 질문이 제기되고 해소되어야만 구성원들이 진심으로 받아들일 수 있다. 이 질문들은 서로 연관되어 있다.

- 왜: 학교가 변화해야 하는 이유를 모든 이해관계자에게 납득시켜야 한다.
- 어떻게: 사람들이 왜, 무엇을, 어디에서 변화시킬지 이해하고 받아들였다면 그다음에는 변화의 방법과 절차를 정해야 한다.
- 어디에서: 위치와 방향을 말한다. 즉 현재 상태를 평가하고 방향을

합의하며 학생 성취도 향상을 측정하기 위한 방법을 정해야 한다. 디지털 리더십 측면에서는 교직원의 디지털 역량 강화, 온라인 커뮤니케이션과 홍보의 개선 정도를 측정할 방법도 마련해야 한다.

- 무엇을: 구성원들이 합의한 변화의 내용이다. 구성원들이 왜 변화해야 하는지 이해했다면 양질의 데이터와 현황 조사, 우수 사례를 토대로 무엇이 변화해야 하는지 정해야 한다.

이 질문들을 중심으로 마음을 터놓고 대화를 나눈다면 학교와 리더가 변화해야 하는 근거와 변화의 방향성을 도출할 수 있을 것이다. 새로운 아이디어와 전략, 테크닉의 수용을 촉진하려면 전 교직원의 협력이 필요하다. 전통적인 교실 환경을 모든 학생이 능동적으로 참여하는 활기찬 학습 공동체로 전환해야 한다. 모든 학생에게 도움이 되게끔 학교를 변모시키려면 교직원들과 정기적으로 공동의 비전을 개발하는 브레인스토밍 시간을 마련하는 것이 좋다. 결국 리더십이란 스스로를 행복하게 하기보다 다른 사람들이 목표를 향해 나아가면서 목적의식과 기쁨을 찾게끔 돕는 것이다.

테크놀로지와 혁신의 수용 ————

말로 시작된 비전을 현실로 만들려면 행동이 뒤따라야 한다. 테크놀로지의 발달에 따라 진화하는 현대 사회에서 디지털 리더는 수업과 학습을 비롯해 리더가 하는 모든 일이 이러한 사회 변화에 부응하게 해야 할 것이다. 그러지 못하면 학교가 우리 사회와 동떨어질 수밖에 없다. 다시 말해 학생들이 비판적 사고, 문제 해결 능력, 창의력, 글로벌 경쟁력 같은 역량을 키울 수 없는 학교가 된다는 뜻이다. 이 핵심 역량을 잘 모델링하려면 태도와 신념, 행동에 변화가 필요하다.

학교 리더의 최우선 임무는 수업을 관찰, 평가하고 의미 있는 피드백을 제공함으로써 교육의 질을 높이는 것이다. 따라서 교사에게 위험을 감수할 수 있는 재량권을 부여하고, 효과적인 수업 방식에 관한 지식을 갖추고 변화에 필요한 자원을 공급받을 수 있게 하며, 유연하고 혁신적인 교수 전략을 도입할 수 있게 돕는 것이 리더의 역할이다. 이러한 환경이 마련된 다음에는 꾸준히 디지털 교수법을 발굴, 개발, 지원, 장려해야 한다. 이를 위해 교육과정과 수업 설계가 창의성Creativity, 소통Communication, 비판적 사고Critical thinking, 협력Collaboration의 4C를 구현하고 있는지 점검하자.

디지털 시대가 수업과 학습에 새로운 과제를 안겨주면서, 교육과정과 교수법의 재평가가 불가피해졌다. 지금은 우리 학생들이 디지털 시민 의식의 중요성을 이해하고 미디어 메시지의 생산, 분석, 해석 능력을 갖춘 비판적 콘텐츠 소비자이자 생산자로 성장할 토대를 마련해야 할 때다. 리더들은 교육 테크놀로지가 교육과정과 교수법에 따라 적절히 적용되게 협심해야 한다. 그림 2.1은 21세기의 학교를 구성하는 핵

그림 2.1 21세기 학교의 핵심 구성 요소

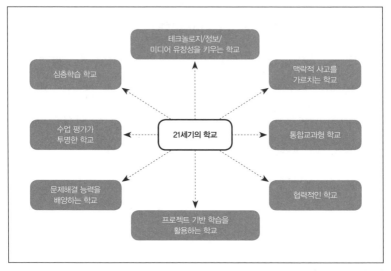

자료: Churches (2008)

심 요소를 보여준다. 이를 실현하기 위해 학교에서 사용할 수 있는 여러 도구와 자원은 1장에서 개괄한 바 있다. 가용한 테크놀로지가 너무 다양하고 관련 업체들의 마케팅에 휘둘리다 보면 성급한 결정을 내리기 쉽다. 이때 주의할 점은 테크놀로지를 사용할 성인의 시각에서 선택하지 않는 것이다. 그 테크놀로지가 학습자에게 대체 불가능한 학습 방식을 제공하는지에 초점을 맞추어야 한다.

리더는 이 점을 꼭 염두에 두자. 구매하고 싶은 품목이 아니라 테크놀로지를 통해 학생과 교사가 어떤 점을 향상하기를 바라는지 자문해 보아야 한다. 비용 대비 학습에 긍정적인 영향을 끼칠 테크놀로지를 선택하기 위해 리더가 들이는 시간이 교수법, 교육과정, 수업의 개선을 좌우한다. 여러분은 이 책을 읽어나가면서 디지털 리더십의 일곱 기둥을 자세히 살펴보게 될 것이다. 주요 이해관계자들과 함께 각각의 기둥을 검토하면서 수업, 교육과정, 교사의 직무 역량 강화 프로그램, 리더의 운영 방식을 개선함으로써, 학생들이 학교의 담장을 뛰어넘어 변화하는 세상에 적응하고 잠재력을 발휘할 수 있게 적절한 테크놀로지와 혁신적인 아이디어를 도입하라.

신세계를 준비하기 위한 대담한 아이디어 ―――

전 세계 곳곳에서 학생의 학습을 중심에 놓고, 교육 목표를 스스로 사고하고 배운 것을 응용하는 능력 증진에 두는 흐름이 나타나고 있다. 이제 우리는 숙련된 스킬을 갖춘 학습자가 아니라 유능한 역량을 갖춘 학습자를 길러야 한다. 새로운 시대에 필요한 역량을 둘러싼 토론과 논쟁은 21세기가 오기 전에 벌써 시작되었고 지금도 진행 중이다. 뒤이은 대화는 새로운 직업 세계에서 성공하기 위해 학생들이 알아야 하는 것, 습득해야 하는 스킬이 무엇인지 확실하게 파악할 기회를 학교, 교육구, 관련 기관에 제공했다. 우리가 21세기로 더 깊이 들어갈수록 21이라는 숫자의 의미는 줄어든다.

한번은 명석한 교육 리더 로즈 엘스-미첼Rose Else-Mitchell과 이야기할 기회가 있었다. 나는 웨비나에서 발표할 내용을 검토하면서 화면에 그림 하나를 띄워놓고, 21세기 이후 학생들의 비판적 사고를 위해 필요한 스킬을 설명했다. 로즈는 발표 자료를 보고 내 분석 내용을 들은 뒤 학생들에게 필요한 스킬뿐 아니라 단순한 기능을 넘어서는 역량을 설명하려는 것이 맞는지 되물었다. 그래야 한다는 뜻이었다. 그녀의 논평은 내게 많은 생각을 안겼다.

그 피드백을 듣고 나는 역량과 스킬의 차이가 무엇인지 그리고 학습에서 어떤 함의가 있는지 더 깊이 파고들었다. 지금 나는 완전히 달라진 세상에서 학생들이 제대로 대비할 수 있는 역량에 더 주목하고 있다. 스킬도 학생들의 학습과 진로에서 중요하지만 그것만으로는 진정한 성공을 이끌어낼 수 없다. 스킬은 특정 과제나 활동을 수행하려면 필요한 능력이라는 점에서 '무엇을'에 초점을 맞춘 개념이다. 그런데 스킬은 '어떻게'에 긴밀하게 연결되어 있지 않다. 역량이란 한 단계 나아가 무엇을 배워서 스킬을 능숙하게 익혔는지 보여주는 행동력을 뜻한다.

요컨대, 스킬은 달성해야 하는 목표가 무엇인지 말하는 반면 역량은 그 목적과 목표를 달성하는 방법을 일컫는다. 역량은 더 자세하며 스킬보다 더 일반적이고 포괄적인 용어로 성공의 요건을 정의한다. 또한 스킬, 지식, 능력을 더 심층적으로 고려한다. 앞으로 새로운 직업 세계에서 학생들이 성공하려면 스킬, 지식, 실무 능력의 적절한 조합을 발휘해야 한다. 스킬은 학생들이 무엇을 할 수 있는지 실제적 또는 인지적으로 보여주는 것이고, 역량은 스킬·지식·능력을 활용하여 문제를 해결함으로써 배운 것을 능숙하게 익혔음을 입증하는 것이다.

인적 자원 관리 회사 HRTMS가 제시한 다음 예시에서 스킬과 역량의 차이를 더욱 분명하게 알 수 있다(HRTMS, 2016).

연습과 교육을 통해 좋은 프리젠터가 될 수는 있다. 단, 훌륭한 커뮤니케이터가 되려면 스킬에 행동과 지식이 **더해진** 조합이 필요하다. 훌륭한 커뮤니케이터만이 고급 언어 스킬과 다문화에 관한 지식, 인내심을 갖추고 소통할 수 있다. 요컨대, 스킬은 바닥을 청소하는 방법, 컴퓨터 사용법, 재고관리 요령처럼 학습된 특정 활동인 반면, 역량은 문제 해결, 커뮤니케이션, 전문성처럼 스킬·지식·행동이 합해진 개념이다.

따라서 역량에 특정 스킬이 포함될 수는 있지만 역량이 스킬보다 훨씬 큰 개념이다. 역량에는 학습 결과에 맞게 스킬을 활용하는 데 바탕이 되는 지식은 물론이고 능력, 태도, 행동의 변화무쌍한 조합이 포함된다. 디지털화한 세계에서 성공을 좌우하는 자질은 스킬을 훨씬 넘어선다. 이제는 우리의 초점과 에너지를 학생들의 현재와 미래를 위해 혁신적인 핵심 역량을 키우고 평가하는 데로 옮겨야 할 때다.

변화의 주체가 되는 일은 교육 리더들의 의무다. 우리는 학생들이 스스로 영역을 넓혀나가게끔 독려하는 한편, 다른 교육 리더들과 협력하여 학생들의 인지적 성장, 열정, 강점을 북돋우는 방향으로 학습 과정을 개선하고 실행해야 한다. 거의 한 세기 동안 이어진 학습 문화를 바꾸기란 힘든 일이다. 그렇지만 모든 문제에는 해법이 있기 마련이며 학교는 늘 문제를 해결해왔다. 지금이야말로 우리 모두가 각자의 학교를 비판적으로 분석하고, 현상 유지에 만족할 것이 아니라 학생들에게 가장 좋은 길을 찾아나서야 한다. 대담한 아이디어가 필요하지만 명심해야 할 점이 있다. 우리는 늘 학습자를 존중하고 실질적인 문제를 다루며 학습 기회를 확대해야 한다. 또한 여러 관련 주체와 협력하고, 다른 분야에서 얻은 교훈을 반영해야 한다.

학습자에 대한 존중

모든 아이들은 위대한 잠재력을 품고 있다. 학생들 스스로 그것을 찾아내고 발휘하게 돕는 것이 교육자의 과업이다. 디지털 도구가 일상적으로 올바르게 사용되는 학교를 만들고 싶은 리더라면 학습자 개개인을 존중해야 한다. 그러려면 학생들과 진정한 대화를 나눌 시간이 필요하다. 학생들을 존중한다는 것은 그들에게 특별한 관심을 기울이고 한 사람의 온전한 인격체로 대하며 배려하고 신경 쓰고 감사하며 관계를 맺는 것, 그들의 강점을 칭찬하고 돌보는 것을 뜻한다(Tomlinson, 2011). 변화를 위한 노력에는 학생들의 목소리가 반드시 포함되어야 한다. 교육과정부터 교수법, 테크놀로지 도입, 수업시간 할당에 이르기까지 개선을 위한 모든 노력에서 아이들의 의견은 소중한 피드백이 된다. 학생들을 존중할 때 우리는 학생들을 위해 새로운 아이디어를 발굴하고 구현할 전문성을 계속 키워나갈 길을 찾는다. 학교의 아이들은 모두 어른들의 신뢰를 받을 자격이 있다.

실질적인 문제

실질적인 문제를 다루어야 학생들에게 동기부여가 되고 학습에 의미 있는 맥락이 생긴다. 수업에서 다루는 과제는 되도록이면 '현실 세계'에 가까워야 한다. 문제 기반 학습에서 학생들은 주어진 문제를 해결하기 위해 어떤 지식이 필요한지 알아내고 정보를 수집하며 동료들과 협력하여 수집된 자료에 비추어 가설을 평가한다. 이 상호작용 과정을 통해 아이들은 배운 지식을 검증하는 법을 익힌다(Stepien & Gallagher, 1993).

직업 세계를 모방한 실제적 문제를 중심으로 다루는 것 말고도 교실 밖의 청중을 대상으로 하는 발표, 학습 공동체 내의 토론과 소셜러닝 social learning(일상생활 중에 타인의 행동을 관찰, 모방하면서 이루어지는 학습-옮긴이), 프로젝트 과제에서 학생 스스로 선택한 학습, 사고력과 메타인지(내가 무엇을 알고 무엇을 모르는지, 어떤 지식을 어떻게 활용할 것인지 등 앎에 대한 인지-옮긴이)를 적극 활용하게 하는 개방형 탐구 과제 등이 실질적 학습에 포함된다(Rule, 2006). 이러한 유형의 학습은 때때로 어지럽고 무질서해질 수 있으므로 정규 교수법으로 도입하려면 견고한 리더십이 필요하다. 학생들을 의미 있고 실제성 있는 문제에 노출하고 이를 해결하게 하는 것만큼 강력한 학습 전략은 없다.

학생들은 이미 학교 밖에서 테크놀로지와 혁신적 전략으로 문제를 해결하고 있다. 때로는 스스로 테크놀로지를 창안하기도 한다. 그들에게 적절한 환경과 현실 세계의 도구를 활용할 기회가 주어진다면 놀라운 일을 할 수 있을 것이다. 그런 환경을 만드는 것이 우리 임무다. 우리는 교사들을 통제하기보다는 적절한 기자재와 수준 높은 직무 교육 등을 통해 지원하고, 계산된 위험 감수를 장려하며, 유연성을 발휘해야 한다. 가장 중요한 역할은 자신이 먼저 본보기가 되는 것이다. 자기가 하고 있지 않거나 해본 적 없는 일을 타인에게 기대하면 안 된다.

학습 기회 확대

고등학교를 졸업하는 시점에 학생들은 대학 진학이나 취업에 준비되어 있어야 한다. 그런데 현재의 표준 교육과정, 교수 전략, 평가로는 학생들이 대학이나 직장에서 경험할 어려움을 헤쳐나가는 데 한계가 있다. 학습 기회를 늘리면 교육과정이 연장되는 효과를 얻을 수 있으며, 학생들이 더 철저하게 미래를 준비할 수 있다. 뉴밀퍼드고등학교에서 개발한 아카데미라는 프로그램이 바로 학습 기회 확대의 큰 진척을 보여준 사례다. 아카데미는 모든 학생에게 실제적인 학습 경험, 온라인 코스, 특화한 현장 학습, 개인 연구, 학교 밖에서의 학점 취득, 인턴십, 캡스톤 프로젝트의 기회를 제공한다. 이 프로그램은 11장에서 더 자세히 다룰 것이다.

단합과 협력

교수·학습을 개선할 최고의 아이디어를 성공적으로 실행에 옮기는 일은 혼자서 할 수 없다. 우리는 각자의 상황을 극복하고 반대론자들을 논의에 참여시켜 공동의 의사 결정을 위한 시스템을 실행해야 하며, 이를 통해 지속 가능한 변화 프로세스를 밟아나가야 한다. 아무리 좋은 아이디어라 해도 단합과 협력 없이는 실현할 수 없다. 우리가 뭉치면 위대한 일을 이룰 수 있지만 분열하면 실패만 남을 뿐이다.

린치핀, 8020, 아웃라이어 리더십

학교가 왜 바뀌어야 하며 어떻게 바꿀 수 있는지에 관한 훌륭한 아이디어가 학교 바깥에서 나오기도 한다. 세스 고딘^{Seth Godin}은 《린치핀 Linchpin》(2010)에서 이렇게 말한다.

나는 기여할 수 있는 능력이 충분한데도 남들 눈치를 보거나 겁이 나서 망설이는 사람들을 매일 마주친다. 이제는 시스템에 순응만 할 것이 아니라 각자 자신의 지도를 그릴 때다. 당신에게는 당신만의 재능이 있고, 당신의 기여는 필수적이며, 당신의 작품은 귀중하다. 오직 당신만 그 작품을 창조할 수 있으므로 당신이 창조해야 한다.

고딘이 주목한 린치핀이란 훌륭한 조직을 꾸리는 데 반드시 필요한 핵심 구성원을 말한다. 린치핀은 자기 일을 사랑하고, 상황이 각본대로 진행되지 않음을 이해하며, 현상 유지에 만족하지 않는다. 린치핀은 하루하루를 예술 작품으로 승화한다. 학교와 학교 문화를 현실 세계와 흡사하게 만드는 것은 예술 작품을 창조하는 일과 다름없다. 린치핀인 리더는 창의성을 발휘하여 해결책을 찾고 여러 이해관계자 집단과 긴밀한 관계를 구축하며 다른 이들의 문제 해결을 돕는다. 디지털 리더는 학생과 교사가 정해진 틀을 벗어나 스스로 생각하게끔 고무해야 한다. 그것은 심오한 변화를 만드는 일에 관한 것이다. 가장 먼저 할 일은 기존 시스템의 단점을 인정한 뒤 학교를 디지털 시대에 맞게 변모시킬 계획을 수립하고 실행하는 것이다.

대니얼 핑크Daniel Pink는 《드라이브Drive》(2011)에서 진정한 동기부여의 과학적 근거를 탐구한다. 그는 40년 동안의 연구 결과를 인용하며 우리 사회가 당근과 채찍 접근법이라든가 인센티브 제도 등 외부의 보상 방식에 매몰되어 있다고 진단한다. 우리의 교육 시스템에도 변혁을 일으킬 목적이라면 멀리해야 할 외부 보상이 흔하다. 핑크가 지적한 대로, 산업화한 교육 모델이 사회가 필요로 하는 노동력을 길러내는 데 적합했듯이 당근과 채찍 전략도 20세기에는 잘 작동했지만, 창의성을 요구하는 오늘의 학교나 사회에서는 별로 효과적이지 않다.

변화를 추구하는 리더에게는 말할 나위도 없다. 외부에서 비롯한 동기부여는 좋은 행동을 밀어내고 성과를 악화시키며 창의성을 말살한다. 또한 꼼수나 비윤리적 행동을 조장하고 근시안적인 시각을 심어주며 결정적으로 내적 동기를 없애버린다.

"당근과 채찍은 20세기의 유물이다. 21세기를 위해서는 자율성, 성취욕, 목적의식의 업그레이드가 필요하다"(Pink, 2011, p. 203). 학교를 변화시키려는 리더라면 자율성, 성취욕, 목적의식에 기반한 내적 동기 중심의 학교 문화를 창출해야 한다. 자율성은 삶의 주체가 되고자 하는 욕망, 성취욕은 중요하게 생각하는 어떤 일에서 더 나아지고 싶은 충동, 목적의식은 더 큰 대의를 이루려는 갈망을 뜻한다.

구글은 내적 동기를 불러일으키는 분위기 조성의 중요성을 인식했다. 이에 따라 근무시간의 80퍼센트는 핵심 프로젝트에, 나머지 20퍼센트는 개인의 관심사와 연관된 활동에 쓰는 '혁신을 위한 20퍼센트 타임오프' 모델을 만들었다. 구글은 통제를 포기하고 창의성을 발휘하게 하는 것이 혁신과 변화의 열쇠임을 알았다. 이 모델은 핑크가 주목한 내적 동기의 중요성에 잘 부합한다. 학생과 교사가 저마다 스스로 기획한 프로젝트에 일과 시간의 20퍼센트를 할애하는 학교를 상상해보자. 그러면 80퍼센트의 시간을 투자한 학업이나 업무를 다른 각도에서 생각해볼 기회가 되지 않겠는가?

디지털 리더십이란 변화를 위한 가장 중요한 촉매인 내적 동기부여에 중점을 두며, 학교의 의미 있는 변화를 위해 교육 바깥에서 받은 영감으로 혁신 아이디어와 전략을 발전시키는 리더십이다. 또한 우리가 육성하고 촉진해야 하는 교수·학습 문화의 유형이다. 그래야만 학생들이 창의력을 마음껏 발휘하고 학습에서 진정한 의미를 찾으며 교사들은 충분한 자율성과 지원 아래 혁신적인 아이디어를 펼칠 수 있다. 자율성, 성취욕, 목적의식이라는 개념을 각자의 업무 그리고 교사와 학생에게 적용할 방법을 생각해보자. 7장에서는 혁신을 위한 내적 동력으로 80/20 모델을 도입한 학교의 사례를 살펴볼 것이다. 그들은 80/20 모델을 통해 톱다운 방식이 아니라 학생과 교사의 관심을 바탕으로 수업을 변화시키고 학습을 개선할 수 있었다.

모든 아이들은 타고난 지능 수준과 관계없이 배울 수 있으며 성취도 차이는 주어진 환경과 기회 차이에 관한 연구와 이해를 통해 완화될 수 있다(Glazer, 2009). 리더도 마찬가지다. 맬컴 글래드웰Malcolm Gladwell은 《아웃라이어Outliers》(2008)에서 성공한 사람의 특징과 비밀을 면밀히 들여다본다. 그는 어떤 이유에서든 남보다 더 많이 성취하고 남다른 강점으로 다른 사람들을 의아하게 만드는 사람을 아웃라이어라 일컫는다.

《아웃라이어》의 교훈을 학교의 리더십에 적용해보자. IQ가 높아야 훌륭한 리더가 될 수 있는 것이 아니다. 물론 주어진 기회를 알아보고 이용할 수 있을 만큼은 똑똑해야 한다. 디지털 시대는 학교와 리더 자신의 발전을 위해 관심 영역을 넓히고 학습이 나아갈 새로운 길을 모색하는 기회를 낳는다. 디지털 리더십이란 이러한 기회를 발견, 인식, 활용할 줄 아는 것이다. 이는 전통적인 리더십의 틀을 완전히 벗어나는 관점이다.

아웃라이어를 교육 시스템의 정상적인 궤도에서 이탈한 리더로 보지 말고, 사회가 기존의 교육 지도자상을 뛰어넘게 만드는 리더로 생각하자. 자신을 아웃라이어로 포지셔닝하는 리더는 정보 기반 사회에 반드시 필요한 혁신적·창의적 사고 유형을 자연스럽게 촉진한다. 바로 이런 사람이 학교에 필요한 리더다! 새로운 정보를 만들고 퍼뜨리는 일이 경제의 핵심인 이 시대에 리더는 모두 어느 정도 아웃라이어가 되어야만 한다. 더구나 여전히 산업화 시대의 노동력을 기르는, 그래서 사회에 어울리지 않는 인력을 배출하는 학교의 리더라면 말할 필요조차 없다. 학교 리더는 인터넷이 교육에 열어준 광대하고 변화무쌍한 기회를 자신과 학교의 발전에 활용해야 한다. 이 기회를 인식하고 행동에 옮기는 리더는 결국 리더십 그리고 학교의 구조와 기능에서 패러다임의 전환을 이끄는 진정한 아웃라이어가 될 것이다.

디지털 리더로의 성장 ────

어떤 일을 시작하거나 끝냈다는 것만으로 자족해본 적이 있는가? 물론 있을 것이다. 그것은 인간 본성 중 하나다. 그러나 이런 종류의 행복감이나 만족은 안일함을 낳을 수 있다. 우리는 단지 익숙해졌다는 이유만으로 운동 루틴을 바꾸지 않는다. 나는 러닝머신을 즐겨 타지만 수동 설정 이외의 기능은 사용해본 적이 없다. 건강에 나쁜 줄 알면서도 좋아하는 음식을 포기하지 못할 때도 있다. 말하자면, 자족은 성장이나 개선을 방해한다. 그런 까닭에 항상 열린 태도를 지녀야 우리는 성장을 편안하게 느낄 수 있다. 그러지 않으면 아무것도 바꿀 수 없다.

안주하려는 태도는 개인적인 삶뿐만 아니라 여러 조직에도 만연해 있다. 즉 현재의 업무 방식이 편안하게 느껴지면 '순항'할 수 있는 안전 지대를 벗어나기 힘들다. 고장 나지도 않았는데 왜 고쳐야 한단 말인가? 새로운 프로젝트를 맡거나 혁신적인 아이디어를 도입할 필요를 느끼지 못할 수도 있다. 어쩌면 개선해야 한다는 평가를 받은 적조차 없을 것이다. 학교나 조직의 변화를 꾀하려면 언제나 현상 유지에 만족하려는 태도와 맞서 싸워야 한다. 지금까지 이룬 것을 기뻐하되 안주하지 말자. 궁극적인 목표를 향한 여정에 끝이란 없다.

자기만족이 성장과 개선에 끼치는 영향을 더 면밀히 살필 수 있는 사례는 많다. 시험 성적에 대한 만족이 대표적이다. 우리 학교가 예전부터 지금까지 꾸준히 좋은 성과를 유지하고 있다면 변화의 필요성을 느끼지 못할 것이다. 무엇인가를 '잘'하고 있다는 것이 곧 아무런 변화도 필요하지 않다는 뜻이 아닌데도 말이다. 다른 시각에서는 정체된 학교로 보일 수도 있다. 성적뿐 아니라 모든 면에서 성장을 표준으로 삼고, 현재의 안락함에서 벗어나는 것부터 시작해야 학교 문화를 개선할 수 있다.

조애니 전컬라(Joani Junkala, 2018)는 안전지대를 벗어나는 것의 중요성을 다음과 같이 설명한다.

안전지대에서 벗어나려면 먼저 우리 자신에게서 벗어나야 한다. 업무에서든 개인적으로든 한 걸음 더 나아가려면 불편함에 익숙해질 필요가 있다. 이것이 누구에게나 쉬운 일은 아니다. 특히 나처럼 내향적인 사람에게는 더욱 힘들다. 안전지대 밖으로 발을 내딛으려면 추가적인 노력과 에너지가 요구되며, 때로는 낯선 경험에 부딪쳐야 한다. 두려움을 버리고 약점을 드러내야 하며, 새롭고 힘든, 때로는 한 번도 해본 적 없는 일을 기꺼이 시도해야 한다. 우리 자신과 타인을 향한 믿음에 의지해 가장 취약한 상태의 자신을 밖에 내놓아야 한다. 두려운 것이 당연하다. 잘못되면 어떡하지? 멍청하게 보이지는 않을까? 그만한 가치가 있는 일일까? 외톨이가 되면 어쩌지? 실패하면? 그러나 이 모든 질문을 접어두고 나아가면 성공과 발전이 기다릴지도 모른다.

변화는 우리 한 사람 한 사람에게서 시작되어 퍼져나간다. 성장과 발전에서 편안함을 찾는 일의 출발점은 스스로에게 정직해지는 것이다. 직설적으로 말하면, 완벽한 수업, 프로젝트, 교실, 학교, 교사는 없다. 그러나 나아질 수 있는 기회는 날마다 주어진다. 중요한 것은 현 상태에 안주하려는 본능이 학생들에게 필요한 교사와 학교가 되려는 노력을 방해하면 안 된다는 점이다.

현재 자신의 직업적 위치에 만족하는가? 소속 학교, 교육구, 기관은 어떠한가? 성장을 위한 기회는 어디에 있는가? 우리는 이러한 질문을 끊임없이 던짐으로써 지속적인 발전의 길을 열어갈 수 있다. 질문은 앞으로 나아갈 길을 제시한다. 행동은 그 길에 발을 내딛어 당신이 이루고자 하는 목표에 가까워지게 돕는다.

바로 지금이 디지털 리더로 성장해야 할 때다. 테크놀로지를 좋아할 필요는 없다. 그렇지만 테크놀로지를 받아들여야 한다. 경험이 없더라도 이해하려고 애써야 한다. 그래야 학생들을 디지털 시대에 대비시킬 수 있다. 리더가 용감하게 안전지대를 벗어날 줄 알아야 실질적인 학습의 중심이 되는 의미 있는 학교가 될 수 있다. 학교의 변화는 테크놀로지에 대한 리더의 의욕과 능력에 달려 있을 때가 많다. 전미중등학교교장협의회는 테크놀로지를 도입하려는 학교 리더에게 다음 열 가지 지침을 제시했다(Demski, 2012).

- 교사가 교실에서 학생들과 함께 사용하려는 테크놀로지 도구가 있다면 리더도 실제로 꾸준히 사용하라.
- 학습 테크놀로지 도입을 결정하고 기대 효과를 제시할 때 일관성을 유지하라.
- 학습 테크놀로지 도입 속도와 절차를 명확하고 타당하게 설명하라.
- 교사가 교실에 테크놀로지를 효과적으로 도입할 수 있게 도와줄 자원과 준비 시간을 적절히 제공하라.
- 얼리어댑터나 모험심이 강한 교사들을 지지하고 독려하라.
- 학생이 교실에서 사용할 디지털 도구를 교사가 미리 접해볼 수 있게끔 필요한 조치를 모두 취하라.
- IT 담당자에게 학습 테크놀로지와 관련된 모든 결정이 IT의 의견을 반영하여 이루어질 것임을 명확히 하라.
- 학생들이 테크놀로지를 활용하여 과제를 수행하고 저장할 때 기대

효과를 설정하고 이를 달성할 수 있게 지원하라.

• 학교의 테크놀로지 도입 목표와 진행 상황을 학부모와 일반인에게 꾸준히 알려라.

• 학습 테크놀로지를 완전히 통합한 학교의 미래상을 대중에게 적극적으로 알리는 전도사가 되어라.

테크놀로지에는 학교 문화와 학습 방식을 변모시킬 잠재력이 있다. 테크놀로지는 학습자의 참여도를 높이는 세련된 도구일 뿐 아니라 교육의 모든 면을 강화할 수 있는 무한한 가능성의 통로다. 학습 테크놀로지에 투자하는 것은 가치 없는 경솔한 지출이 아니다. 테크놀로지는 혁신적인 아이디어와 함께 교육에 꼭 필요한 자원이다. 새로운 학습 기회를 창출하고 전통적인 학교가 쌓아올렸던 담벼락을 허물 수 있기 때문이다.

테크놀로지는 학습자의 참여와 상호 연계를 강화하고, 학습자에게 권한을 부여하며, 교수법을 향상한다. 또한 교사의 역량 강화, 학교의 기능, 이해관계자들과의 관계에도 도움이 된다. '왜'라는 질문에 대한 답은 확실해졌으니 이제는 학생을 비롯한 모든 이해관계자가 테크놀로지를 '어떻게' 사용해야 목적을 달성할 수 있을지 질문해야 할 때다. 테크놀로지 자원을 풍족하게 활용할 여력이 없는 학교도 있겠지만, 그렇다고 해서 끝없이 핑계를 대며 앞으로 나아가기를 거부하면 안 된다. 가용한 자원을 되도록이면 늘릴 방법을 알아내는 데 시간과 에너지를 쏟아야 한다.

그 가치를 의심하는 반대자가 아무리 많아도 테크놀로지는 벌써 분명하고 확실하게 우리 삶에 들어와 있다. 테크놀로지가 학생들의 삶에 긍정적인 영향을 끼치고 학습 목표를 달성하고 이해관계자들과 소통하고 우수 사례를 공유하고 연계를 강화하는 데 효과적으로 활용되게끔 그 가치를 실현하는 일은 리더의 용단에 달렸다. 그 영향과 결과는 표준화 시험으로는 결코 알 수 없는 방식으로 드러날 것이다. 물론 테크놀로지가 우리의 교육 문제를 단번에 해결해줄 묘책이나 만병통치약은 아니다. 테크놀로지가 교사를 대체하리라고 생각하는 것도 아니다. 그러나 투자할 가치가 없다고 말하기 전에 한 번 더 생각해봐야 한다. 목적의식적인 테크놀로지 사용은 분명 차이를 만들어낸다. 테크놀로지를 일상적으로 활용하는 학교의 학생과 교사, 학부모와 관계자들에게 물어보면 바로 알 수 있을 것이다. 혁신적 사고와 테크놀로지를 결합하여 변화의 통로로 삼는 것이 바로 디지털 리더가 할 일이다.

요약

사회의 모든 것이 기하급수적인 속도로 바뀌고 있다. 따라서 우리 아이들이 어떤 사회에 발을 내딛게 될지 예측하기란 거의 불가능하다. 모든 교육계 종사자는 산업화한 노동력의 배출이 더 이상 사회의 요구에 맞지 않으며 우리 아이들의 요구에는 더더욱 맞지 않다는 점을 이해해야 한다. 디지털 리더십이란 팸 모런 박사가 버지니아주 앨버말 카운티에서 일으킨 르네상스처럼 학교를 활발한 학습 중심지로 변화시키는 운동의 선봉에 서는 것이다. 리더는 학교 문화를 비판적으로 성찰하여 아이들이 필요로 하는 바를 학교가 진정으로 충족하고 있는지 돌아보아야 한다. 그래야 대담한 아이디어를 도입하여 기존의 모호함을 버리고 사회에 적합한 인재를 길러내는 학교로 변화시킬 비전을 세울 수 있다. 그 학교는 모든 이해관계자들과 공감하고 진정한 성취의 장을 마련하며 교육적 성과에 더 큰 자부심을 느낄 것이다.

생각해볼 문제

1 지금 우리 학교에 '늘 하던 방식'을 고수하는 사례가 있는가? 있다면 어떻게 해야 더 나은 방향으로 궤도를 수정할 수 있을까?

2 우수성, 혁신, 창의성의 비전을 어떻게 보여줄 것인가?

3 행동의 변화는 사고방식의 변화에서 비롯된다. 고정된 사고방식에 얽매인 업무 영역을 확인하라. 생각을 다른 방향으로 전환하기 위해 해야 할 일은 무엇일까?

4 현재의 업무가 편안하게 느껴지는가? 성장의 기회는 어디에 있는가?

3

지속 가능한
변화를 위하여

Leading Sustainable Change

뉴저지주 밀빌에 있는 레이크사이드중학교 교장 스파이크 쿡 박사의 사례는 혁신 전략을 수용할 때 리더십의 패러다임 전환이 어떻게 학교의 변화를, 더 나아가 교육구 전체의 변화를 이끌었는지 보여준다. 쿡은 이전에 재직했던 R. M. 베이컨초등학교에서 그가 바라는 교장상을 교직원과 학생, 학부모에게 보여줌으로써 단시간에 디지털 리더십의 본보기가 되었다.

쿡은 변화를 일으키고 계속 유지하려면 학교의 비전을 수립하고 교장인 자신이 유능한 디지털 리더로 자리매김해야 한다는 점을 알고 있었다. 이 깨달음은 사회와의 관계 속에서 기존 학교 문화를 성찰하고 개선을 위해 어떤 변화가 필요한지 고민하게 만들었다. 그는 교직원과 학생이 잠재력을 발휘할 수 있게 돕는 리더가 되고자 했다.

몇 해 전 새해, 디지털 리더십에 부합하는 리더가 되기로 결심한 것이 여정의 시작이었다. 쿡은 우선 여러 소셜미디어 앱에 가입하고 자기와 생각이 비슷한 교육자들의 선례를 따라 개인 블로그와 학교 블로그를 만들었다. 그는 트위터에서 가능한 한 많은 교장들을 팔로우하여 그들이 트위터에서 어떻게 자신과 학교를 보여주는지 연구했다. 쿡은 그 과정에서 디지털 리더십의 길을 닦은 여러 사례를 만날 수 있었다.

쿡에게 블로그는 성찰의 도구였다. 그는 블로그 '학습에 관한 통찰'을 개설하고 교장, 남편, 아버지, 교사로서의 경험을 공유함으로써 얻을 수 있는 이점을 알았다. 학생들이 성공적인 미래를 더 잘 준비하게 할 교육 환경의 미래상을 블로그에 공유한 일은 그의 비전을 발전시키고 대화를 촉진하는 데도 도움이 되었다. 그가 블로그를 통해 비전을 제시하고 소통을 강화하자 교사들이 따라오기 시작했다. 쿡은 자기도 모르는 사이에 변화를 일으키고 있었다.

쿡은 날마다 리더십에 관한 정보를 읽고 적어도 일주일에 한 번은 블로그에 글을 써서 동료 교사들에게 모범을 보이기로 했다. 꾸준한 노력이 자신뿐 아니라 동료들의 역량도 키워주리라고 믿었기 때문이다. 그는 교육구 안에서 베이컨초등학교를 교사들이 디지털 테크놀로지를 가장 잘 활용하는 학교로 만들고자 계획을 세웠다. 논리는 단순 명료했다. 견고한 교수법을 테크놀로지 도구로 통합하면 더 유능한 교사가 될 테고, 학생들에게 혜택이 돌아간다는 것이 쿡의 생각이었다. 그리고 몇몇 교사는 벌써 그의 생각처럼 움직이고 있었다.

쿡은 담당자들에게 재량권을 부여해서 위험을 감수하고 도전할 수 있게 해야 변화가 지속된다는 사실을 깨달았다. 그리고 공식, 비공식 회의에서 이를 실천했다. 그의 주된 목표는 공감대를 형성하고 쌍방향 정보 공유를 정규화하는 것이었다. 다행히 학교에 교육 테크놀로지 전공으로 석사 학위 논문을 쓰려는 교사들이 있었다. 그들은 교육 테크놀로지를 향한 신임 교장의 관심을 반기며 더 많은 교실에 테크놀로지를 도입할 수 있겠다는 기대를 품고 힘을 합쳤다.

쿡은 전 교직원에게 학교 운영 방침의 변화를 알리기 위해 소셜미디어 활용이라는 주제로 회의를 열었다. 그가 이 소식을 공유해야겠다고 마음먹은 이유는 자신이 경험한 것처럼 교사들에게도 테크놀로지가 도움이 되리라고 확신했기 때문이다. 첫 회의가 끝난 뒤, 문해 지도사 literacy coach 한 명과 교사 일곱 명이 트위터에 가입하거나 기존 계정을 업데이트했다. 갑자기 교직원들 사이에서 소셜미디어가 화제에 오르고 너도나도 소셜미디어에 뛰어들지 말지 고민했다. 이들의 관심이 행동으로 바뀌려면 여기에 탄력을 붙여줄 메커니즘이 필요했다.

곧이어 쿡은 교사들과의 소통 방식을 천천히 바꿔나갔다. 그는 먼저 '월요 메모'나 '금요 포커스' 같은 정기 이메일을 보내기로 결정했다 (Whitaker, 2003). 일방향적인 메시지 전달이 아니라 교사, 학생, 학부모 사이에 대화의 장을 열어주는 수단이었다. 학교의 공식 블로그는 매주 한 번씩 그 주의 모든 활동을 업데이트하고 성과를 돌아보는 공간으로 삼았다. 블로그에는 영상, 사진, 자료 링크는 물론 적절하고 체계적인 학습이 이루어지게끔 테크놀로지를 효과적으로 이용하는 방법을 주의 깊게 선별하여 게시했다.

그러던 중 교사 두 명이 찾아왔다. 그들은 직무 학습 프로그램을 구축해보고 싶다고 했다. 여러 교사들에게 교육 테크놀로지를 경험시켜 더 많은 학습자에게 혜택이 돌아가게 할 수 있는 방법이었다. 그들이 만든 '금요 테크'는 미국 전역에서 부각되고 있던 '언콘퍼런스 unconference'(미리 정해진 주제와 형식 없이 참여자들이 만들어가는 방식의 콘퍼런스-옮긴이) 직무 학습 모델로 설계되었다. 금요 테크는 교실에 테크놀로지를 도입하여 학습 성과를 향상하는 데 실질적으로 도움이 되는 자원을 제공함으로써 변화가 꾸준히 이어지게 만들었다.

쿡의 혁신이 영향력을 나타내기 시작한 것은 교육구가 주최하는 연례 테크놀로지 쇼케이스에서였다. 교육구 내의 열한 군데 학교 중 베이컨초등학교의 부스가 가장 붐볐고 수많은 질문이 쏟아졌다. 이 학교에서 일어난 디지털 혁명을 모든 학교가 도입해야 한다고 여러 참가자들이 말했다.

쿡은 금요 테크와 비공식적 네트워킹 외에 교사 회의도 교실에서 활용 가능한 테크놀로지 도구를 소개하는 기회로 삼았다. 그는 교사들이 새로운 테크놀로지를 직접 체험해볼 수 있도록 회의에 디지털 기기를 가져오라고 독려했다. 전통적인 회의 형태에서 벗어나 능동적인 학습의 장이 된 것이다. 그는 최신 도구를 소개하고 학습의 질을 향상하거나 이해관계자들의 참여도를 높이는 데 쉽게 활용할 수 있는 방법을 시연했다.

교육구에서 지급한 아이패드 활용법을 고민하던 쿡은 동영상 제작 앱 아이무비를 사용하면 양질의 동영상을 빠르게 만들 수 있다는 것을 알게 되었다. 그는 교사 회의에서 자기가 직접 만든 동영상을 교사들에게 보여주었다. 5학년 교사 중 몇 명이 가장 먼저 학생들을 위한 동영상을 제작했다. 얼마 지나지 않아 다른 학년 교사들도 아이패드나 개인 기기를 이용하여 학생들과 함께 동영상을 만들기 시작했다. 이 동영상들은 테크놀로지의 효과적인 활용법을 보여주었을 뿐 아니라, 학교가 자랑할 만한 여러 혁신 프로그램을 대외적으로 알리는 콘텐츠가 되었다.

쿡에게 여름은 느긋하게 휴식을 취하는 기간이 아니라 디지털 리더십 영역에서 한 발짝 더 진전하는 기회였다. 그는 여름방학 동안 소셜 미디어와 블로그를 계속 업데이트했고, 교사들도 마찬가지였다. 그들은 다양한 테크놀로지 도구를 활용하여 다음 학기 계획을 함께 논의했다. 테크놀로지 활용법은 물론 교수법, 학생들의 주도성 강화 방법, 교육과정 조정, 시간 관리 등에 관한 아이디어도 나눌 수 있었다. 덕분에 여름방학이 끝난 뒤 학교에서 디지털 테크놀로지를 활용하여 학습의 질을 향상하기 위한 활동이 늘었다(S. Cook, 비공식 인터뷰, 2018).

쿡은 테크놀로지 활용 수업을 의무화하지 않았다. 강제는 때로 저항과 반감을 불러일으키고 변화의 걸림돌이 될 수 있기 때문이다. 교사가 불편하게 느낄 만한 일은 단 한 번도 요청하지 않았다. 그보다는 자신이 먼저 본보기가 되는 것(Kouzes & Posner, 2007)이 교사들을 성장시키는 효과적인 리더십이라고 여겼다. 위험을 감수하는 교사들에게는 보상이 돌아가게 했으며, 필요한 지원은 공평하게 이루어졌다. 쿡은 모든 교사에게 저마다 다른 방식이 있음을 이해했다. 어떤 교사가 수업 자료를 보여주는 것처럼 테크놀로지를 단순하게 활용하는 데서 더 나아가지 못해도 참고 기다렸다.

디지털 학습 영역의 지속적이고 집중적인 변화와 혁신은 스카이프, 트위터, 핀터레스트, 페이스북, 블로그를 통해 다른 학교, 다른 교육자들과의 정기적인 교류로 이어졌다. 4학년 학생들은 1,500킬로미터나 떨어진 위스콘신주 4학년 아이들과 1년 동안 교류했고, 미스터리 스카이프(다른 지역 또는 다른 나라의 한 학급과 화상으로 연결하여 '예/아니요'로만 대답할 수 있는 질문을 통해 서로의 지역을 알아맞히는 게임 형식의 교류 – 옮긴이)를 수차례 진행했으며, 견학이나 협력 차원에서 다른 학교 교사가 방문한 적도 여러 번 있었다. 쿡은 디지털 리더로서 교사와 학생 모두의 성장을 위해 계속 더 많은 기회를 제공해야겠다고 생각했다. 이를 위해 외부 전문가를 초청하여 더 발전된 테크놀로지를 소개하고 디지털 학습의 효율성을 높이고자 애썼다.

쿡은 밀빌 공립교육구의 디지털 관리 소프트웨어를 활용해 교직원의 테크놀로지 사용 데이터를 검토했다. 그 결과 관찰된 총 시간의 29퍼센트가 테크놀로지를 사용한 시간으로 나타났다. 쿡은 연말에 교사들에게 이 수치를 제시한 뒤 이듬해에는 테크놀로지 활용률이 더 높아지게 끔 지원하겠다고 약속했다. 넉 달 뒤, 테크놀로지 사용 시간이 42퍼센트로 증가했다. 학생의 테크놀로지 이용 시간도 전년도 32퍼센트에서 45퍼센트로 늘었다.

쿡은 페이스북 덕분에 교사들을 더 잘 이해하게 되었다. 교사들과 페이스북 친구가 되니 그들의 신상 변화, 관심사, 가족에 관해 더 잘 알 수 있었다. 교사들끼리도 서로 더 깊이 알게 됐으며, 이는 직무상의 상호 협력에 도움이 되었다. 교사들은 정해진 학교 일정의 제약에서 벗어나 서로 쉽게 소통할 수 있었다. 이러한 상호 연결성 덕분에 직무상의 관계도 더 좋아졌고 꾸준한 혁신에 도움이 되었다.

트위터는 수업에 도움이 되는 글이나 정보를 찾는 데 활용되었다. 교사들이 찾은 정보는 자연스레 쿡에게도 공유되었다. 교사 중 60퍼센트 이상이 트위터를 사용했는데, 쿡은 여기서 아이디어가 현실이 되는 것을 보았다. 한번은 여름방학에 교사들이 더 나은 학급 관리 방안을 모색한 적이 있었다. 그러자 누가 트위터에서 클래스도조ClassDojo라는 쌍방향 학급 관리 애플리케이션을 다룬 기사를 공유했다. 클래스도조를 이용하면 교사와 학생이 긍정적인 행동에 보상을 제공하고 부정적인 행동을 탐지할 수 있다. 그 뒤 교사의 약 50퍼센트가 대화형 전자칠판, 스마트폰, 아이패드로 클래스도조를 사용하게 됐으며, 쿡은 클래스도조의 데이터에 기반하여 학생·학부모와 상담을 했다.

일부 교사는 자기 수업에 피드백을 얻고 학부모 참여도를 높이기 위해 블로그를 새로 개설했다. 그들은 쿡이 만든 학교 차원의 블로그 모델을 학급 블로그에 적용했다. 전부터 블로그를 운영하던 교사들도 더 적극적으로 활용하여 학부모의 참여도를 높이고 수업의 질을 개선하고자 애썼다.

쿡은 디지털 리더십에 주력함으로써 더 유능한 교장이자 리더가 되었다. 그는 교육 활동에서 성공이나 문제점을 대하는 거시적인 시각을 갖추었다. 이것은 동료 교사들을 지원하는 체계적인 방법을 마련하는 데 도움이 되었다. 그는 교사와 학생이 새로운 테크놀로지에 겁먹지 않고 도전할 수 있는 분위기를 조성했다고 자평한다. 그의 학교가 변화를 수용했다는 것은 그의 비전이 모든 이의 비전이 되고, 생각이 현실로 전환되었다는 뜻이다.

변화의 여섯 가지 비결 ———

위대한 리더가 꼭 스스로 위대한 일을 해야 하는 것은 아니다. 사람들이 위대한 일을 하게끔 이끄는 사람이 곧 위대한 리더다.

—로널드 레이건

쿡의 이야기는 모든 교육 리더에게 학교와 교육에서 변화를 보려 한다면 스스로 먼저 변화해야 한다는 강력한 교훈을 준다. 오늘날의 리더는 대개 둘 중 하나의 길을 선택한다. 그들이 듣고 싶어 하는 말을 해 줄 것인가, 아니면 필요한 곳으로 그들을 이끌 것인가. 구성원이 듣고 싶어 하는 대로 말해주면 현 상태가 더 공고해지고 하던 방식을 영원히 유지하는 결과밖에 낳지 못한다. 이 길은 우리 모두의 머릿속에서 끊임없이 맴도는 "고장 나지도 않았는데 왜 고쳐야 하지?"라는 속삭임을 따라간다. 중요한 것은, 완벽함이란 우리의 상상 속에만 존재하므로 모든 시스템에는 성장할 기회가 있다는 사실이다. 유능한 리더란 언제나 비판적인 시각에서 사안을 바라보며 변화가 필요한지, 언제 변화해야 하는지 판단하는 사람을 가리킨다.

모든 변화에는 출발점이 필요하다. 문제점 진단, 실행 계획 수립, 변화한 미래상 예측 — 이 세 가지가 지속 가능한 변화의 핵심이며, 리더는 변화 프로세스를 실행에 옮기기에 앞서 그 과정을 이끌 만한 지식을 갖추어야 한다. 이 분야의 전문가 마이클 풀런(Michael Fullan, 2011)은 다음 여섯 가지가 변화의 비결이라고 말한다.

① 구성원을 사랑하라.
② 동료들 사이의 상호작용을 늘리라.
③ 모두의 역량 구축에 힘쓰라.
④ 학습보다 중요한 것은 없다.
⑤ 투명성을 확보하라.
⑥ 학습 시스템을 확보하라.

스파이크 쿡의 여정을 돌이켜보면, 풀런의 여섯 가지 비결의 실행 과정을 알 수 있다. 그 실천의 결과는 학교 문화의 지속 가능한 변화였다. 드디어 R. M. 베이컨초등학교는 능동적인 활동에 익숙한 요즘 아이들과 혁신의 수용에 적극적인 교직원에게 적합한 학습환경을 창출했다. 풀런이 말한 여섯 가지 비결은 디지털 리더십이라는 수레바퀴를 움직이기 위한 열쇠다.

변화의 비결 1: 구성원을 사랑하라

학교의 학습 문화를 구축하는 데 무엇이 중요한지 파악하려면, 교직원·학생·지역사회에 초점을 맞추어야 한다. 모두가 지속적으로 학습하면서 또 위험을 감수하고 혁신을 시도할 수 있게끔 어느 정도의 자율성을 부여하는 것이 핵심이다.

구성원을 사랑한다는 것은 그들 모두가 자기 일을 해나가는 가운데 자신의 목표와 조직의 목표를 동시에 달성하고, 각자의 역량과 개인적인 만족감을 높여 스스로 의미를 찾을 수 있게 돕는다는 뜻이다(Fullan, 2011). 지속 가능한 변화의 측면에서 볼 때 구성원을 사랑하는 최선의 방법은 그들을 무조건적으로 신뢰하고 지지하는 것이다.

변화의 비결 2: 동료들 간의 상호작용을 늘리라

학교 안팎에서 동료끼리의 상호작용은 매우 중요하다. 학교에서 지원하는 학습 모임에 참여하는 교사에게 배운 학생은 실제로 학습과 성취도가 꽤 향상된다. 이때 추구하는 변화와 관련된 목표와 성과를 반드시 설정해야 한다. 변화의 이유와 방법이 교직원들에게 명확히 전달되어야 하며, 그들이 변화 프로세스의 능동적 참여자가 되어야 한다. 동료 사이의 목적의식적 상호작용은 교사들이 의사 결정 과정에 참여하고 정책과 지침의 실행 방법을 직접 만들어갈 수 있게 해준다(DuFour, DuFour, & Eaker, 2008).

변화의 비결 3: 모두의 역량 구축에 힘쓰라

교사와 교장이 학교 개선에 필요한 변화 스킬의 교육과 관리 방법을 개발할 수 있게 지원하는 전략이 가장 효과적이다. 역량에는 능력, 자원, 동기부여가 포함된다. 이 세 요소를 계속 개발해나갈 때 개인과 집단의 역량이 높아진다(Fullan, 2011). 역량 구축 모델에서는 구성원들 간의 응집력, 신뢰와 함께 분산적 리더십이 핵심이다(Hopkins & Jackson, 2003). 분산적 리더십은 개개인의 잠재력이 조직 안에서 발휘될 수 있게 돕고, 구성원들의 전문성이 모여 집단 또는 네트워크에서 새로운 능력으로 나타나게 한다(Gronn, 2000). 리더는 모든 구성원의 역량을 꾸준히 발전시키는 동시에 다음 단계까지 생각해야 한다. 교육의 변화를 다룬 여러 연구는 지속적인 개선에 성공한 학교의 특징으로 조직 내 리더십 역량 구축을 꼽았다(Harris & Lambert, 2003).

변화의 비결 4: 학습보다 중요한 것은 없다

워크숍, 강의, 온라인 수업을 통한 직무 교육은 교수, 학습, 리더십 분야에서 끊임없이 성장하기 위한 여러 자원 가운데 하나일 뿐이다. 진정한 성장이 이루어지려면 학교 문화가 교사의 수업과 업무 개선에 관련된 일상적인 학습을 지원해야 한다. 리더는 교사가 근무시간 중에 직무 학습에 시간을 할애할 수 있는 방안을 마련하고, 스스로도 늘 학습하는 모습을 보여주어야 한다. 디지털 리더십에서 학습보다 중요한 것은 없다. 학습은 리더십의 원동력이다. 최고의 리더는 최고의 학습자다.

변화의 비결 5: 투명성을 확보하라

성공적인 변화를 위해서는 건설적인 피드백 자료를 꾸준히 활용하고, 우수한 실행 사례를 볼 기회를 마련하며, 혁신 사례를 공유하고, 디지털 도구를 받아들여야 한다. 코치나 멘토에게 수업을 공개하고 조언을 듣거나 반대로 그들의 수업을 참관하는 것은 교사에게 당연하고 바람직한 방식이다. 리더의 업무도 예외가 아니다. 학교에서 하는 일에 자부심이 있는 리더라면 주요 이해관계자들에게 그것을 지속적으로 알릴 수단이 생겼다. 다양한 정보를 공유할수록 더 많은 사람들이 변화 프로세스에 참여할 것이다.

변화의 비결 6: 학습 시스템을 구축하라

꾸준한 학습이 이루어지려면 리더를 많이 길러내야 한다. 또한 복잡성의 시대에 맞설 확신이 있고 새로운 아이디어를 향해 열려 있는 학교가 되어야 한다. 디지털 세계에서도 마찬가지다. 지식과 도구에 대한 접근성이 높아진 지금, 리더의 역량 구축이나 전문성 향상을 위한 학습은 더 이상 시공간의 제약을 받지 않는다. 온라인 공간에서 새로운 아이디어가 맹렬한 속도로 공유되고 있지만 전부 따라잡으려고 시간을 낭비할 필요는 없다. 개별 학교의 특성에 맞는 일부 검증된 아이디어만 빌려와 적용하면 된다.

변화 프로세스 ————

학생들이 세상에 더 잘 준비하게 하려면 교육이 변화해야 한다는 논의는 늘 많았다. 전 세계가 긴밀하게 연결되어 빠르게 변화하는 가운데 기존의 학교는 그 속도를 쫓아가지 못해 위기에 놓였다. 테크놀로지가 폭발적으로 증가하면서 학생들은 학업에 집중하기 어려워지고 있다. 그렇다고 학교에서 의미 있고 영향력 있는 변화가 나타나지 않는다는 말은 아니다. 나는 내 작업과 소셜미디어에서 교육이 할 수 있고 해야 하는 일을 보여주는 몇몇 놀라운 사례를 보았다. 그러나 이러한 사례는 교육 시스템이나 지역, 학교 전체의 체계적 변화라기보다 특별한 예외에 가까웠다. 학교는 단순히 최신 테크놀로지를 받아들이는 일을 뛰어넘어야 한다.

학교 문화에 내재하는 여러 요소가 우리에게 필요한 것과 가능한 것을 보는 시야를 흐린다. 현 상태를 유지하려는 경향, 전통, 사고방식, 두려움, 무관심, 재정 상황, 인프라, 시간 등 온갖 문제가 수시로 튀어나온다. 이러한 현실적인 문제는 핑계가 되고 결국 변화 프로세스를 가로막는다. 지구상의 모든 학교는 날마다 이런저런 문제에 부딪히고 있다. 그러나 다행히도 극복할 수 없는 문제는 없다. 중요성을 깨달으면 해법을 찾을 수 있을 것이다. 반대로 깨달음이 없으면 본능에 굴복하여 핑곗거리를 찾게 된다. 변화 프로세스를 구동하는 연료는 핑계가 아니라 해법을 찾으려는 혁신 아이디어와 혁신을 수용하려는 열망이다.

변화는 쉽지 않다. 금방 일어나지도 않는다. 그러나 지속 가능한 변화의 훌륭한 사례가 저절로 나타나기도 한다. 리더가 변화를 지속적이고 순환하는 과정으로 인식해야만 변화를 일으키고 관리, 유지할 수 있다. 리더는 비전과 계획뿐 아니라 인내심과 끈기가 있어야 한다. 지속 가능한 변화가 목표라면 '왜' '어떻게' '무엇을'을 명확하게 제시하고 성공의 기준을 세워야 한다.

왜

데이터를 통해 무엇이 바뀌어야 하는지 파악했다면 그다음에 할 일은 공감대 형성이다. 관련 연구를 바탕으로 변화의 필요성에 관한 설득력 있는 근거를 제시하면 좋다. 학교의 데이터가 알려주는 바와 연구 결과를 결합하면 변화 프로세스를 긍정적인 방향으로 이끌어갈 토대가 될 것이다. 구글 학술검색(https://scholar.google.com)을 이용하면 변화의 필요성을 다룬 논문을 쉽고 빠르게 찾을 수 있다. 예를 들면, 나는 성적 평가 방식의 문제와 관련해 먼저 데이터를 검토했고(과락이 너무 많았다), 그다음에 구글 학술검색에서 개선 방안의 방향을 알려줄 논문을 찾아 보았다. 끝으로, 다음과 같은 거시적 질문들로 잠재적 문제를 예방하는 것도 중요하다.

- 왜 변화가 일어나지 않을까?
- 왜 우리 학교는 변화에 실패했을까?
- 다른 학교들은 어떻게 하고 있나?
- 우리는 학생들의 요구를 충족하면서 미래에 잘 대비시키고 있는가?

어떻게

이제 팔을 걷어붙이고 나설 때다. 지침을 내리거나 지시하는 등 일방적인 결정에 동의를 구하는 방식으로 변화에 성공하는 경우는 드물다. 솔직한 피드백과 합의가 이루어지는 프로세스를 만들어야 한다. 주요 반대자, 저항감을 품은 구성원을 포함하여 포괄적인 위원회를 구성하는 방법이 가장 좋다. 그들을 걸림돌로 여길 것이 아니라 문제 해결에 능동적으로 기여할 수 있게 해야 한다. 데이터와 관련 연구를 제시하고 우리에게 필요한 변화를 위한 공동의 비전과 전략을 함께 세우자. 힘든 결정을 내려야 할 때도 있으니 각오가 필요하다.

앞서 예로 들었던 성적 평가 문제로 돌아가보면 우리는 터놓고 토론하여 새로운 과락 기준과 재수강/재시험 절차, 0점을 주지 않는 규정에 합의했다. 그럼에도 학기 평점에서 과락을 부여해야 한다면, 그전에 확보해야 할 근거 자료 7가지도 정했다. 논의 결과는 온라인 자료 3.1 평가 공정성 개선안A More Equitable Grading Philosophy(이하 모든 온라인 자료는 https://resources.corwin.com/digitalleadership/student-resources/book-resources를 참조하라 - 옮긴이)에서 볼 수 있다. 내 경우에는 학기마다 과락 사례를 모두 검토하고 교사가 이를 막기 위해 모든 노력을 쏟았는지 근거 자료를 받아보자 교사의 책임감이 강해졌다.

무엇을

이 단계는 간단해 보이지만 그렇지 않다. 변화가 일어났는지, 성공적인지 판단하는 기준을 확인하지 않으면 변화를 알아볼 수 없거나 유지하지 못할 수도 있기 때문이다. 이 프로세스를 단순화하려면 데이터를 보면 된다. 여러 유형의 데이터를 검토해보면 초점이 선명하게 잡히면서 '왜'를 설명하거나 '어떻게'를 이끌어나가는 데 도움이 될 것이다. 데이터의 몇 가지 유형을 소개하면 다음과 같다.

• 성취도(표준화한 점수, 자체 시험 점수)

• 출석률

• 졸업/진학률

- 징계 회부

- 시설 현황

- 기술 감사

- 인식 조사(어떤 변화가 필요하다고 생각하는지에 관한 학생의 인식)

어떤 변화가 필요한지 판단하려면 질문을 잘해야 한다. 학교 교사나 지역 교육자들에게 우리 학교가 오늘날의 학습자의 요구를 얼마나 잘 충족하고 있는지 묻는 것은 소용이 없다. 그보다는 학생들에게 직접 물어보는 편이 낫다.

성공

변화를 위한 전략적 계획의 최종 목표는 긍정적인 결과다. 기대했던 결과가 나오지 않더라도 아이디어를 폐기하거나 변화를 포기하지 말고 재평가할 기회를 마련하기 바란다. 마지막으로 한 번 더 성적 평가의 사례를 들어보자면, 우리는 과락률을 75퍼센트 줄이고 졸업률, 출석률, 표준 성취도 점수를 높이는 데 성공했지만 이만한 성과를 거두기까지는 3년이 넘게 걸렸다. 그림 3.1은 변화를 통한 성과 달성에 도움이 될 전략적 계획의 핵심 요소를 잘 보여준다.

변화 프로세스는 숙제, 모바일 학습, 학교 일정 등 사실상 모든 측면에 적용할 수 있다. 결국 학생을 위한 더 나은 학습 문화의 창출은 리더십과 개선을 향한 의지에 달려 있다.

그림 3.1 전략적 계획 수립 사이클

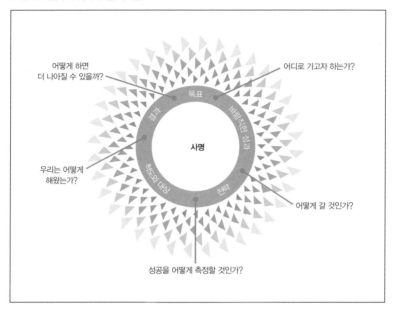

잠재적 장애 요인을 찾아라 ————

풀런이 제시한 변화의 여섯 가지 비결은 변화 프로세스를 시작할 수 있는 큰 틀을 제공하지만, 변화를 지속 가능하게 만들려면 그 프로세스를 진행하면서 나타날 수 있는 잠재적 장애 요인을 찾아내야 한다. 애초부터 장애물과 마주칠 가능성을 솔직하게 인정하면 비전과 실행 계획을 세우는 데 도움이 될 것이다. 장애물은 제대로 파악하고 처리하기만 한다면 얼마든지 넘을 수 있다.

1 너무 어렵다 물론 변화는 쉽지 않다. 이 점을 명심하라. 교육에서 변화를 이루기란 네스호의 괴물을 잡기만큼 힘들다. 쉬운 일이었다면 우리는 무수한 사례에서 혁신 프로그램, 진정한 학습 경험, 성공적인 테크놀로지 통합, 매일 설레는 마음으로 학교에 오는 학생들을 볼 수 있었을 것이다. 문제는 교육의 변화뿐 아니라 인생에서는 그 무엇도 쉽지 않다는 사실이다. 교육자는 기꺼이 위험을 감수하고 실수를 통해 배우며 시간을 투자해야 한다.

2 시간이 없다 구태의연한 핑계다. 아마도 가장 흔한 핑계일 것이다. 우리 직업에는 아이들의 삶을 바꾸고, 그들에게 장기적인 영향을 끼치며, 성취동기를 부여하고, 평생학습 감각을 심어주고, 학교를 떠나 성공적인 삶을 살아가게끔 준비시킬 기회가 있다. 이 모든 일을 더 잘해나가기 위해 변화가 필요하다면, 변화에 쓸 시간이 없다고 말하는 사람은 자기가 왜 교육계에 종사하는지 자문해봐야 할 것이다. 사명감 있는 교육자라면 시간을 내야 한다. 그것이 리더가 할 일이기 때문이다! 학창 시절에 만난 교사가 자신의 삶을 변화시켰다고 말하는 사람에게 그 가치가 얼마나 되는지 묻는다면 돈으로 따질 수 없다고 대답할 것이다.

3 협업 부족 예전에는 교육자가 아이디어와 경험에서 얻은 교훈과 성공 전략을 제각기 축적하는 직업이었지만, 이제는 이 모든 것을 다른 열정적인 교육자들과 되도록이면 많이 공유하는 것이 바람직하다. 혁신과 변화는 집단적 프로세스이므로 이 개념을 제대로 이해하고 있는

학교에서는 교직원들 간의 협업, 외부와의 협업까지도 일상적으로 이루어진다. 변화의 주체는 "함께하면 더 잘할 수 있다"를 모토로 삼아야 한다.

4 상명 하달식 접근 사실은 내가 저지른 실수다. 고맙게도 나는 공동의 의사 결정, 합의, 협업, 솔선수범이 변화에 필수 요소라는 점을 이 실수를 통해 배웠다. 교사들 사이에서 내 아이디어가 실현되고 지속 가능해지기를 바란다면 리더인 내가 그들에게 바라는 바를 먼저 실행해 보였어야 했다. 단지 리더가 어떤 테크놀로지에 매료되었다거나 새로 나온 책에서 혁신 사례를 읽었다거나 훌륭한 연사가 교사 학습 모임에 관해 이야기한 것을 들었다는 이유로, 구성원들에게 무턱대고 명령을 따르라고 말해서는 안 된다. 리더는 모든 이해관계자를 변화 프로세스에 참여시키고(3번 항목 참조) 적절한 전략 모델을 보여주고 성공적인 실행을 위해 시간을 투자해야(1, 2번 항목 참조) 한다.

5 위계질서 혁신과 변화의 가장 흔한 걸림돌은 많은 학교에 자리 잡고 있는 위계 구조다. 그 결과, 새로운 아이디어가 나와도 여러 결재 단계와 요식 절차를 거쳐야 하므로 상명 하달식 접근(4번 항목 참조)이 일반화하고 협업의 기회(3번 항목 참조)가 차단된다. 대체로 학습 분위기를 위해 위계 구조를 타파하는 학교일수록 혁신성이 높다. 교육자들은 유연함과 자율성이 적극적으로 독려되어 두려움 없이 위험을 감수하고 새로운 아이디어와 제안을 실행해볼 수 있는 환경에서 일해야 한다.

6 지원 부족 리더가 교사에게 변화를 위한 시간을 충분히 보장해주지

않으면서 그들의 혁신과 변화를 기대하면 안 된다.

7 변화에 대한 두려움 변화를 두려워하는 것은 당연하다. 1번부터 5번까지의 문제를 해결하면 두려움을 완화하는 데 도움이 될 것이다. 새로운 아이디어를 실행에 옮길 때 구성원들은 두려움을 느낄 수 있다. 아이들의 성공을 도우려는 열정은 이 공포를 잠재우는 데 항상 도움이 된다. 우리의 동력은 열정에 있다. 열정에서 답을 찾아라.

8 사람들의 반대 예상해야 하는 일이다. 변화 프로세스에 동참하지 않으려는 데에는 여러 이유가 있지만 타당한 이유란 없다. 변화를 수용하고 성공을 경험하는 사람들은 칭찬받고 존경받고 인정받아야 한다. 그것이 다른 사람들을 움직여 기꺼이 변화에 동참하게 만드는 최선의 방법이다.

9 부족한 교사 학습 지루하고 무의미하며, 실용적인 아이디어를 전혀 얻을 수 없는 연수 프로그램도 많다. 직무 교육 프로그램은 교사에게 적합해야 하고 다양한 선택이 가능해야 하며 현장에 곧바로 적용할 수 있어야 한다. 훌륭한 강사를 학교 안에서 찾을 수 있는 경우도 많다. 비용을 쓴다면 그만한 가치를 얻을 수 있도록 훌륭하고 검증된 강사를 선택해야 한다.

10 분별없는 구매 혁신과 변화를 돈으로 살 수는 없다. 단지 최신 테크놀로지를 구입했다고 해서 모든 이가 생산적으로 올바르게 사용하리라고 기대하면 안 된다. 교사 학습(9번 항목 참조)이 이 문제를 해결해줄 열쇠다.

대규모 변화를 추진하는 전략 ————

변화가 사건이 아닌 과정이라고 말하기는 쉬워도 변화의 복잡한 과정을 모두 이해하기란 쉽지 않다. 개인이나 집단, 조직의 의지만으로 변화를 이룰 수는 없다. 명령이나 지시에 따라 부과되는 일은 학교 문화에 단단히 뿌리 내리기 힘들다. 다른 일이 생기면 모든 시간과 에너지, 불만이 그쪽으로 쏠리기 때문이다. 변화가 다음 일을 위해 빨리 해치워야 하는 사안이 되면 짜증과 '이 또한 지나가리라'라는 속삭임만 모두에게 남고, 결국 집단적 반발을 낳는다. 단도직입적으로 말하겠다. 변화를 위한 변화는 시간과 자원의 낭비일 뿐이다.

변화는 모든 학교와 교육구에 필요하다. 어떤 변화는 지역 당국에서 하달될 것이다. 받아들이기 힘든 경우도 있고 상부에서 모델을 보여주지 못할 때도 있겠지만, 여러분은 책임감을 갖고 탐구하여 진정한 리더십을 보여줄 필요가 있다. 모든 사람이 변화를 좋아할 수는 없으며 이 책을 읽는 독자 중에도 변화가 탐탁지 않은 사람이 있을지 모른다. 우리의 뇌는 위험을 피해 스스로를 안전하게 지키게끔 설계되어 있다. 그렇다고 해서 새로운 아이디어와 전략을 실행에 옮겨보려는 사람이 없다는 뜻은 아니다. 그런 사람에게는 실패했을 때 일어날 일에 대한 걱정과 두려움이 엄습하기 마련이다. 그러나 그 또한 변화 프로세스의 자연스러운 일부이니 안심하라.

달라지고 발전하기를 가장 열렬히 바라는 리더에게도 대대적인 변화는 곤경일 수 있다. 유동적인 요소, 만족시켜야 할 사람, 넘어야 할 장애물이 너무 많기 때문이다. 계획을 벗어나는 일은 처음부터 염두에 두어야 할 현실이다. 아래에 나열한 사항은 대규모 변화를 추진하고 지속 가능성과 효율성을 확보하기 위한 몇 가지 해법이다. 이 전략들은 내가 고등학교 교장일 때 우리 교육구에서 교사 평가 시스템을 새로 도입하면서 대규모 변화를 추진한 경험에서 나왔다. 당시 뉴저지주에서는 관내 모든 교육구에 기존의 서술형 보고에서 벗어나 이전보다 더 상세한 평가 도구를 채택하라고 지시했다. 그때 우리가 배운 교훈은 아래와 같다.

- **변화에 주체적으로 참여하라** 대규모 변화는 대개 교육구 차원에서 추진된다. 내 경우, 우리 교육구에서 새로운 평가 도구를 채택한다는 사실을 알았을 때 바로 자원하여 선정 과정에 참여했다. 그럴 위치가 아니라는 말은 변명이다. 멍하니 앉아 있는 방관자가 되지 말고 참여하라.
- **연구하라** 우리는 새로운 평가 도구를 채택해야 했고 여러 선택지가 있었다. 나를 포함한 선정 위원들은 모든 후보 도구를 철저히 조사한 끝에 네 가지로 범위를 좁혔다. 우리는 각 평가 도구의 근거가 되는 연구 자료도 살폈다.
- **4C를 아울러라** 여기에서 4C는 소통Communication, 위원회Committee, 협력Collaboration, 합의Consensus를 뜻한다. 크건 작건 모든 변화의 성공

은 효과적인 소통에서 시작된다. 모든 구성원과 관계자들은 무엇이, 왜, 어디에서, 언제 변화할지 알아야 한다. 소통은 변화 프로세스의 모든 과정에서 중요하다. 그 뒤에 다양한 목소리와 성향을 대변해줄 위원회를 구성해야 한다. 변화가 제대로 뿌리를 내리려면 지지자와 비판자가 한자리에 모여야 한다. 위원회는 협력을 바탕으로 최선의 추진 방법을 합의해야 하며, 위원회의 규범을 만들고 이를 위한 환경을 조성해야 한다. 우리의 경우 먼저 네 개의 평가 도구 후보 각각에 관한 자료를 검토하고, 각 평가기관이 위원회에 제품을 홍보할 수 있게 한 뒤, 우리 교육구에 가장 적합한 도구를 공개 토론에 부쳤다.

- **목적의식을 뚜렷이 하고 성실하게 실행하라** 합의에 도달했다면 결정한 이유와 실행 방법을 명료하게 전달할 차례다. 이때 변화가 어떻게 교수, 학습, 리더십을 개선할지가 중요하다. 또한 왜 변화를 추진하는지 입증하는 정보를 가능한 한 많이 제공하고, 모든 문제 제기와 비판적 피드백에 솔직하게 답해야 한다.

- **적절한 지원을 충분히 제공하라** 당연한 말이지만 대규모 변화를 위해서는 직무 교육이 매우 중요하다. 다양한 교육을 제공하라는 말은 물론 아니다. 우리가 평가 도구를 결정한 뒤에 마련한 교내 교육 프로그램에는 도구 자체에 관한 내용과 함께 참관과 평가 절차가 어떻게 변경되는지에 관한 교육이 포함되었다. 이러한 지원은 프로세스가 완전히 정착했다는 느낌이 들 때까지 필요할 때마다 계속 제공했다.

- **평가하고 성찰하고 행동하라** 교육은 완벽할 수 없는 영역이다. 따라

서 변화를 실행할 때도 처음의 계획만 고수하지 말고 늘 개선의 여지를 남겨두어야 한다. 꾸준한 성찰과 평가는 성장과 개선을 일상화하는 데 도움이 된다. 끊임없이 더 나은 것을 추구하며 행동하는 리더는 훌륭한 학교 문화를 낳는다. 행동하는 자가 세상을 바꾼다.

변화에는 왕도가 없다. 그러나 경험은 어떻게 하면 변화 프로세스를 더 원활하게 만들어 끝내 성공에 이르는지 알려준다.

변화를 실행하고 유지하는 것을 극복할 수 없는 과정이라고만 생각할 필요는 없다. 이 장에서 우리는 풀런(2011)이 제시한 변화의 여섯 가지 비결과 단계별 변화 프로세스를 살펴보았다. 리더는 변화를 추진할 때 이를 지침으로 삼을 수 있다. 변화를 유지한다는 것은 계속해서 아이들에게 더 나은 결과를 가져다주는 방법을 따른다는 뜻이다. 눈앞에 있는 장애물만 처리하지 말고, 아직 눈에 보이지 않는 잠재적인 장애물도 인식해야 한다. 디지털 리더십은 사고방식의 변화는 물론 직무상의 행동 변화까지 요구한다. 그래야만 기존의 교육에 혁신적인 아이디어와 테크놀로지를 매끄럽게 도입하여 사회적 요구와 우리 아이들에게 더 적합한 학교를 만드는 길이 열린다. 우리가 일하는 방식을 바꾸면 학교 문화가 바뀌고, 디지털 시대 이해관계자들의 새로운 요구를 더 잘 충족할 수 있을 것이다.

생각해볼 문제

1 왜 변화가 필요한가?

2 풀런이 제시한 변화의 여섯 가지 비결을 현재 얼마나 실천하고 있는가? 비판적으로 성찰하여 구체적이고 단계적인 개선 방안을 계획해보자.

3 현재 변화에 가장 방해되는 장애물은 무엇인가? 어떻게 극복할 것인가? 이 장에 언급되지 않은 다른 장애물을 경험한 적이 있다면 무엇인가?

4 이 장에서 제시한 변화 프로세스와 전략적 계획 수립 사이클(그림 3.1)을 활용하여 학교 문화를 개선할 계획을 세워보자.

4

디지털 리더십의
필수 요소와 일곱 기둥

Leading Through a Digital Lens

변화의 문화를 이끈다는 것은 변화의 문화를 새롭게 창조하는 것이다. 이는 혁신적인 아이템을 하나하나 채택하기보다 늘 조직 안팎에서 새로운 아이디어와 실행 방식을 발굴하고 비판적으로 평가하고 선별하여 도입하는 역량을 키워야 한다는 뜻이다.

—마이클 풀런(2001)

22년간의 군복무를 마치고 전역한 데이비드 브리튼 중령의 두 번째 직업은 공립학교 행정관이었다. 모든 계획과 실행에서 팀워크를 중요시한 그는 이를 학교에도 적용했다. 또한 팀워크를 효과적으로 발휘하려면 구성원 모두 저마다 맡은 역할의 관점에서 비전과 미션, 실행 계획을 완전히 이해해야 한다는 점을 잘 알았다. 예외는 없다. 모두가 구성원으로서 각자의 역할과 기대를 제대로 이해하지 못하면 실패 확률이 높아진다.

  이러한 교훈은 브리튼이 교육 행정가로 20년 넘게 일하는 동안 그의 리더십 스타일에 줄곧 영향을 끼쳤다. 테크놀로지는 모든 구성원이 자신의 역할을 효과적으로 수행하는 데 필요한 정보를 실시간으로 접할 수 있게 함으로써 그의 지도력에 높은 투명성을 더했다. 브리튼에게 쌍방향 소통의 도구가 되어준 소셜네트워크와 블로그는 그의 의사 결정에 도움이 되었을 뿐 아니라 미시간주 갓프리리공립학교 교육구의 신뢰도를 전에 없이 높였다.

1장에서 다룬 실시간 대화형 테크놀로지 도구는 학생의 학습 성과 향상에 직접적인 영향력을 행사했다. 브리튼은 테크놀로지가 교육구 전체의 환경과 문화를 변화시키고 학생의 학습 수준을 크게 향상했다고 확신했다. 그는 9년 가까이 갓프리리 교육구 교육감으로 재직하는 동안 교수, 학습, 리더십에 디지털 도구를 활용하는 큰 비전을 품었다. 주에서 가장 낮은 편이던 이곳 고등학교의 학업 성취도는 미시간주 전체 3위로 올라갔다. 빈곤하고 비영어권 이민자가 많은 지역 학생들은 학업 성취도가 낮으리라고 여겨지던 기존의 인식을 바꾸고 일대일 기기 보급과 BYOD 방식을 혼합하여 테크놀로지 활용을 촉진한 결과였다.

브리튼은 '소통의 리더십'을 표방했으며, 직원들에게 소셜네트워크와 블로그를 통해 전문성 향상을 위한 학습과 투명한 리더십의 모범을 보였다. 그는 끊임없이 공교육을 공격하는 주 관계자들이나 입법부에 맞서 트위터, 페이스북, 개인 블로그에서 주와 연방의 정책을 기탄없이 비판했고, 학교 재정 지원의 형평성과 진학 및 취업 준비의 개념적 범위 확대와 관련한 지역의 지지를 이끌어냈다. 이러한 도구가 입법과 예산 집행 우선순위에 대한 교육구의 우려를 전달하는 데 효과적일 뿐 아니라 교육구에 속한 모든 사람이 새로운 정보를 실시간으로 접할 수 있게 한다는 점에 주목했다. 이 도구들의 적절하고 효과적인 사용은 학생들에게 자신의 의견을 표출하는 방법을 알려주는 본보기이기도 했다.

브리튼은 갓프리리 교육구의 문제를 다루는 데 그치지 않고 자신의 전문성을 향상하고 전 세계 교육 리더들과 교류하는 일에도 테크놀로지 도구를 활용했다. 특히 트위터는 귀중한 인연을 만들어주었다. 그는 트위터 친구들과 실시간으로 편리하게 아이디어를 나누고 피드백과 정보를 주고받을 수 있었다. 최고가 되려면 최고인 사람들에게 배워야 한다. 참호에 있는 교육자에게 최고의 스승은 전투에서 승리한 다른 교육자들이다. "교육 리더는 고립되어 외롭게 일할 때가 많습니다. 그런데 테크놀로지가 완전히 새로운 길을 열어주었죠. 이제는 테크놀로지를 활용하여 전문성을 향상하거나 인간관계를 확장하여 더 큰 발전을 도모할 수 있게 되었습니다"(D. Britten, 비공식 인터뷰, 2013).

진화하는 테크놀로지를 활용한 실시간 소통과 리더에게 더 강력하고 목적에 맞는 도구를 제공하는 분석이 결합하면 교육 리더십의 미래는 훨씬 더 흥미진진해질 것이다. 실시간으로 전달된 시의적절한 정보는 팀 구성원 모두가 학생들의 학습과 조직의 성공에 기여하는 데 쓰일 수 있다.

변화의 운전석에 앉아라 ————

내가 재직했던 학교가 교육 테크놀로지 전문 월간지《e스쿨 뉴스》에서 '이달의 학교'로 선정된 적이 있다. 당시 기사에서는 뉴밀퍼드고등학교가 교육 테크놀로지를 활용하고 혁신적인 업무 방식을 실행하여 교수·학습 과정을 개선한 사례를 다루었다. 테크놀로지와 혁신적인 방식을 융합하여 학업 성취도 향상을 비롯해 여러 성과를 이루어냈다는 점에서 우리 학교 문화가 매우 자랑스러웠다.

테크놀로지가 점점 사회 구석구석에까지 영향을 미치는 현실을 생각하면, 테크놀로지를 적절하고 효과적으로 교육에 통합해야만 아이들이 미래에 불리한 위치에 놓이는 일을 막을 수 있을 것이다. 이것은 중요한 사안이다. 우리가 아니라 우리 아이들의 미래가 달린 일이기 때문이다. 우리는 아이들을 아직 존재하지 않는 세상에 대비시키는 난제를 마주하고 있으므로 더는 여유를 부릴 수 없다.

뉴밀퍼드고등학교는 완전히 탈바꿈했다. 물론 그 많은 변화가 하루아침에 일어나지는 않았으며, 충동적으로 실행한 변경도 없었다. 변화가 초래할 수 있는 위험은 모두 계산되었다. 우리의 여정을 돌아보면 변화를 견인한 몇 가지 핵심 요소를 확인할 수 있다. 평범한 종합고등학교를 소셜미디어를 통해 알리고 전국, 전 세계 교육자들이 견학하러 오는 최첨단 교육기관으로 변모시켰다.

이전에 테크놀로지란 갖고 싶기는 하지만 필요할 때 딱히 제값을 못하는 비싼 장식품이었다. 나에게도 디지털 리더가 된다는 것은 컴퓨터실을 최신 기자재로 채우고 교직원들이 필요할 때 사용할 수 있게 하는 일 정도를 뜻했다. 소셜미디어는 학습과 교육에 활용할 잠재적 가치가 없다는 것이 일반적인 인식이었다. 그것을 활용한다는 생각은 해보지도 않았다. 휴대전화는 등굣길과 하굣길에 부모와 연락을 취하는 통신 수단일 뿐이었다. 수업시간에 휴대전화를 쓰는 일은 불가능했다.

위의 이야기는《e스쿨 뉴스》에 소개된 내용과 정확히 반대되는 학교 문화를 만들었던 내 과거다. 무엇이 바뀌었을까? 뉴밀퍼드고등학교는 어떻게 디지털화하고 혁신적인 학교가 되었을까? 이 학교가 문제, 어려움, 핑계보다 잠재력과 전망에 주목하게 만든 요인은 무엇일까? 변화를 시작하고 유지하는 과정에 모두가 동참하게 한 방법은 무엇일까? 여기에 그 답이 있다.

연결성

내가 예전 방식과 시각의 오류를 진정으로 이해하게 된 것은 디지털 세계에서 이루어진 교류 덕분이었다. 소셜미디어 활동은 변화의 시작에 필요한 지식, 도구, 아이디어의 원천이었다. 지식은 우리가 어떤 의견을 취하거나 무엇인가 결정하는 데 영향을 끼치므로 매우 중요하다. 나에게는 교수, 학습, 리더십을 지원하거나 강화할 때 테크놀로지를 효과적으로 통합하고 활용하는 방법에 관한 기본 지식이 부족했다. 소셜미디어로 맺은 네트워크는 내가 절실히 찾던 정보와 묘수를 가져다주었다. 우리 학교에서 디지털 네트워크는 불쏘시개 역할을 했고, 덕분에 우리에게 도움이 되는 여러 관계자와 수많은 협업 파트너십을 맺을 수 있었다.

비전에서 행동으로

변화의 씨앗은 확고한 비전이 있어야 싹을 틔울 수 있다. 모든 이해관계자 집단이 실제적인 공동의 비전을 수립하는 데 기여하고 테크놀로지를 교육에 활용하는 이유와 방법을 명료하게 구체화하는 계획을 함께 만들어가는 것이 중요하다. '왜'와 '어떻게'가 명확하지 않으면 계획은 성공할 수 없다.

위대한 리더는 비전 공유가 얼마나 중요한지, 왜 원대한 목적과 목표하는 성과를 분명히 제시해야 하는지 잘 안다. 진취적 사고는 정직과 더불어 위대한 리더의 존경할 만한 특징 중 하나다. 변화를 효과적으로 이끌어가려면 공동의 비전을 확립해야 한다. 제임스 M. 쿠제스와 배리 포스너(2009)는 이렇게 설명한다.

공유된 비전만이 강력한 힘을 지닌다. 그러한 비전을 수립하려면 다른 사람들의 말을 아주 가까이에서 경청하고 상대의 희망을 높이 평가하며 그들이 필요로 하는 것에 귀 기울여야 한다. 최고의 리더는 타인의 삶을 관찰할 줄 알고, 구성원들을 미래로 이끌 수 있다.

강력한 비전은 세상을 바꿀 수 있다. 그러나 힘든 시기가 왔을 때도 그 비전을 유지하기란 몹시 어려울 수 있다. 비전을 수립하는 과정에서 그 비전을 현실화할 수 있는 전략적 계획을 발전시키는 것이야말로 위대한 리더가 할 일이자 그 위대함의 증거다. 나는 그럴듯한 교육 강령을 만드는 데에만 매몰된 비전 수립 과정을 너무 많이 목격했고, 나도 같은 오류를 저지른 적이 있다. 그 결과는 대개 행동으로 뒷받침되지 않는 공허한 비전이며, 결국 시간만 허비한 셈이 된다. 사람들을 모아놓고 전문용어로 가득한 문구를 만들면서 숱한 시간을 보내게 하는 것은 리더가 할 일이 아니다. 화려한 비전과 교육 강령이 아니라 미래를 보며 끈기 있게 비전을 행동으로 옮기는 선각자가 지속 가능한 변화를 가져다준다.

공동의 비전을 제시한다는 점이 모든 위대한 리더의 공통점이라면, 최고의 리더는 전략적 계획을 수립하고 철저히 실행될 수 있게 하는 사람이다. 비전은 계획으로 이어져야 한다. 계획은 변화를 실행할 때 어디에 중점을 두어야 할지 알려준다. 지속 가능한 변화를 바탕으로 학교를 탈바꿈시키려는 목표를 세웠다면 계획에 대한 모니터링과 평가가 필요하다. 사실 비전을 수립한 이후가 더 관건이다. 다음은 비전에서 실행 가능한 변화로 성공적으로 이행하기 위한 열 가지 핵심 요소다.

1 우선 과제로 삼아라: 디지털 학습과 리더십, 디지털 혁신을 학교(또는

교실)의 우선 과제로 삼아라.

2 전략을 성공 지표에 연결하라: 수립한 비전이 교육구나 학교의 전략적 목표와 어떻게 조화를 이룰 수 있을지 파악하라.

3 새로운 표준new normal을 알려라: 비전을 달성하는 것이 교사와 학생에게 어떤 의미인지 제시하라.

4 다른 사람들에게 영감을 주어라: 리더는 다른 사람들이 지금보다 더 나은 상태로 나아가게끔 동기를 부여해야 한다.

5 단순한 동의가 아닌 진정한 수용을 추구하라: 모두가 비전에 관해 토론하고 그 내재적 가치를 받아들이게 하라.

6 기회가 있을 때마다 독려하라: 되도록이면 자주 달라지는 점들에 관해 이야기하라.

7 소문을 내라: 기회가 있을 때마다 비전을 알려라.

8 실천하고 내면화하고 믿어라: 리더는 입으로만 떠들거나 표어만 걸어둘 것이 아니라 비전을 스스로 보여주어야 한다.

9 객석이 아닌 운전석에 앉아라: 자기가 하지 않는 일을 다른 사람들에게 시키지 말라.

10 일부 권한을 위임하라. 단, 모든 권한을 위임해서는 안 된다.

위대한 리더는 공동의 비전을 수립하는 정도에서 만족하지 않는다. 위대한 리더는 변화 프로세스를 계획하고 실행하는 내내 다른 사람들이 변화를 수용할 수 있게 힘을 실어주며, 본보기가 되고자 쉬지 않고 노력한다. 위대한 리더는 말만 번지르르하게 하는 쉬운 길을 택하지 않는다. 그들은 다른 사람들이 위대함과 성공을 경험하게끔 돕고 함께 뚜벅뚜벅 걸어간다. 다른 사람의 비전이든 자기의 비전이든, 안주하지 말고 끊임없이 행동으로 옮겨야 한다. 위대한 비전은 유산으로 남을 것이다. 그 유산은 당신이 다른 사람들의 삶에 얼마나 긍정적인 영향을 끼쳤는지에 따라 평가될 것이다.

가치

혁신과 새로운 테크놀로지의 도입을 꺼리게 만드는 요인 가운데 하나는 이것이 학생들의 학습과 성취에 그다지 기여하지 않는다는 인식이다. 전 세계적으로 대부분의 교육 시스템은 표준화 시험 점수 중심이기 때문에, 많은 사람들이 테크놀로지의 가치를 거의 또는 전혀 알아보지 못한다. 테크놀로지의 진정한 가치는 학습에 도움을 주고 학생들이 의미 있고 유용하다고 생각할 만한 경험의 창출에 기초한다. 이 점은 매우 중요하므로 비전을 수립할 때 반드시 염두에 두어야 한다.

테크놀로지에는 학생들이 참여하고 창의성을 발휘하면서 배운 것을 적용하여 개념의 이해를 입증할 수 있게 해주는 힘이 있다. 이해관계자들이 테크놀로지의 가치를 이해하고 직접 경험할 때 변화는 빠르게 뒤따른다. 테크놀로지를 활용한 성과를 분명하게 보여주는 증거를 제시하면 효과적일 것이다.

지원

지원 방식은 다양하다. 예를 들어 뉴밀퍼드고등학교의 변화를 경험해보려면 여러 테크놀로지를 활용할 수 있어야 할 것이다. 우리는 혁신 프로젝트 초기에 교육구 차원에서 무선 네트워크를 설치하고 몇 년 동안 꾸준히 업그레이드했다. 이에 따라 교사와 학생이 모두 원활하게 모바일 기기를 사용할 수 있게 되었다. 또한 1928년께 지어졌다고 알려진 낡은 건물을 최신 테크놀로지를 활용할 수 있는 공간으로 개조했다. 이러한 인프라 구축에만 장장 3년 반이 넘게 걸렸다.

테크놀로지 활용 기반을 마련하는 일 외에 또 한 가지 중요한 지원이 있다. 바로 실패에 대한 두려움을 없애고 위험을 감수할 수 있는 환경을 조성해 혁신을 촉진하는 일이다. 이것이 전제되지 않으면 변화는 일어나지 않는다. 우리 교육구의 혁신은 리더인 내가 테크놀로지에 대한 두려움에 정면으로 맞서 테크놀로지를 효과적으로 사용하는 모습을 직접 보여줄 때부터 만개했다.

직무 학습

학습 없이는 변화가 일어날 수 없다. 테크놀로지에 기반한 교수법을 도입함으로써 학교 문화를 혁신하려면 테크놀로지를 효과적으로 통합하는 방법을 배울 기회가 주어져야 한다. 우리 교육구가 혁신 프로젝트를 시작할 무렵에는 양질의 직무 학습 프로그램이 많지 않아서 내부의 가용한 자원과 역량 있는 교사를 활용해 직접 만들어야 했다. 지식과 아이디어, 전략의 대부분은 개인 학습 네트워크인 PLN을 통해 얻었다. 또한 PLN을 써서 내가 배운 것을 교사들에게 전할 수 있었다. 다양한 디지털 도구 활용에 관한 교육은 방과 후에 이루어졌다. 교육을 처음 실시한 이듬해부터는 더 적합하고 의미 있는 성장의 기회를 제공하기 위해 자체 콘퍼런스를 개최했다. 또한 전문성 강화 시간 Professional Growth Period; PGP을 만들었는데, 이 제도는 교사들에게 각자 관심 있는 테크놀로지 도구를 수업에 통합하는 방법을 배우고, 일과 시간 중 수업 이외의 업무를 줄여 PLN을 구축할 수 있는 시간과 유연성을 제공했다.

초저가인 크롬북을 비롯해 저렴한 기기가 많아지면서 여러 학교가 기기 구입에 열중하게 되었다. 오해는 없기를 바란다. 나는 학생과 교사가 양질의 테크놀로지에 더 많이 접근하게 하는 데 전적으로 찬성한다. 그러나 전 세계의 수많은 학교가 본말을 전도하고 있다. 결과적으로 방대한 양의 기기가 학교에 유입됐지만 교사와 학교 행정가를 위한 양질의 교육이 뒷받침되지 못했고, 이 때문에 강력한 도구들이 배움에 제대로 효과를 발휘하지 못하고 있다.

윌리엄 호턴이 말했듯이 "올바른 수업 설계가 없다면 테크놀로지는 실패의 확률과 속도만 높일 뿐"이다. 성공적인 변화를 목표로 한다면 새로운 테크놀로지를 선보이거나 대규모 이니셔티브를 실행하기 전에 먼저 지속적이고 일상적인 직무 교육에 투자해야 한다. 이러한 교육은 테크놀로지를 도입한 뒤에도 꾸준히 이어져야 한다.

수용

변화의 추진에 중요한 마지막 요소는 구성원들이 테크놀로지와 혁신을 능동적으로 받아들일 수 있게끔 권한을 부여하는 것이다. 수동적인 동의와 능동적인 수용 사이에는 큰 차이가 있다. 수용은 권한과 자율성이 있어야 가능하다. 동의만 구할 때는 외적인 보상을 약속하는 등 영업 사원처럼 접근하면 된다. 뉴밀퍼드고등학교에서는 테크놀로지 활용을 의무화한 적이 없다. 교사들에게 수업 방식을 바꿀 권한과 위험을 감수하고 효과적인 교수법을 선택할 자율성을 부여하면 변화에 대한 내적 동기를 불러일으킨다. 이러한 접근법은 저항과 반발을 잠재우고 우리 교육구를 개혁하는 데 도움이 되었다.

다음은 디지털 리더로서 변화 프로세스를 시작하려 할 때 유용한 몇 가지 질문이다.

- 교육자들이 디지털 도구를 활용하여 학습자의 참여도와 학습 성과를 높이고 창의성을 발휘하게 하려면 디지털 리더는 어떠한 정책과 환경을 만들어야 할까?
- 교육자와 학교가 이해관계자들에게 중요한 정보(예를 들면 우수 학생, 교직원 성과, 회의, 긴급 공지)를 실시간으로 알리기 위해 소셜미디어를 효과적으로 사용하려면 어떻게 해야 할까?
- 리더가 대외 이미지를 관리하고 긍정적인 뉴스를 꾸준히 생산하려면 어떻게 해야 할까? 우리가 우리의 이야기를 하지 않으면 다른 누

가 할 것이고, 그러면 왜곡된 소식이 먼저 퍼져나갈 위험이 있다.

• 예전에는 브랜드 입지 구축이 기업에만 해당하는 일로 여겨졌지만, 이제는 학교나 교육구에서도 적은 비용으로 손쉽게 브랜딩을 할 수 있게 되었다. 그렇다면 학교와 교육구의 리더는 이와 관련하여 어떤 일을 할 수 있을까?

• 교육 리더로서 전 세계의 전문가, 동료들과 지식을 얻거나 정보를 공유하고 토론에 참여하며 피드백을 구하는 등의 교류를 통해 전문성을 강화하려면 어떻게 해야 할까?

• 학생들에게 디지털 정체성에 관해 충분히 가르치고 있는가?

• 교육 리더들은 온라인 공간의 투명성과 온라인에서 이루어지는 대화가 낳는 수많은 기회를 어떻게 이용하고 있는가?

뉴밀퍼드고등학교 교장으로 부임한 초기에는 혁신적인 학습 문화가 어떻게 만들어지는지에 대한 나의 시각과 철학이 지금과 아주 달랐다. 그때를 돌이켜보면, 나는 그저 각종 기자재를 구비하고 교직원들이 알아서 사용하게 놔두면 디지털 리더가 된다고 생각했다. 또한 교육 환경에서 소셜미디어가 설 자리는 없다고 굳게 믿었다. 솔직히 말해 그때 같으면 학교에서 테크놀로지를 혁신적으로 활용하는 방안을 고민하는 교육기관이 나에게 자문을 구할 일은 결코 없었을 것이다.

우리는 뉴밀퍼드고등학교에서 수업, 소통, 학습 측면의 여러 변화가 학생들의 요구를 충족하고 학업 성취도를 향상하는 새로운 문화를 낳는다는 것을 경험했다. 무엇이 달라진 것일까?

깨달음의 순간이 오기 전까지는 나도 여느 교장들과 다를 바 없었다. 좁은 시야는 규칙, 규정, 관행, 현상 유지 중심의 기존 학교 문화를 유지하는 데 머물러 있었다. 최종 목표는 표준화 시험 점수를 올리거나 적어도 떨어지지 않게 하고 전통을 보존하는 것이었다. 우물 안에서 보면 모든 것이 훌륭했다. 학생과 교직원 모두 행복해 보였고, 지역사회도 우리 학교에 우호적이었다. 매일 똑같은 일과였다. 학생들이 학교에 도착해 교실로 가면 줄 맞춰 놓인 책상이 기다렸고, 그날의 공지사항을 듣고 나면 1교시가 시작되었다. 학생들은 빡빡한 8교시 수업을 시키는 대로 듣는다. 수업이 시작되고 48분이 지나면 어김없이 울리는 벨소리에 맞춰 학생들은 똑같은 과정을 반복한다. 여기에 몇몇 특별 프로그램과 행사, 응원전을 덧붙이면 학교 구성원 전체가 따르는 하루하루의 일과를 다 설명한 셈이다.

그리고 그 일이 벌어졌다. 2009년 어느 날, 복도에서 한 학생이 휴대전화를 들고 있었다. 나는 워키토키로 교감을 불렀고, 우리는 학생을 쫓아가 전화기를 압수했다. 일과 시간 중에 휴대전화를 사용하는 것은 학칙 위반이었기 때문이다. 그 아이는 휴대전화를 건네면서 이렇게 말했다. "교장 선생님, 학교를 감옥으로 만들어주셔서 고맙습니다." 이 말은 내 가치관을 뒤흔들었다. 나는 충격과 당혹감을 동시에 느꼈다. 나는 '최적의' 학습환경을 만들려고 애썼지만 나의 결정과 행동이 많은 학생들을 비참하게 만들었던 것이다.

그 주 주말에 우연히 트위터를 다룬 신문 기사 한 편을 읽었다. 그때까지만 해도 소셜미디어에 교수, 학습, 리더십에 도움이 되거나 개선을 가져다줄 만한 가치가 없다고 생각해 절대로 소셜미디어에 발을 들이지 않겠다고 맹세한 터였다. 그러나 트위터를 교육에 활용한 사례가 나온 기사를 보자 눈이 번쩍 뜨였다. 결국 우리 학교 이해관계자들과의 소통을 확대하기 위해 트위터를 해보기로 했는데, 이 순간이 내 교육관을 완전히 뒤바꾸리라고는 생각도 하지 못했다.

커뮤니케이터에서 학습자로 처지가 바뀌자, 그동안 내가 얼마나 낡은 방법론과 관행으로 점철된 시스템에 갇혀 있었는지를 바로 깨달을 수 있었다. 나는 열의 넘치는 전 세계 교육자들과 대화하면서 머리를 비우고 완전히 새로 배우는 법을 알게 되었다. 내가 학생들에게 더 나은 방향으로 학교를 변화시키는 프로세스를 시작할 수 있었던 것은 이 대화 덕분이다.

한 학생과 트위터에서 비롯된 깨달음의 순간은 나를 바꾸었다. 그 변화는 수면의 작은 물결처럼 보였지만 업무 방식에 중요한 변화를 일으켰다. 첫 번째 작은 변화는 소셜미디어를 포함한 디지털 도구의 교육적 가치를 바라보는 시각에서 일어났다. 바로 이때 내 방식에 오류가 있다는 사실을 깨달았다. 나는 한 번도 고려해본 적 없는 전략과 낯선 도구들을 효과적으로 도입하기 위해 소셜미디어가 가져다준 최신 지식의 힘을 활용하기 시작했다. 이 작은 변화는 학교에서 리더십을 개선하려면 디지털 테크놀로지를 어떻게 수용해야 하는지에 관한 철학으로 진화했다. 이 철학의 핵심 요소는 다음과 같다.

- 교수법을 개선함으로써 학생들이 표준 교육 과정에 부합하는 정확하고 적절한 애플리케이션을 통해 배운 지식을 스스로 자기 것으로 만들 수 있게 한다.
- 학습공간을 재설계함으로써 목표 성과를 높인다.
- 연구와 증거에 기반한 의미 있는 교사 학습을 발굴하고 제공한다.
- 이해관계자들과 효과적으로 소통한다.
- 일관성 있는 홍보 전략을 세운다.
- 가치를 확신할 수 있는 브랜드 이미지를 개발한다.
- 학습자, 교육자, 학교를 위한 기회를 개발한다.

두 번째 작은 변화는 교실 안팎에서 혁신이 지닌 가치에 관해 교사 교육을 실시했다는 점이다. 나는 모든 교사에게 일제히 테크놀로지 통합 수업을 의무화하는 대신 그들이 학습환경을 개선할 수 있게 권한을 부여하는 방식을 택했다. 내 역할은 교사를 지원, 격려하고 유연성을 확보해주며 본보기를 제시하는 등 작은 일이었다. 그렇지만 이는 교사들이 학생들의 창의성, 문제 해결 능력, 비판적 사고, 적극적인 참여를 촉진하는 의미 있는 학습 활동에 도전하게끔 자신감을 불어넣어주었다. 그러자 교사들 사이에서 자연스럽게 협력이 이루어지고 점점 더 많은 교사들이 기존의 교수법에 테크놀로지와 혁신적 아이디어를 도입하고자 하는 비전을 받아들이기 시작했다.

세 번째 작은 변화는 우리 학교의 문화를 쇄신하기 위한 어떤 노력에서든 학생의 역할이 중요하다는 사실을 깨달은 것이다. BYOD 프로그램을 성공적으로 실행하려면 아이들이 일과 중에 개인 기기로 학교의 무선 네트워크에 접속할 수 있어야 했다. 학생들에 대한 통제권은 어느 정도 포기하고 그들이 개인 기기를 학습 도구로 책임감 있게 사용하리라고 믿어야 했다.

끝으로, 네 번째 작은 변화는 더 투명한 관리자가 되어 학교 안에서 일어나는 혁신을 공유하기 시작한 것이다. 트위터는 우리 학교의 이해관계자들에게 교육 리더로서의 내 역할을 엿보게 해주는 도구였다. 페이스북은 각종 정보와 학생들의 성취, 교직원들의 혁신을 실시간으로 공유할 수 있는 놀라운 도구였다. 인스타그램은 교수·학습이 어떻게 바뀌고 있는지 날마다 알리는 창구가 되었다. 이 모든 도구의 결합은 우리 학교의 이해관계자뿐 아니라 더 넓은 교육 커뮤니티가 우리 학교와 거기에서 일어나는 위대한 일들을 한눈에 바라볼 수 있게 해주었다.

이 작은 변화는 우리 학교의 교수, 학습, 리더십 문화에 엄청난 영향을 끼쳤으며 디지털 리더십의 기둥이 세워지는 초석이 되었다. 여기서는 테크놀로지와 관련된 변화에 초점을 맞추고 있지만 변화의 범위는 교육과정, 평가, 프로그램 설계 전반에 걸쳐 있었다. 정치인이나 자칭 개혁가들은 '변화'라는 단어를 습관처럼 말하며 학생들의 성취도를 높이고 혁신을 촉진하는 만능열쇠라도 있는 듯이 이야기한다. 모든 학교는 자율적인 기구로 저마다의 동역학을 갖추고 있다. 작은 변화들은 시간이 지나면서 결국 장기적인 영향을 남길 것이다. 학교와 교육자는 여건에 맞게 변화를 만들어갈 수 있어야 한다. 이것이 바로 디지털 시대의 혁신적인 학습 문화를 창출하는 열쇠다.

디지털 리더십의 일곱 기둥 ────

앞서 언급한 문제들은 리더가 해결할 몫이다. 리더십과 학교 문화에 변화를 꾀할 열쇠를 리더가 쥐고 있기 때문이다. 디지털 리더십의 기둥이란 학교와 교사의 전문성을 개선하는 새로운 아이디어와 실행 방법의 기초를 말한다. 5장부터 하나씩 살펴볼 각 기둥에는 전통적인 리더십 모델과 방법론을 보완하거나 완전히 쇄신하려면 갖추어야 할 새로운 스킬과 행동이 담겨 있다. 각각의 기둥은 기술 유창성과 테크놀로지 통합을 점점 더 강력하게 요청하는 사회적 변화에 발맞추어 리더가 조직을 이끄는 방식 또한 달라져야 한다는 점을 각 주제별 상황을 통해 보여줄 것이다.

이 기둥들은 또한 21세기 학교의 개선을 위한 기존 테크놀로지 표준 또는 프레임워크에 부합하거나 관련된다. 손쉽게 활용할 수 있는 테크놀로지, 특히 소셜미디어를 효과적으로 통합하는 것은 모든 기둥에서 중요하다. 무료로 쓸 수 있는 소셜미디어는 그 역동성으로 참여, 창의성, 토론에 불을 붙인다는 점에서 다차원적 리더십의 유용한 도구다. 일단 대화를 시작하라. 그러면 곧 변화의 씨앗이 싹틀 것이다. 디지털 리더십의 일곱 기둥은 다음과 같다.

1 학생 참여, 학습, 성과

2 학습 환경과 공간

3 교사 학습과 직무 역량 강화

4 소통

5 홍보

6 브랜드 구축

7 기회

ISTE 교육지도자 표준 ————

디지털 리더십의 일곱 기둥은 국제교육기술협회International Society for Technology in Education; ISTE가 정한 교육지도자표준Standards for Educational Leaders(ISTE, 2018)에 바탕을 두고 있다. 이 표준은 학교 리더가 디지털 시대의 학습을 지원하고 테크놀로지를 활용하며 교육 지형을 변모시키려 할 때 어떤 스킬과 지식이 필요한지 알려준다. 학교를 디지털 시대에 알맞은 학습의 장으로 탈바꿈시키려면 새로운 도전과 기회를 받아들이는 리더십이 요구된다. 이것이 바로 디지털 리더십의 핵심이다.

지금은 과거 그 어느 때보다 리더의 체계적인 개혁 실행 역량이 테크놀로지의 성공적인 통합 여부를 크게 좌우한다. 온라인 자료 4.1(ISTE 교육지도자 표준)에서 이 표준의 개요를 살펴볼 수 있다. 디지털 리더십의 일곱 기둥을 토대로 변화를 실행하고자 할 때 이 표준을 지침으로 삼을 수 있으며, 혁신적인 변화를 준비하는 단계에도 도움이 될 것이다. 온라인 자료 4.2(ISTE 표준)에서는 ISTE의 여러 표준(학생을 위한 표준, 교사를 위한 표준 등)을 한눈에 볼 수 있다.

퓨처 레디 프레임워크 ———

퓨처 레디 스쿨Future Ready Schools은 초·중·고등학교 리더가 학생들의 잠재력을 100퍼센트 끌어내는 개인화한 연구 기반의 디지털 학습 전략을 계획, 실행하게끔 돕는다. 자세한 정보는 홈페이지(futureready.org)에서 볼 수 있다. 이 원대한 목표를 달성하기 위한 핵심 전략인 퓨처 레디 프레임워크(그림 4.1)는 개인화한 학생 학습 중심의 디지털 학습 비전 설정, 계획 수립, 실행을 아우르는 견고한 짜임새를 갖추었다. 연구를 바탕으로 한 이 프레임워크는 협력적 리더십과 혁신적인 학교 문화 창출을 강조한다. 기본 원칙은 다음과 같은 일곱 개 핵심 영역에 초점을 맞추고 있는데, 이를 일곱 개의 톱니바퀴라고 한다.

1 교육과정, 수업, 평가

2 개인화한 교사 학습

3 견고한 인프라

4 예산과 자원

5 지역사회 파트너십

6 데이터와 개인정보 보호

7 시공간의 사용

이 책에서 주목하는 리더십은 위의 모든 영역에 영향을 끼친다. 따라서 혁신 사이클 전체를 둘러싸는 외부 고리로서 협력적 리더십이라는 여덟 번째 톱니바퀴가 작동한다고 볼 수 있다.

8 협력적 리더십

이 프레임워크는 학생 학습을 모든 의사 결정의 중심에 둔다. 그림 4.1의 도식은 퓨처 레디 프레임워크의 일곱 개 톱니바퀴와 리더의 역할을 시각화한 것이다. 이 프레임워크에 관한 더 자세한 정보를 보려면 온라인 자료 4.3(퓨처 레디 프레임워크)을 참조하라.

ICLE International Center for Leadership in Education에서는 디지털 리더십의 일곱 기둥이 퓨처 레디 스쿨 프레임워크에 어떻게 조응하는지 정리했다. 온라인 자료 4.4(퓨처 레디 프레임워크와의 관계)에서는 이 둘의 관계와

그림 4.1 퓨처 레디 프레임워크

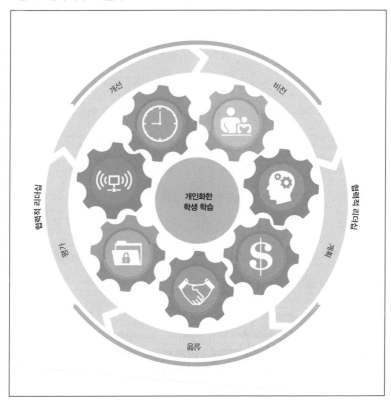

더불어 교육구와 학교에서 교수, 학습, 리더십을 혁신하는 데 도움이 되는 증거 기반의 교사 학습 솔루션 정보도 얻을 수 있다.

요약

디지털 시대가 점점 더 무르익어가면서 학교 리더는 테크놀로지와 혁신을
위한 비전 개발과 넓은 스펙트럼에 걸쳐 실행될 전략 계획 수립을 긴급히 요
청받고 있다. 비전에서 실천으로 나아가려면 먼저 성취를 이룬 디지털 리더
의 행동, 테크닉, 전략을 따를 필요가 있다. 이 장에서는 사례를 통해 명확한
비전 수립, 고유의 가치관, 동의가 아닌 진정한 수용, 적절한 교사 학습과 지
원이 변화의 필수 요소임을 확인했다. 디지털 리더십의 일곱 기둥이란 테크
놀로지 자원을 활용하여 혁신적인 변화 프로세스를 시작하기 위한 기본 요
소를 말한다. 테크놀로지 리더십 표준과 학교 개선을 위한 프레임워크에도
부합한다(표 4.1).

표 4.1 **디지털 리더십 일곱 기둥과 ISTE 표준 및 퓨처 레디 프레임워크의 관계**

디지털 리더십 기둥	ISTE 표준	퓨처 레디 프레임워크
학생 참여와 학습	1, 2, 3, 4, 5	1, 2, 3, 4, 7, 8
학습 환경과 공간	1, 2, 4	1, 2, 3, 4, 5, 6, 7, 8
교사 학습과 직무 역량 강화	3, 5	2, 7, 8
소통	2, 3, 5	5, 8
홍보	2, 5	5, 8
브랜드 구축	2, 5	5, 8
기회	4, 5	1, 2, 3, 4, 5, 6, 7, 8

158 　　 >>> 디지털 리더십으로 이끄는 최고의 학교 <<<

1 나는 다른 사람들이 변화의 가치를 인식하는 데 어떤 도움을 주었는가?
더 잘할 방법이 있다면 무엇일까?

2 우리 학교와 교육구는 비전을 얼마나 행동으로 옮기고 있는가? 어떤 조치
를 취했으며 그럼으로써 학교 문화가 어떻게 개선되었나?

3 비전에서 실행 가능한 변화로 성공적으로 이행하기 위한 열 가지 핵심 요
소를 다시 읽어보고, 성장을 위한 기회가 어디에 있는지 생각해보자.

4 우리 학교 또는 교육구의 문화는 ISTE 표준과 퓨처 레디 프레임워크에 얼
마나 부합하는가? 개선이 필요한 부분은 무엇인가?

5

첫 번째 기둥:
학생 참여, 학습, 성과의 개선

Improving Student Engagement, Learning, and Outcomes

간단한 질문을 하나 해보겠다. "지난 150년 동안 아이들의 세계는 어떻게 변화했는가?"
답은 다음과 같다. "아마 바뀌지 않은 부분을 찾기 힘들 것이다.
그러나 100년 전과 오늘날의 학교를 비교하면 비슷한 점이 더 많다."

― 피터 센게(매사추세츠공과대학교 교수)

테크놀로지에는 학교의 교수·학습 문화 혁신에 기여할 잠재력이 있다. 지금도 테크놀로지는 수업을 개선하거나 학습 성과를 평가하거나 학생 참여도를 높이고 창의성을 끌어내는 데 다양하게 활용되고 있다. 그러나 그 역할은 대개 지극히 제한적이다. 거듭 말하지만, 아직도 많은 학교가 이제는 존재하지 않는 세계를 위해 학생들을 준비시키고 있으며, 테크놀로지를 장신구나 학업의 방해물 또는 학업 성취도 향상에 영향을 주지 않는 요인으로 간주한다.

많은 학생들은 학교가 현실의 삶을 그대로 반영하지 않는다고 느낀다. 이는 학생들이 수업에 몰입하지 못하게 만드는 요인이 된다. 그렇다면 이러한 질문이 가능할 것이다. 어떻게 하면 현실과 동떨어져가는 학교를 혁신 프로세스로 일으켜 세워 학생들의 다양한 요구를 충족하는 장소로 만들 수 있을까? 우리 학생들에게 의미 있는 방식으로 교육을 개혁해나가고자 한다면 바로 이 질문에서 시작해야 한다. 창의적이고, 협력적이며, 테크놀로지를 활용하여 학습하고, 학교 안팎의 또래 친구들과 교류하면서, 각종 매체의 메시지를 이해하고, 현실 세계의 문제를 해결하는 것은 바로 학생들 스스로가 원하는 모습이다.

디지털 학습을 받아들이지 않고 표준화한 학습만 강조하는 학교와 교육 시스템은 학생들의 공감을 얻는 데 실패할 수밖에 없다. 학습자의 진정한 참여와 개념 응용을 촉진하는 도구로 활용될 때 비로소 테크놀로지의 힘을 활용하는 일이 유의미해진다. 학생들이 학교 담장 밖에서 늘 사용하는 디지털 시대의 도구를 학교 안에서도 허용한다면, 아이들은 자기가 배우는 내용이 현실에서 어떤 의미가 있는지 스스로 찾아낼 것이다.

디지털 리더십이란 학생들이 창의성을 마음껏 펼칠 수 있게 학교 문화를 쇄신해야 한다는 사고방식이자 소명이다. 그런 학교에서 아이들은 배운 개념을 적용하여 스스로 창의적인 성과물을 만들어낸다. 아이들은 여기에서 얻은 지식과 스킬, 자신감을 토대로 아직 존재하지 않는 직업, 업무, 학문에서 성공할 수 있다. 무엇보다 중요한 것은 디지털 리더십이 진화한 교육 개념, 다시 말해 교수·학습에 대한 학습자 중심 heutagogical의 구성주의적 접근법에 근거한다는 점이다. 교사, 학습자, 네트워크, 연결, 매체, 자원, 도구로 이루어지는 각각의 단위는 개별 학습자, 교육자, 사회의 요구를 충족할 저마다의 잠재력이 있다(Gerstein, 2013). 디지털 도구는 지식의 공동 구성과 경험 공유에 활용될 수 있고, 수업 방식 등을 성찰하거나 피드백을 구하고 타인의 학습을 돕는 데에도 유용하다(Killion, 2013). 디지털 학습이 전통적인 교수법에 견주어 동기부여와 학습 성과에 긍정적인 효과를 낸다는 연구도 있다(Lin, Chen, & Liu, 2017).

아이들은 디지털 테크놀로지라는 현실 세계의 도구를 이용하여 자기가 배운 것을 응용하고 새로운 지식을 구축할 수 있다. 디지털 리더는 어떤 테크놀로지가 학생 참여를 높이는지에 주목하는데, 이는 궁극적으로 학생의 성취도를 높일 기초가 된다. 학교 문화가 변화하여 디지털 시대 학습자의 요구를 충족하고 예측할 수 있을 때 비로소 이상이 현실이 될 것이다.

연구 결과가 말해주는 것 ──────

많은 연구가 테크놀로지 도입의 효과를 입증하는 동시에 신중한 조언을 제시한다. 달링-해먼드 등(Darling-Hammond, Zielezinski, and Goldman, 2014)은 여러 연구 결과를 분석한 끝에 테크놀로지가 가장 열악한 환경, 말하자면 테크놀로지를 가장 필요로 하는 학생들에게 큰 영향을 끼친다는 결론에 이르렀다. 관건은 테크놀로지를 쌍방향적 학습, 반복과 주입이 아닌 창조와 탐구에 이용하고 교사와 테크놀로지가 적절히 조화를 이루어야 한다는 데 있다. 마지막 요소는 특히 중요하다. 여러 연구에서 학생의 학습에 영향을 주는 가장 중요한 요인은 교사의 자질이라고 거듭 강조한다. 따라서 테크놀로지를 사용함으로써 성과를 개선한다는 것은 곧 교사를 더 잘 지원하고 새로운 역할을 담당할 교사를 충원하는 것을 뜻한다.

토머스 머리Thomas Murray와 나는 《학습의 변모Learning Transformed》 (2017)에서 테크놀로지가 어떻게 학습에 긍정적인 영향을 끼치는지에 관한 통찰을 얻고자 100건이 넘는 연구를 검토했는데, 정 등의 연구 (Zheng, Warschauer, Lin, and Chang, 2016)가 특히 눈에 띄었다. 이들은 초·중·고등학교의 일대일 기기 보급 프로그램을 다룬 연구 가운데 2001년부터 2015년까지 출판된 논문 96편을 종합했다. 그중 엄격한 설계 위에 논문 열 편을 비판적으로 분석하여 일대일 프로그램과 학업 성취 간의 복잡한 관계를 검토했다. 그 결과 과학·수학·독서·작문· 영어 과목의 시험 점수가 높아졌을 뿐 아니라 작문에 대한 피드백이 늘어나고, 더 많은 학생들의 작품이 정기적으로 발표되는 등 다른 효과도 있었음을 확인했다. 작문의 장르가 더 다양해졌고, 완성된 글의 편집과 수정이 더 늘었다.

에스케타 등(Escueta, Quan, Nickow, and Oreopoulos, 2017)은 교육 테크놀로지 분야에서 이루어진 100건 이상의 실험 연구를 테크놀로지 접근성, 컴퓨터 보조 학습computer-assisted learning, 테크놀로지 기반의 행동

개입, 온라인 학습 등의 영역으로 나누어 검토했다. 그 결과는 다음과 같다.

- 컴퓨터 보조 학습은 학생의 특정 스킬을 키우기 위해 교육 소프트웨어를 활용하며 그 잠재력이 크다. 특히 수학 과목에 유용한 것으로 나타났다. 이는 아마도 소프트웨어가 학생의 수준에 따라 개인화한 학습을 제공하고 각자 자기 속도에 맞게 학습할 수 있게 해주기 때문일 것이다. 학생의 학습 상황에 대한 즉각적인 피드백을 교사에게 제공하는 것도 큰 장점이다. 이러한 결과는 개인화한 블렌디드 러닝 모델의 잠재력을 말해준다.
- 디지털 행동 개입은 학습 성과를 꾸준히 개선하는 효과가 있다.
- 모든 학생에게 랩톱을 지급하는 프로그램 자체가 학습 성과를 개선하지는 않는다. 주객이 전도되면 안 된다. 아이들의 손에 모바일 기기를 쥐여준다고 해서 기적이 저절로 일어나지는 않는다.

학습자 중심의 프레임워크 ───

이 책의 주제는 '디지털 리더십'이지만 '디지털'이라는 단어에 현혹되지 않기를 바란다. 디지털은 교수·학습을 개선하여 학습자 성과를 향상하기 위한 수단에 불과하다. 올바른 수업 설계가 전제되지 않으면 모든 테크놀로지는 실패의 속도만 높일 뿐이다. "교수법이 첫째, 테크놀로지가 둘째." 이것은 디지털 리더가 항상 명심해야 할 말이다. 테크놀로지가 모든 수업과 평가, 학습 성과를 개선하지는 못한다는 점 또한 중요하다. 이 이유 하나만 봐도 우리가 아는 바가 교수법에 실제로 효과가 있는지에 초점을 맞추는 것이 중요하다. 테크놀로지를 중심으로 학교와 교실, 수업, 교육과정, 평가를 설계할 수는 없는 노릇이다. 성공과 성과 개선의 열쇠는 단연코 견고한 교수법에 있다.

테크놀로지 통합은 전략적으로 이루어져야 한다. 전략적인 테크놀로지 활용이란 정해진 학습 목표 달성을 위해 목적의식을 갖고 테크놀로지를 선택하여 이용한다는 뜻이다. 테크놀로지가 교수법에 바탕을 두지 않고 학생의 학습 목표 달성에 도움이 되는지에 대한 검토와 검증 없이 활용된다면 주먹구구식이라고밖에 말할 수 없다. 가고자 하는 방향으로 배를 돌리지 않고 항해하는 것과 같다. …… 어디로 가고 싶은지, 왜 거기로 가고 싶은지 조차 모른다면 더 문제다.(Kieschnick, 2017)

전 세계의 많은 교육자들이 테크놀로지 중심의 프레임워크를 채택하고 있다. 문제는 바로 여기에 있다. 그런 프레임워크에 아무런 가치가 없다는 뜻은 아니다. 그러나 테크놀로지가 중심에 놓인 프레임워크는 위험하다. 우리는 늘 학습을 중심에 두어야 하며, 디지털 테크놀로지에 휘둘려서는 안 된다.

디지털 도구는 교육 공간의 필수 요소를 변모시키고 있다. 따라서 디지털 도구가 교수·학습에 어떠한 영향을 끼치는지 알면 유용한 도구를 선택하고 활용 방법을 고민할 때 도움이 될 것이다.

교수·학습을 개선할 목적에서 테크놀로지를 효과적으로 통합하려면 올바른 교수법과 모범 사례에 주목해야 한다. 이 과정의 중심에는 늘 학생이 있어야 한다. 여전히 교사가 직접적인 수업 방식을 유지하는 학습환경에 테크놀로지가 무의미하게 침투하는 경우가 너무나도 빈번하다. 결국 교사가 테크놀로지로 무엇을 하는지가 아니라 학습자가 테크놀로지로 무엇을 하는지가 중요하다. 리더가 답을 찾아야 할 가장 중요한 질문 중 하나는 다음과 같다. 학생들이 해당 테크놀로지가 아니었다면 불가능했을 방식으로 학습하고 있는가? 아래는 디지털 도구가 어떻게 학습을 개선할 수 있는지 유형화한 것이다.

1 협업의 증가 소셜미디어가 커뮤니티를 새롭게 정의했듯이, 디지털 도구는 집단적 활동의 의미나 학생과 교사의 관계를 변모시키고 있다. 웹 기반 토론, 온라인 강의, 구글독스는 학생들이 프로젝트 기반 과제나 작문 과제를 수행하는 방식을 바꾼다. 학생의 작문 한 편이 교사, 동료, 작가, 멘토 사이의 의견 교환과 질의응답의 기초가 됨으로써 다양한 유형의 가치 있는 문서가 될 수 있다. 교수법에 적절히 통합된 디지털 도구는 소통 능력, 창의력, 비판적 사고, 문제 해결 능력, 디지털 리터러시, 기업가 정신, 글로벌 의식, 디지털 책임성, 시민의식 등 오늘날

의 사회가 요구하는 필수 역량을 키워준다.

2 평가의 혁신 과제의 형식과 수행 환경이 달라지면서 평가 방법도 이에 발맞춘 변화가 필요해졌다. 온라인 환경의 개방성이나 게임의 속성 등 새로운 특징들은 모든 종류의 평가에 영향을 준다. 특히 학습이 끝난 뒤가 아니라 학습 과정 중의 진척도를 측정하는 형성 평가에 가장 큰 영향을 끼친다.

3 정보에 관한 학습과 연구 프로젝트 모든 연구 프로젝트에는 실질적인 조사, 정확하고 적절한 분석, 수용자 지향적 접근법이 요구된다. 학생들은 정보가 넘쳐나는 세상에서 다양한 분야와 주제의 텍스트, 데이터, 사진 등 여러 형태의 자원을 분석하고 이해하기 위해 벌써 디지털 도구를 활용하고 있다.

4 학습의 시간적 환경 변화 흔히 디지털 도구가 제공하는 비동기적 asynchronous 환경은 시간에 구애받지 않고 학습 콘텐츠에 접근하거나 반응할 수 있게 한다. 이는 과거에 존재하지 않은 방식이다. 텍스트와 동영상으로 진행되는 온라인 토론은 교실에서 이루어지는 토론보다 다양한 의견 표현을 가능하게 하고, 대답하기 전에 충분히 생각할 시간과 협업의 기회까지 제공한다. 온라인 교실뿐 아니라 전통적인 학습환경에 온라인과 디지털 도구를 결합한 블렌디드 교실에서도 같은 장점을 취할 수 있다.

5 주체적인 학습 존 듀이John Dewey에 따르면, 진정한 참여를 유도하려면 "아이들에게 배울 것이 아니라 할 일을 주어야 하며, 그 할 일은 숙

고, 다시 말해 현실 적합성에 의도적으로 주목할 필요가 있는 종류여야 한다. 그러면 학습은 자연히 뒤따른다." 실행 기술을 익히는 데 도움이 되는 무료 디지털 도구는 무수히 많다. 이제는 학생들이 직접 선택한 도구를 활용해 필수 역량을 습득, 응용하고 새로운 지식을 구축함으로써 배운 개념을 충분히 익혔다는 것을 보여줄 성과물을 만들 수 있다. 도구를 선택하는 과정에서 학생들은 학습에 더 주체적이고 진정성 있게 참여하게 되는데, 이는 궁극적으로 학습 과정의 가치를 높이는 효과가 있다. 디지털 도구의 힘이 발휘되게 하고, 학생들이 학습의 주인이 되게 하라.

가르침에서 주체적 배움으로 ────

엄격성/현실 적합성 프레임워크는 ICLE에서 개발한 교육과정, 수업, 평가 점검 도구다(Daggett, 2016). 엄격성/현실 적합성 프레임워크는 두 차원에서 점점 높아지는 기준과 학생의 성취도를 제시한다(그림 5.1). 첫 번째 차원은 지식의 연속체로, 얼마나 복잡한 사고가 필요한지에 따라 구분된다.

 이 지식 유형 구분은 블룸의 교육 목표 분류를 기초 삼아 수정한 것으로, 세로축에 6단계로 표시된다.

그림 5.1 **엄격성/현실 적합성 프레임워크**

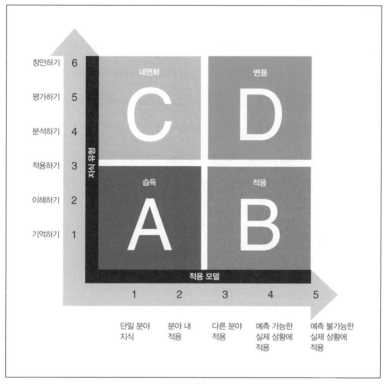

6 창안하기Creating

5 평가하기Evaluating

4 분석하기Analyzing

3 적용하기Applying

2 이해하기Understanding

1 기억하기Remembering

디지털 도구의 교수법적 기초

학생들이 디지털 리터러시를 갖추고 필수 역량을 습득하게 하려면 다양한 디지털 도구의 각 기능을 이해하는 것이 중요하다. e디닥티크(www.edidaktik.dk, 디닥티크didaktik는 교수법을 뜻하는 덴마크어다-옮긴이)의 교수법 프레임워크를 기초 삼아 각각의 디지털 도구가 서로 다른 교수법의 쓰임에 알맞은지 평가할 수 있다. 이 프레임워크는 단일화자형monological, 대화형dialogical, 다중화자형polyphonic 교수 행위 구분에 기초한다. 이 세 유형은 학습이 어떻게 일어나는지에 관한 이론이 저마다 다르고, 학습 주제, 교사, 학생 사이의 관계도 서로 다르게 바라본다.

단일화자형 교수

단일화자형 교수monological teaching는 루트비히 비트겐슈타인Ludwig Wittgenstein의 언어게임 이론에 근거한다. 즉 교사는 언어 게임에서 전문가에 해당하며, 교사가 학생에게 전문 지식을 전달하는 것이 곧 교수 행위다. 학습은 학생이 지식을 획득하는 것이다(그림 5.2).

디지털 도구 활용: 정보 전달을 용이하게 하는 도구의 배포와 통합, 부가적으로는 답이 정해진 과제나 시험 등 학생의 학습 성과를 평가하는 데 도움이 되는 도구 활용을 말한다.

대화형 교수

대화형 교수dialogical teaching는 존 듀이(1910)의 이론에 근거하여 지식의 토대가 학생에게 내재하며 이것이 외부 세계와의 상호작용과 문제 해결 경험을 통해 개발될 수 있다고 본다. 교사는 주제를 선정하고, 학생은 그 주제 안에서 자기에게 필요하거나 관심이 있는 부분을 선택하여 공부한 다음 그 지식을 활용해

그림 5.2 **단일화자형 교수**

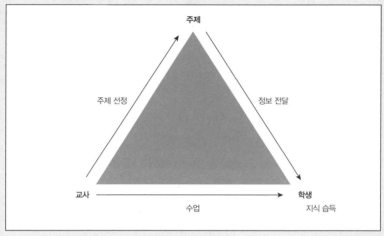

그림 5.3 **대화형 교수**

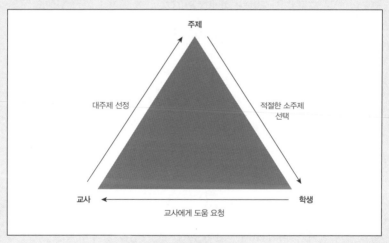

실제성 있는 문제를 해결한다. 학생은 필요에 따라 교사에게 도움을 요청한다 (그림 5.3).

디지털 도구 활용: 사례 찾기 과제나 시뮬레이션 등 학생의 학습 성과 평가에

그림 5.4 **다중화자형 교수**

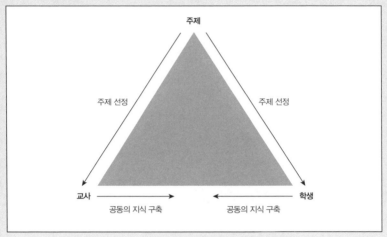

자료: Niels(2012)

도움이 되는 도구를 선택한다. 학생들은 서로 다른 맥락에 자기가 배운 것을 적용할 수 있음을 보여준다. 학생들의 문제 중심 활동과 학습 게임을 돕는 도구가 대표적이다.

다중화자형 교수

다중화자형 교수polyphonic teaching는 지식이란 여러 개인이 저마다 다르게 지각한 세계에 관한 인식을 동등한 위치에서 교환한 산물이라는 크누드 아일러 뢰그스트루프Knud Ejler Løgstrup의 사상에 근거한다. 학습은 학생이 이러한 교환에 참여하는 행위를 뜻한다. 학습 주제는 교사와 학생이 함께 정한다. 주제를 선정할 때나 그 후 정해진 주제에 관해 함께 알아가며 공동의 지식을 만들어갈 때나, 교사와 학생은 동등한 위치에서 참여한다(그림 5.4).

디지털 도구 활용: 이 협업적 학습 유형은 디지털 도구를 활용한 학습 성과 측정이 쉽지 않지만, 동등한 협업과 공동의 지식 구축에는 디지털과 온라인 도구가 도움이 된다(Edudemic, 2012).

1단계는 지식을 습득하여 필요할 때 그 지식을 되살리는 능력을 말한다. 이 능력을 갖춘 사람은 컴퓨터가 워드프로세서 프로그램에서 단어를 검색하듯이 머릿속에 저장된 수많은 정보 조각을 스캔하여 원하는 지식을 찾아낼 수 있다. 최고 단계인 6단계에 해당하는 능력은 훨씬 복잡하다. 이 단계에서는 지식이 머릿속에 완전히 통합되고, 필요한 정보를 찾아내는 것보다 더 많은 일을 할 수 있다. 즉 여러 지식을 논리적이고 창의적인 방법으로 결합할 수 있다. 6단계의 고차원적인 사고 역량은 지식의 내면화^{assimilation}라고도 표현한다. 이 단계의 학생은 여러 단계를 거쳐야 하는 문제를 해결하고, 독창적인 문제 해결 방법이나 새로운 해결책을 창안할 수 있다.

두 번째 차원은 빌 대거트^{Dr. Bill Daggett}가 제시한 적용 모델에 근거한 실행의 연속체로, 다음 다섯 단계로 구분된다.

1 단일 분야의 지식

2 분야 안에서 적용하기

3 다른 분야에 적용하기

4 예측 가능한 실제 상황에 적용하기

5 예측 불가능한 실제 상황에 적용하기

적용 모델은 지식의 활용을 설명하기 위한 틀이다. 가장 낮은 단계는 지식 자체의 습득을 말하며, 가장 높은 단계는 현실 세계의 복잡한

그림 5.5 **엄격성/현실 적합성 프레임워크®**

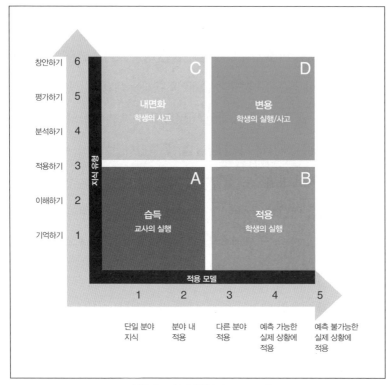

문제를 해결하거나 프로젝트·디자인을 만들어내는 등 실제 상황에서 지식을 실행에 옮기는 단계다.

　엄격성/현실 적합성 프레임워크에는 그림 5.5에서 보는 바와 같이 네 개의 사분면이 있다.

　사분면 A는 어떤 지식을 단순히 이해하고 기억해낼 줄 아는 상태를 나타낸다. "지구는 둥글다" "셰익스피어가 《햄릿》을 썼다"는 사실을 안다면, 이는 사분면 A 유형의 지식이 있는 것이다.

사분면 C는 더 높은 수준의 지식이다. 예를 들어 미국 정치 시스템의 작동 방식을 안다거나 국가별 문화 다양성이 주는 이점과 그 때문에 발생하는 과제를 분석하는 일이 이 범주에 속한다.

사분면 B와 D는 실행 그리고 높은 수준의 응용을 뜻한다. 수학 지식을 활용하여 물건을 사고 거스름돈을 계산할 줄 아는 것은 사분면 B에 속한다. 드넓은 인터넷의 바다에서 정보를 찾는 능력, 다양한 정보원에서 지식을 수집해 업무상의 복잡한 문제를 해결하는 능력 등은 사분면 D 유형의 지식이다.

이 사분면 네 개를 학습이나 학생의 성과를 표현하는 용어로 다시 정의할 수도 있다.

사분면 A: 습득 이 범주의 학생은 지식과 정보의 조각들을 수집, 저장한다. 주로 습득된 지식을 기억하고 이해하는 것이 기대된다.

사분면 B: 적용 이 범주의 학생은 습득한 지식을 활용하여 문제를 해결하고 해결책을 마련하며 작업을 진행해간다. 새롭고 예측 불가능한 상황에 적절한 지식을 적용하는 것이 최고 단계다.

사분면 C: 내면화 이 범주의 학생은 습득한 지식을 확장, 정제하여 자동적·반복적으로 문제 분석과 해결, 독창적인 해결책 고안에 활용할 수 있다.

사분면 D: 변용 이 범주의 학생은 복잡한 사고를 할 줄 알고 습득한 지식과 스킬을 응용할 수 있다. 당혹스러운 미지의 문제에 직면하더라도 광범위한 지식과 스킬을 활용하여 새로운 해결책을 고안하고, 자신의 지식과 스킬을 더 발전시킬 수 있다(176쪽 그림 5.5). A가 단순히 아는 것이라면 D는 이해하는 과정이다.

엄격성/현실 적합성 프레임워크는 학생들에게 의미 있는 방식으로 학습을 사고하고 응용할 권한을 부여한다는 점에서 미래에 대응하는 신선한 접근 방식이다. 전통적으로 교육을 구성해온 요소에 바탕을 두지만, 지식의 습득에서 지식의 적용으로 이행하는 것을 더 강조한다. 또한 이 프레임워크는 이해하기 쉽다. 단순하고 직관적인 구조는 학교와 지역사회 사이의 공감대 형성에 기여한다. 양측은 이 프레임워크를 통해 더 엄격하고 적합한 교육과정의 의미를 공통의 언어로 이해할 수 있다. 또한 학부모, 기업가, 그 밖의 지역사회 구성원들은 이 틀 안에서 학교가 무엇을 가르치기 바라는지에 관해 대화할 수 있다.

이 프레임워크는 용도가 다양하다. 수업과 평가를 개발하는 데 활용할 수도 있고, 교사가 이 프레임워크를 기준으로 학습자의 요구를 충족하거나 성취도 목표를 높이는 데 적절한 수업 전략을 선택할 수도 있다. 사분면 D형 학습으로의 전환은 아이들에게 사회 변화와 무관한 사고력을 키워주므로 미래 대응형 교육으로 나아가는 셈이 된다. 이제 교육은 학습자를 특정한 무엇에 준비시킬 것이 아니라 무엇에든 준비시켜야 한다.

엄격성/현실 적합성과 학습 표준 ————

테크놀로지를 통합한 수업과 학습 성과를 설계할 때, 지식 유형의 최고 단계는 이례적인 성공 사례가 아니라 응당 달성해야 할 목표가 되어야 한다. 내용지식content knowledge이 중요하지 않다는 말이 아니다. 모든 학습자에게는 단순히 지식을 아는 것을 넘어서는 근본적인 이해와 새로운 지식을 구축할 토대가 필요하다. 엄격성/현실 적합성 프레임워크는 고차원적인 사고력이 철저한 학습의 바탕임을 강조한다. 이 프레임워크는 학생들에게 부과되는 학습 과제를 검토하여 단지 아는 것이 아니라 정말 이해하는지 확인할 수 있게 과제를 재설계하는 견고한 틀을 제공한다.

이 프레임워크에는 또 한 가지 중요한 측면이 있다. 학생들의 실행과 사고를 기준으로 각 사분면을 볼 수 있다는 점이다(176쪽 그림 5.5). 테크놀로지의 성공적인 통합은 전적으로 우리가 학생들에게 제시하는 질문의 수준에 달려 있다(Sheninger & Murray, 2017). 내가 늘 교수법이 테크놀로지에 우선한다고 말하는 이유가 바로 여기에 있다. 형성 평가나 총괄 평가를 생각해보자. 학생들은 시험을 통해 높은 수준의 인지적 사고를 보여주고 있는가? 테크놀로지 통합 수업에서 학생들이 개념을 습득했는지 어떻게 알 수 있는가? 피드백은 어떤 형태로 이루어지는가? 이 질문들은 교사나 관리자로서 효과성 수준을 판단하는 데 무척 중요하다.

엄격성을 갖춘다는 것은 학생들에게 비판적으로 사고해야 하는 과제를 부과하며, 매력적이고 지원을 제공하지만 어려움이 있는 학습환경을 조성한다는 뜻이다. 학생들은 개념을 완전히 익히고 학습 목표를 달성했다는 것을 입증하기 위해 작문, 창작, 디자인, 창안, 예측, 연구, 요약, 이의 제기에 대한 방어, 비교, 정당화 등 엄격한 수업과 과제를 거친다.

엄격성은 다음과 같이 여러 단계에서 적용된다.

- 사고를 위한 비계 설정scaffolding
- 사고를 위한 계획
- 사고 평가
- 학생들의 사고 수준 인식
- 학생들이 발휘하기 바라는 사고 수준에 따른 교수 · 학습 수준 관리

이제 기초가 마련되었다. 이 시점에서 엄격성의 의미를 둘러싼 몇 가지 오해를 짚어볼 필요가 있다. 다음은 엄격한 것이 아니다.

- 더 많거나 더 어려운 연습 문제

- 대학교 학점 인정 수업, 영재 특화 과정, 심화 수업

- 높은 수준의 독서

- 더 많은 학업

- 더 많은 숙제

　엄격한 학습이라고 하든 심화학습이라고 하든, 용어는 중요하지 않다. 디지털 도구 활용과 관련지어 생각하자면, 학생들에게 더 높은 단계의 지식 유형에 해당하는 사고를 유도하는 환경을 제공하는지가 관건이다. 어떤 수업이나 과제를 활용해 학습자의 사고 수준을 평가하는 가장 좋은 방법은 질문의 수준을 보는 것이다.

　디지털 리더는 학습자의 인지적 유연성을 개발하기 위해 쉬운 질문부터 시작하여 비계 설정 기법으로 난이도를 높여갈 수 있다. 인지적 유연성이 높다는 것은 급격하게 변화하는 상황적 요구situational demand에 대응하여 자기가 습득한 지식을 그때그때 재구성할 줄 안다는 뜻이다(Spiro & Jehng, 1990). 점점 더 복잡한 질문, 즉 답이 하나가 아닌 질문을 제시하는 것은 테크놀로지 활용 여부와 관계없이 모든 교육자가 해야 할 일이다. 에릭 프랜시스Erik Francis가 창안한 그림 5.6은 질문의 수준을 평가하고 개선하는 데 활용될 수 있다.

　엄격성/현실 적합성 프레임워크의 두 번째 차원은 현실 적합성이다. 현실 적합성은 '왜 배우는가'를 뜻하며, 이는 학교와 교육에서 그 무엇

그림 5.6 **질문의 수준**

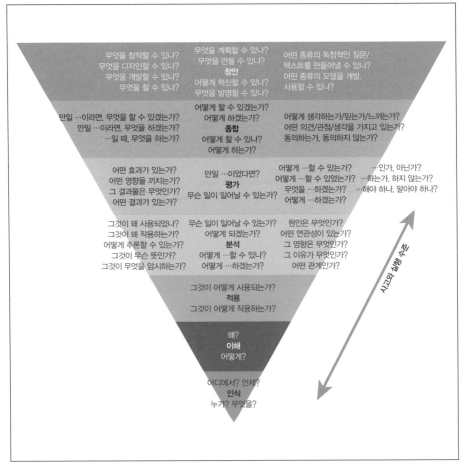

보다 중요한 요소다. 교육자는 학생 처지가 되어봐야 한다. 학생이 왜

배우는지 진정으로 이해하지 못한다면 학습 성과가 개선될 가능성은

현격히 줄어든다. 모든 수업은 그 존재 이유가 명확해야 한다. 학습 경

험의 가치를 제대로 알지 못하는 학생에게는 무엇을 어떻게 평가하든

관심 밖일 것이다. 한마디로 현실 적합성은 학습의 목적이다. 과제나 수업에 현실 적합성이 결여되면 학생들에게 학습 동기, 궁극적으로는 성취동기를 불러일으키지 못한다. 학습 동기를 부여하는 기저 요인에 관한 여러 연구를 통해 현실 적합성, 즉 학생이 학습의 의미를 느끼게 하는 것이 왜 필수적인지 알 수 있다. 켐버 등(Kember, Ho, and Hong, 2008)은 학습 동기를 부여하거나 저하시키는 교수·학습환경을 밝히기 위해 학생 36명과 인터뷰를 실시했다.

연구 결과는 다음과 같았다.

> 학생들에게 학습 동기를 불러일으키는 가장 중요한 수단 가운데 하나는 현실 적합성을 확보하는 것이었다. 현실 적합성은 학생들이 교재 내용에 관한 이해를 구성하는 데 맥락을 부여하는 결정적인 요인이었다. 추상적인 이론만 가르치면 동기가 저하되었다. 현실 적합성을 높이기 위해 이론이 실제로 적용된 사례를 제시하거나 지역 문제와 연결할 수 있을 것이다. 수업 내용을 일상생활이나 당면한 시사 문제에 적용하는 방법도 있다. (p. 261)

아이들이 스스로 생각하게 하는 것은 좋다. 그러나 그 생각이 어떤 도움이 될지 진정으로 이해하지 못한다면 학습을 가치 있게 여기겠는가? 다행히 수업, 프로젝트, 과제에 의미를 부여하는 일에는 대단한 노력이 필요하지 않다. 현실 적합성의 첫 번째 단계는 학생이 습득한 지식을 여러 분야에 적용해보면서 그것이 더 큰 그림에 어떻게 연관되는지 파악하는 것이다. 현실 적합성이 학습 프로세스에 더 깊이 자리 잡는 단계에 이르면 학생들은 배운 내용을 현실 세계에 적용하게 된다. 그때 현실 세계의 상황은 예측 가능한 수준에서 시작하지만 궁극적으로 예측 불가능한 상황에 응용하는 것을 목표로 삼으며, 이는 새로운 지식의 구성으로 이어진다. 이처럼 학습자가 배운 지식을 활용하여 다양한 정답이 존재하는 현실 세계의 문제를 해결해나갈 수 있게 돕는 것이 바로 현실 적합성을 갖춘 수업과 과제다.

현실 적합성의 효과는 여러 연구자가 확인했다. 우선 현실 적합성이 높은 맥락 기반 학습은 문화적·언어적 다양성을 지닌 학습자diverse learners에게 도움이 된다. 또한 현실 적합성은 단기 기억과 장기 기억 모두를 향상한다(Immordino-Yang & Faeth, 2010; Willis, 2010). 현실 적합성에 기반한 학습은 학습자가 개념 숙달을 더 잘 입증하게 해주는 효과적인 수단이다. 모든 교육자는 이 점을 염두에 두고 수업 계획, 프로젝트, 평가, 학교 문화를 재평가해야 한다. 예전처럼 단순 반복을 통해 지식을 주입하려는 시도는 뇌과학적 관점에서 볼 때 쓸모없으며 학생들의 흥미만 떨어뜨릴 뿐이다. 기존의 지식을 학습자 자신과 관련된, 따라서 의미 있다고 느껴지는 활동에 연결하면 학습자들은 진심으로 참여할 것이다. 그러면 뇌의 신경 연결을 형성하여 장기 기억으로 저장하는 데 도움이 된다(Kember et al., 2008; Immordino-Yang & Faeth, 2010; Willis, 2010).

수업이나 과제가 현실 적합성이 있었다면 학생들은 다음을 말할 수 있어야 한다.

1 무엇을 배웠는지
2 왜 배웠는지
3 학교 밖, 현실 세계에서 어떻게 활용할지

현실 적합성이 없다면 수업에서 다루는 많은 개념이 학생에게 무의미해진다. 현실 적합성의 확보가 주는 여러 이점은 자명하므로 교수법에서 늘 중심에 두어야 한다. 그림 5.7은 엄격성과 현실 적합성을 갖춘 학습에 따라 학습자가 단순히 정답만 찾는 단계에서 스스로 질문하는 단계로 이행하는 과정을 보여준다.

디지털 도구는 엄격성과 현실 적합성에 기반한 수업과 학습에 무한한 가능성을 열어준다. 이것이 위대한 학습의 토대다(Sheninger, 2015b). 현실 적합성, 의미, 활용 가능성은 모든 학습의 전제가 되어야 한다. 참여는 학생들이 집중하고 학습의 깊이를 달성하는 데 필수적인 요소다. 결국 학문적 성장이 흥미진진하게 느껴질 때 학생의 성과가 올라간다. 이때 성과란 단지 성취도 기준을 충족하고 달성하는 것뿐 아니라 배운 내용을 삶의 모든 영역으로 확장할 수 있게 됨을 뜻한다. 디지털 도구와 소셜미디어는 견고한 교수법을 전제로 해야 비로소 학생들이 성장과 발전의 진정한 주체가 될 기회를 넓혀준다. 엄격성/현실 적합성 프레임워크는 바로 그러한 교수법의 기초를 제공한다. 학생들이 개념 숙달을 보여줄 학습 성과물을 만들 때 어떤 도구를 사용할지 스스로 선택하게 하면 학습에 대한 만족도가 높아지고 현실 세계에서 응용하는 능력도 더 향상된다.

고급 디지털 도구는 학생들이 스스로 학습 과제를 발전시킬 수 있게 돕는다. 아이들은 팟캐스트, 블로그, 디지털 스토리텔링 등을 통해 창의성과 독창성을 발휘할 수 있다. 콘텐츠를 선별하고 정보를 활용하여

그림 5.7 **올바른 답에서 올바른 질문으로의 이행**

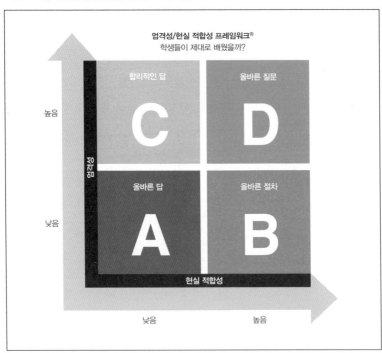

자료: Copyright ©2018 by International Center for Leadership in Education

통합교과적cross-disciplinary 과제를 해결해가는 과정은 비판적인 사고와 행동을 촉진한다. 소셜미디어와 다양한 네트워크를 통해 다른 사람들과 협업을 할 수도 있다. 이때 적절한 디지털 도구를 활용해 콘텐츠를 선택하고 재구성함으로써 또 다른 콘텐츠를 만들어내는 능력이 필요하다.

교육과 디지털 테크놀로지는 긴밀하게 엮여 있다. 학생과 교사 모두에게 디지털 라이프는 중요하다. 모든 구성원이 디지털 도구를 효과적으로 활용하여 학습을 지원하거나 강화하여 엄격성과 현실 적합성을 높일 수 있는 구체적인 방법이 필요하다. 이제 교육자는 엄격성과 현실 적합성을 높이는 수업 형식과 방법론을 개발하고 실행하는 것은 물론, 디지털 도구를 효과적으로 활용하는 방법을 배워 수업을 보강할 줄도 알아야 한다. 교육자가 학습 목표를 명확하게 알고 있다면 디지털 도구는 강력한 보조 수단이 될 수 있다.

디지털 도구를 목적에 맞게 통합하여 엄격성과 현실 적합성을 갖춘 학습을 만드는 것이 교사의 몫이라면, 이를 큰 규모에서 달성하는 일은 리더에게 달려 있다. 리더는 테크놀로지를 학생의 참여를 유도하는 장치로만 여기지 말고 교수·학습을 근본적으로 개선하여 학교 문화 자체가 탈바꿈하는 계기로 삼아야 한다. 엄격성/현실 적합성 프레임워크는 학습에 테크놀로지를 통합할 때 수업 리더십instructional leadership의 강력한 도구가 될 수 있다(그림 5.8). 이 프레임워크는 다음과 같은 이유로 리더에게 유용하다.

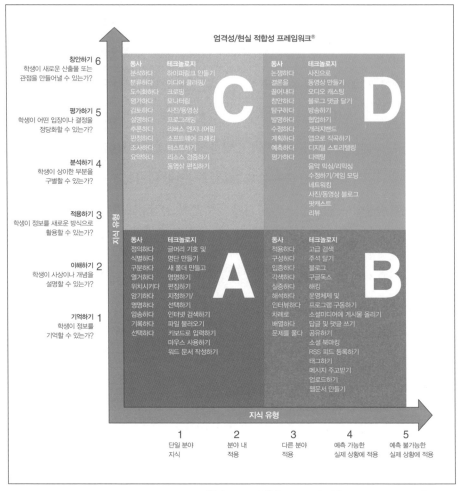

- 이해관계자 모두에게 공통의 언어를 제공한다.

- 교육과정, 수업, 평가를 점검하는 틀이 된다.

- 공동의 비전을 중심으로 새로운 문화를 창출할 수 있게 해준다.

제아무리 디지털 시대라고 해도 교수와 리더십의 근본적인 변화 없이는 더 나은 수업을 만들 수 없다. 교수법이 첫째고, 테크놀로지는 그 다음이다. 수업의 기초가 탄탄하면 테크놀로지는 우리 학생들을 이제껏 상상해보지 못한 세계로 데려갈 것이고, 학교는 그 어느 때보다 다양해진 학습 수요를 충족할 수 있을 것이다.

디지털 학습의 실제 ————

21세기 학교에서 배움은 어떤 모습이어야 할까? 학교는 아이들을 글로벌 사회에 잘 대비시키고 있는가? 이 장 첫머리에 인용한 피터 센게 Peter Senge의 글을 읽으면 이 두 질문이 바로 떠오른다. 오랫동안 작동해온 방법론에서 벗어나는 것이 매우 중요하다. 학생들도 달라졌고, 그들이 사회에서 맡을 역할도 달라졌기 때문이다. 이 변화에서 가장 중요한 점은 진정한 학습 경험과 테크놀로지를 결합해 모든 학생이 수준과 상관없이 참여하게끔 이끌면서 학습을 의미 있게 만드는 것이다.

내가 교장으로 부임한 2004년, 뉴밀퍼드고등학교에는 여러 훌륭한 프로그램이 있었다. 학생들이 열흘 넘게 유럽을 여행하며 홀로코스트에 관해 깊이 학습할 수 있는 홀로코스트 스터디 투어가 그 예다. 교실에서는 이런 학습 경험이 불가능하다. 뉴밀퍼드 홀로코스트 스터디 투어 블로그(http://hst10.blogspot.com)에서 이 프로그램의 자세한 정보를 볼 수 있다.

이 프로그램 참가자들은 독일, 폴란드, 체코에서의 생생한 학습 경험을 블로그를 통해 뉴밀퍼드고등학교의 다른 구성원들과 공유한다. 참가 학생들은 블로그에 여행을 직접 기록하고 인류의 어두웠던 시대에 관한 핵심 질문에 답한다. 이 블로그는 학교에 남은 교사들과 학생들에게 다른 학습 경험을 촉진하는 매개가 된다. 어떤 교사는 학생들에게 날마다 블로그 게시물에 댓글을 쓰게 하기도 한다.

홀로코스트 프로그램에 완전히 새로운 요소 한 가지가 더해졌다. 스카이프 덕분이었다. 학생들은 여행에 앞서 이스라엘에 거주하는 가이드와 여러 번 영상통화를 한다. 또한 이 주제에 관한 수업을 선택 과목으로 듣는 학생들은 영상통화로 홀로코스트 생존자와 대화를 나눌 기회도 있다. 나는 여행 중인 교사와 스카이프로 계속 연락을 취할 수 있었고, 때로는 학생들과도 대화를 나누었다. 역사 교사들에게도 시간이 되면 스터디 투어 참가자들과 스카이프로 소통할 것을 권장한다. 우리는 소속 교육구의 연례 오픈하우스를 유럽에 있는 스터디 투어 참가자들과의 공개 영상통화로 시작한다. 이 이벤트에서는 언제나 디지털 시대의 학습자를 중심 주제로 다룬다.

영어 교사 조애너 웨스트브룩은 교실에서 테크놀로지 활용에 늘 앞장섰다. 조애너는 엄격하고 현실 적합성 있는 학습 경험을 위해 트위터나 인스타그램 등을 활용하여 아이들에게 전에 없이 큰 권한을 주는 데 주저함이 없었다. 조애너는 좋은 수업을 설계하는 일에만 집중했기 때문에 그 어떤 도구도 매끄럽게 통합할 수 있었다.

조애너가 교육과정을 심화하는 데 인스타그램을 활용한 사례 하나가 특히 주목할 만했다. 이 프로젝트에서 학생들에게 주어진 최종 과제는 희곡 〈태양 속의 건포도A Raisin in the Sun〉(1959년에 초연된 로레인 한스베리의 희곡으로, 흑백문제를 전면적으로 다루었다-옮긴이)에 나오는 개념을 시각적 이미지로 표현하는 것이었다. 학생들은 희곡을 읽고 나서 소크라틱 세미나Socratic seminar 형식으로 모둠 토론을 진행한 다음, 모둠별 토론에서 제기된 진술들 중 하나를 골랐다. 다음은 실제로 아이들이 제시한 문장이다.

1 열심히 일하면 꿈을 이룰 수 있다.

2 차별은 우리 세계의 현실이다.

3 여성과 남성에게는 동등한 기회가 주어진다.

4 성공이란 돈을 많이 버는 것이다.

5 다른 누구를 위해 희생하는 것은 명예로운 일이다.

6 옳은 일을 하고자 도덕적으로 미심쩍은 선택을 해야만 할 때도 있다.

7 가정의 경제적 어려움은 여자보다 남자에게 더 힘든 일이다.

8 빈곤 수준은 삶의 질에 거의 영향을 주지 않는다.

9 개인의 욕망보다 가족으로서의 도리가 중요하다.

10 가족을 부양하기 위해서라면 하기 싫은 일도 기꺼이 해야 한다.

그다음에 할 일은 이 문장을 주제로 포토 에세이 형식의 게시물을 만들어 인스타그램에 올리는 것이었다. 과제를 수행하는 방법은 다음과 같았다.

- **희곡에서의 개념 확인** 사진들 가운데 첫 두 장은 선택한 문장이 드러나는 희곡 속의 대사를 묘사해야 한다. 사진 설명에는 해당 대사와 그 대사의 출처를 정확하게 적어야 한다. 모둠 구성원들이 사진 속에서 배역을 맡고, 배경과 소품 등도 희곡에 나오는 대로 연출한다.
- **현실 세계와 삶에 연결하기** 그다음 사진 석 장은 실제 세계에서 해당 개념을 보여주는 사례를 묘사한다. 사진 설명에는 그 개념이 희곡과 실세계에 어떻게 연결되는지 쓴다. 그 진술문에 동의하지 않는 쪽으로 의견이 모였으면 그러한 견해를 표현해도 된다.
- **무대 설치하기** 사진을 찍는 날에는 희곡에 쓰인 세부 사항과 자신들이 전달하고자 하는 메시지에 알맞게 소품을 마련해야 한다. 말하자면 사진을 찍을 준비가 되어 있어야 한다.
- **역할 분담하기** 한 모둠은 세 명으로 구성된다. 모둠에서 한 명 이상은 스마트폰을 가지고 있어야 한다. 구성원들은 저마다 계획, 무대 설치, 사진 배치, 설명 쓰기 중 한 가지 역할을 맡아서 모든 사진에 기여해야 한다. 일을 공정하게 나누고 모두 자기 몫을 하는 것이 중요하다.

온라인 자료 5.1에서 이 프로젝트 수업의 평가 기준표를 볼 수 있다.

이 프로젝트는 엄격성/현실 적합성 프레임워크의 사분면 D 유형 학습을 보여주는 훌륭한 사례다. "교수법이 첫째, 테크놀로지는 둘째"라는 원칙은 테크놀로지가 표준 교육과정에 따른 학습을 보조하거나 강화하는 데 도움이 되었다. 학생들이 수행할 과제 자체가 견고하게 구성되기도 했지만, 과제 수행과 함께 진행된 평가가 이 학습 방식의 효과를 높였다. 평가와 피드백은 우리가 디지털 혁신을 실행하면서 가장 중점을 둔 분야이기도 했다. 학습 성과가 개선되려면 테크놀로지의 변화에 따라 이 두 분야도 변화해야 한다.

뉴저지의 위호켄 타운십 교육구는 비영리 연구단체인 오서치 OCEARCH(www.ocearch.org)와 연계하여 디지털 학습 도구를 활용한 상어 추적을 STEM(과학·기술·공학·수학) 교육과정에 포함했다. 오서치는 백상아리와 뱀상어 등의 해양 동물 추적을 선도하는 세계적인 단체다. 협업의 첫 단계는 위호켄 학생들과 오서치의 설립자이자 탐사 대장인 크리스 피셔의 스카이프 만남이었다. 피셔는 학생들에게 오서치의 글로벌 상어 추적 장치를 소개하고 바다의 파수꾼이 되는 법을 알려주었다. 학생들은 전 세계에서 이루어진 26회의 상어 추적 탐사 이야기와 오서치 팀이 뉴저지 해안에 자주 출몰하는 상어 한 마리에 추적 장치를 달아 방사한 경험도 들을 수 있었다. 가장 악명 높은 이 상어에게는 메리 리라는 이름이 붙었다(R. Zywicki, 비공식 인터뷰, 2018).

위호켄의 5, 6학년 교사들은 오서치 상어 추적 장치와 교육구에서 실시하고 있는 일대일 크롬북 프로그램 활용 방법을 교육받았다. 아이들은 피셔와 화상 대화를 끝낸 뒤 정규 수업시간에 크롬북에 설치한 오서치 상어 추적 장치 앱을 활용하여 해부학, 통계, 지도, 물리학 등을 배웠다.

드디어 위호켄의 학생·교사·학부모 30명이 상어 연구 선박 M/V 오서치를 견학하러 뉴욕 몬토크를 방문했다. 학생들은 실험실과 상어 추적 장치 플랫폼 등 선박 전체를 둘러보았다. M/V 오서치는 38톤 용적의 유압식 승강단을 설치해 바다에서 상어를 안전하게 건져 올릴 수 있는 학제적 연구팀의 해상 연구실이다(Zywicki, 2018). 상어가 잡히면 연구원들이 15분 동안 열두 가지 연구를 수행할 수 있다. 오서치가 기록한 데이터는 50편 이상의 연구 논문에 사용되었다. 학생들이 방문했을 때 오서치 연구원들은 롱아일랜드 끝에 정박하며 뉴욕 해안을 출산 장소로 삼는 백상아리에게 추적 장치를 달기 위해 두 번째 탐사를 준비하고 있었다. 오서치 연구팀은 2016년 한 해 동안 몬탁 해안에서 어린 백상아리 16마리에 추적 장치를 달았다.

"분수나 백분율 그래프 등 수학을 배울 때 상어 추적 앱에서 얻은 데이터를 사용하면 학생들이 훨씬 잘 몰입할 수 있다. 이것은 사분면 D 유형 학습의 멋진 예다"(Zywicki, 2018).

디지털 시대의 핵심 역량 ————

앞선 사례는 오늘날의 세계에서 학생들의 성공적인 미래를 위해 필요한 필수 역량을 개발하고 강화하는 데 중점을 둔다. 글로벌 경제에서 성공하려면 기업가적 사고가 필요하며, 기지와 유연성·창의력을 갖추고 글로벌하게 사고해야 한다(Zhao, 2012). 이것이 바로 이 시대의 고용주들이 절실하게 찾는 인재상이다. 또한 필수 역량은 미래에 등장할 새로운 직업에 대비할 수 있는 길을 열어준다.

학교에서 학생들이 앞으로 주어진 기회를 포착할 수 있게 돕는 유일한 방법은 학생들을 현실 적합성이 높고 의미 있는 학습 경험에 제대로 참여시키며 다양한 수단으로 배운 지식을 응용할 수 있게 하는 것이다. 그리고 그 수단에는 당연히 디지털 도구가 포함된다. 아래에서 설명할 필수 역량은 전 세계 모든 국가의 교육과정 표준과 ISTE의 학생 및 교사 표준(www.iste.org/standards)에도 부합한다.

- **창의력** 테크놀로지는 학생들이 창의력을 발휘하게끔 도와준다. 테크놀로지는 학생들에게 학습 성과물을 통해 개념 숙달을 입증할 수 있게 하고 세스 고딘(2010)이 말한 자기만의 작품을 창조할 기회도 제공한다. 그렇게 조성된 학습 문화는 학생들을 대학이나 사회에서 꼭 필요한 인재로 키워준다.
- **협업 능력** 디지털 도구는 시공간의 제약 없이 프로젝트 등 여러 활

동을 공동으로 수행할 수 있게 한다. 과제를 수행하기 위해 반드시 직접 만날 필요가 없다는 점은 학생들의 경쟁력이 높아짐을 뜻한다. 점점 더 많은 직업 세계에서 테크놀로지를 이용한 팀워크가 늘어나고 있다.

- **소통 능력** 효과적인 소통은 현대 사회에서 가장 중요한 스킬 가운데 하나다. 이제는 언제 어디에서나 인터넷을 사용할 수 있으며, 학생들은 디지털 도구를 통해 현실 세계의 다양한 소통 수단을 경험해 볼 수 있다.

- **비판적 사고와 문제 해결 능력** 디지털 도구는 학습자들이 귀납과 연역을 토대로 어떤 대상을 추론하는 과정을 더 효율적으로 만들어준다. 시스템 사고systems thinking나 새로운 방식의 문제 해결에도 도움이 되며, 분석과 성찰·조합·평가를 통해 무엇을 판단하거나 결정하는 데에도 효과적인 수단을 제공한다. 기존 방법으로 해결할 수 없었던 완전 문제complete problem를 풀거나 독창적인 해법을 개발할 때도 디지털 테크놀로지가 사용될 수 있다.

- **기업가 정신** 종종 간과되거나 저평가되지만 기업가 정신 또한 중요한 역량이다. 디지털 도구를 사용하여 문제를 해결하고 학습 성과물을 만들어내는 과정은 기업가 정신을 키우고 강화할 수 있다. 학생들은 새로운 지식을 구성하고 배운 것을 보여주는 과정에서 위험을 감수하고 실패를 받아들이는 법을 익힌다. 앱, 게임, 웹사이트, 사업 계획, 가상 세계, 동영상 등을 만들어보면서 기업가 정신을 키울 수

도 있다.

- **글로벌 의식** 학생들은 웹 기반 도구 등 여러 형태의 테크놀로지를 통해 전 세계의 또래 아이들과 만날 수 있으며 국제 문제, 다른 나라의 관습과 문화, 건축, 경제 등을 더 잘 이해할 수 있다. 전 세계가 네트워크로 연결된 오늘날의 기업들은 지리적 경계를 자유로이 넘나든다. 따라서 글로벌 의식을 갖춘 인재가 필요하다.

- **테크놀로지 활용 능력** 이 역량의 중요성은 설명하지 않아도 모두 알 것이다. 테크놀로지에 대한 사회의 의존도가 점점 높아지고 있다. 학생들을 현실 세계에 제대로 대비시키려면 교수·학습에도 테크놀로지를 잘 접목해야 한다. 아이들이 테크놀로지를 사용하는 방법을 이미 알고 있다고 해도 학습에 도움이 되게끔 활용하는 방법을 따로 안내해야 한다.

- **디지털 미디어 리터러시** 아이들이 이 시대에 필수적인 리터러시를 갖추려면 디지털 콘텐츠를 비판적으로 소비하고 직접 만들어볼 필요가 있다. 아이들은 디지털 미디어의 메시지를 해석하는 법을 배워야 한다. 미디어 리터러시를 통합한 교육이 교육자, 학교, 학습자 사이의 관계를 강화할 수 있다는 연구 결과도 있다(Yildiz & Keengwe, 2016).

- **디지털 책임성, 시민의식, 디지털 발자국** 학교 학습에 테크놀로지를 일상적으로 통합하는 것은 곧 아이들에게 테크놀로지를 올바르게 사용하는 법을 가르치는 것이다. 아이들은 온라인 콘텐츠를 만들어

소셜미디어에서 공유하면서 긍정적인 디지털 발자국digital footprint을 남기는 법을 배울 수 있다. 이러한 경험을 통해 얻은 역량은 학교를 졸업한 뒤에도 유용하고 유익할 것이다.

학습에 테크놀로지를 통합하면 학생들은 현실 세계의 도구를 사용하여 현실 세계의 문제를 해결해볼 수 있다. 디지털 리더십의 전략적 초점은 학생을 중심에 두고 학생들이 새로운 방법을 통해 스스로 의미를 찾고 개념을 이해하게 돕는 교수·학습 문화 창출에 있다. 학습 성과에 테크놀로지가 적절히 활용되게끔 이끄는 것도 중요하다. 그림 5.9에서 빌 페리터(2013)가 말하고자 하는 바도 바로 이것이다.

이 새로운 유형의 학습은 리더의 통제권 포기를 전제로 하므로 처음에는 혼란스러울 수 있다. 리더는 단순히 통제만 늦추지 말고 교사가 자율성을 갖고 계산된 위험을 감수할 수 있게 이끌어야 한다. 교사가 기존의 교수법에 디지털 도구를 결합하는 혁신적인 방법을 개발하려면 자율성이 필요하기 때문이다. 변화를 이끌어내고 궁극적으로 완전히 새로운 학교 문화를 창출하는 과정은 힘들기 마련이다.

단, 테크놀로지를 활용할 때 그저 학생들이 많이 참여한다는 데 만족하면 안 된다. 디지털 '학습'이 목적이라면 '디지털'에만 관련 있는 부가 기능이나 눈속임에 넘어가서는 안 된다. 중요한 것은 참여를 심화 학습의 기회로 만드는 일이다. 테크놀로지는 비판적으로 사고하고 문제를 해결하는 데 도움이 되며, 배운 것을 다양한 방식으로 보여주는

그림 5.9 **테크놀로지를 심화학습의 도구로 사용한다는 것**

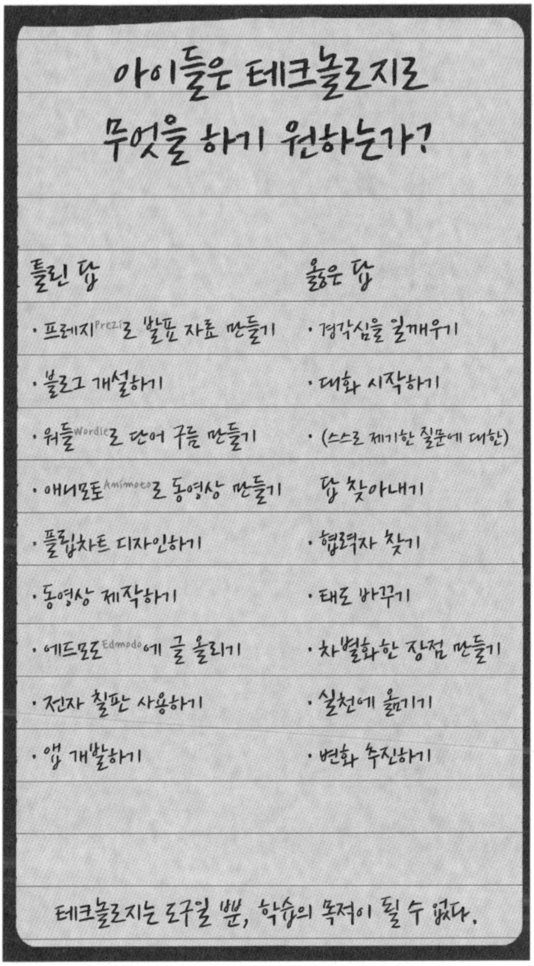

자료: Ferriter(2013)

수단이다. 테크놀로지로 참여도를 높여야 하지만 그 참여는 학습의 보조, 강화, 성과 향상으로 이어져야 한다. 학생들을 적극적으로 수업에 참여시키려면 테크놀로지를 단순히 미끼로만 이용해서는 안 된다. 어디까지나 학생들의 능동적인 학습에 중점을 두고 테크놀로지를 활용해야 한다.

디지털 시민의식과 책임성 ————

오늘날 아이들이 테크놀로지가 풍부한 세계에서 성장했다고 해서 그들이 테크놀로지를 효과적이고 책임감 있게 사용할 줄 안다는 뜻이 되지는 않는다. 디지털 기기를 일상적으로 사용하는 세대니까 학습과 연구에서도 자연히 테크놀로지를 잘 활용해 생산성을 높이리라고 기대한다면 오산이다. 우리는 섹스팅, 사이버폭력, 치팅, 불법 동영상, 표절 등 학생들이 디지털 도구를 부적절하게 사용하는 여러 사례를 익히 들어왔다. 학생들에게 디지털 책임성, 시민의식, 긍정적인 디지털 발자국을 남기는 법을 교육하는 것은 학교의 몫이다. 지금 이런 일이 흔하게 일어나는 까닭은 학교가 본분을 다하지 못하고 있기 때문이다. 학생들 대부분은 테크놀로지 사용법을 안다. 그러나 테크놀로지를 학습에 활용하거나 그로부터 스스로를 보호하는 법은 모르는 경우가 많다.

뉴밀퍼드고등학교에서는 디지털 책임성에 관한 교육을 교육과정 전체에 포함하기로 했다. 우리는 먼저 학년 초 전체 조회에서 특강 시간을 마련했다. 우선 사이버폭력의 근본 원인을 제시하고 이를 방지하기 위한 전략을 조언했다. 또한 소셜미디어 공간에서의 행동이 앞으로 진학과 취업에 어떤 영향을 줄 수 있는지 다루었다. 이 대목에서 나는 학생들이 온라인에 댓글, 사진, 동영상 등을 올리면 그 계정에 접근 권한이 있는 사람이 정보를 읽거나 보고, 수정하고, 저장하고, 공유할 수 있다는 점을 지적했다. 특강이 끝나갈 때쯤, 나는 학생들에게 자기 이름을 구글에서 검색해보고 새로 알게 된 사실을 알려달라고 했다. 아이들이 현실을 실감하는 순간이었다.

그 뒤로도 학습 강화, 생산성 향상, 견실한 연구를 위한 디지털 도구 활용이 일 년 내내 이어졌다. 학생들은 교류와 협업, 콘텐츠 제작과 발표에 테크놀로지를 적극적으로 활용했고, 이에 따라 미디어 리터러시를 키울 수 있었다. 교사들은 학생들이 웹에서 가져온 자료를 올바르게 인용하고 크리에이티브 커먼즈 라이선스(creativecommons.org)가 적용되는 콘텐츠를 사용할 때 저작권자 정보를 정확히 명시하게 도와주었다. 아이들은 학습 성과물을 온라인에서 공유하며 스스로 자부심을 느낄 만한 디지털 발자국을 만들어가기 시작했다.

체계적인 테크놀로지 통합, 교사의 모범적인 테크놀로지 활용, 학생과 부모를 위한 교육 프로그램, 몰입형 환경(일대일 또는 BYOD 프로그램 등)이 모두 디지털 시민의식 교육에 도움이 된다. 비영리단체 커먼 센스 미디어Common Sense Media는 학교에서 쉽게 구현할 수 있는 디지털 리터러시와 시민의식 커리큘럼을 무료로 제공하며, 웹사이트에서 이용할 수 있다(www.commonsensemedia.org/educators/curriculum).

요약

디지털 리더십의 가장 중요한 역할은 테크놀로지와 혁신적인 아이디어가 실질적인 학습 개선으로 이어지게끔 교수법을 바꾸는 것이다. 풍부한 디지털 도구를 제대로 통합하려면 수업 설계에 중점을 두어야 한다. 학생들이 배운 내용을 응용하여 개념 숙달을 입증하거나 현실 세계의 문제를 해결하는 데 디지털 도구 같은 실제적인 자원을 활용할 수 있다면, 학습의 현실 적합성이 더 높아지고 학교에서의 경험이 더 의미 있어질 것이다. 엄격성/현실 적합성 프레임워크를 활용하여 이해관계자들이 공통의 언어와 비전, 기대를 갖게 하면 테크놀로지가 허울 좋은 장식품이 되는 일을 막을 수 있다. 테크놀로지라는 도구의 활용만 지원하는 데 그치지 않고 디지털 시민의식을 교육하는 학교 문화를 창출하는 것 또한 매우 중요한 리더의 임무다.

생각해볼 문제

1 학교는 현실의 삶을 반영해야 한다고 할 때, 우리 학교는 어떤 교육을 하고 있는가? 현실 세계를 더 잘 반영하려면 어떤 조치를 취해야 할까?

2 우리 학교의 테크놀로지 통합 교육은 견고한 교수법에 기반하여, 목적에 걸맞게 이루어지고 있는가?

3 테크놀로지를 도입하면서 평가와 피드백은 어떻게 바뀌었는가?

4 우리 학교의 디지털 학습은 엄격성/현실 적합성 프레임워크에서 어느 사분면에 속하는가? 사고와 응용력을 강화하려면 어떤 변화가 필요할까?

6

두 번째 기둥:
학습 환경과 공간의 변화

Transforming Learning Spaces and Environments

교실을 재설계할 때 우리에게 필요한 것은
핀터레스트에 모아놓은 예쁜 교실 사진들이 아니라
연구와 디자인 사고design thinking다.
—E. 셰닝어, T. 머리

대규모로 지속 가능한 변화를 실행하기 위해 어떤 조치를 취할지를 결정할 때는 연구 결과가 뒷받침되어야 한다. 학술적 연구 결과는 변화에 반감을 품은 사람들의 마음을 움직여 새로운 아이디어를 받아들이게 하는 훌륭한 수단이기도 하다.

배럿과 장(Barrett and Zhang, 2009)은 교실 디자인의 영향을 다룬 여러 문헌을 검토하면서 '밝고 따뜻하고 조용하고 안전하고 깨끗하고 편안하고 건강한 환경이 성공적인 교수·학습의 중요한 요소'라는 점을 환기하며 논의를 시작했다(p. 2). 그들의 연구는 학습공간과 학생들의 감각 자극 간에 직접적인 연관성이 있음을 시사했다. 인간의 감각지각(sensory perception)이 인지적 추론에 영향을 미치는 과정에 관한 의학적 설명에서 이 연관성의 증거를 찾을 수 있다. 배럿과 장은 디자인의 주요 원칙 세 가지를 확인했다.

1 **자연 상태에 가까울 것** 인간의 뇌는 빛, 공기, 안전에 대한 기본적인 욕구를 지니고 있다. 특히 조명, 음향, 온도, 공기질의 영향이 잘 알려져 있다.

2 **개인이 선택할 수 있게 할 것** 개인의 뇌는 모두 제각각 다르며, 저마다 다른 방식으로 세상을 인식한다. 이 때문에 환경이 주는 자극에도 다양하게 반응한다. 따라서 개인에게 어느 정도 선택의 여지가 주어져야 한다.

3 **적당한 자극을 줄 것** 학습공간은 학생들의 참여도에 영향을 준다는 점에서 '무언의 교육'이라고 할 만하다. 공간을 디자인할 때는 과도한 자극으로 학생의 집중력을 떨어뜨리는 일을 줄이고, 적당한 자극을 주어 학습 경험을 강화하는 것이 중요하다.

학습공간을 다시 디자인하는 일을 미루게 만드는 주된 이유는 재정적 제약이다. 그러나 연구에 따르면 수업을 개선하기 위한 공간의 변화에 막대한 비용이 드는 것은 아니다(Sheninger & Murray, 2017). 실제로 거의 또는 전혀 돈을 들이지 않고도 중요한 변화를 만들어낼 수 있다. 가구 배치를 바꾼다든지 벽에 걸린 전시물을 다르게 디자인하거나 벽면 색을 바꾸는 등 최소한의 비용으로도 학생들의 성과 개선에 도움을 줄 수 있다는 사실이 여러 연구에서 밝혀졌다(Barrett, Zhang, Moffat, & Kobbacy, 2013; Barrett, Zhang, Davies, & Barrett, 2015).

사회학과 환경행동학에서는 영역성, 혼잡성, 상황적·개인적 공간 등 여러 측면에서 학습공간이 행동에 끼치는 영향에 주목한다(Sheninger & Murray, 2017). 이 주제의 연구에서 알 수 있는 사실은 공간 자체가 주는 물리적·사회적·심리적 영향이 있다는 것이다. 한 연구에서는 교실 디자인이 협동, 집중, 참여 기회, 물리적 이동, 자극 등 12개의 능동적 학습 요소에 미치는 영향을 측정했다(Scott-Webber, Strickland, & Kapitula, 2014). 그 결과는 계획적인 공간 디자인이 더 효과적인 교수·학습을 낳을 수 있음을 보여주었다. 교실이 학생의 참여에 끼치는 영향은 일관적으로 매우 긍정적이고 통계적으로 유의미하게 나타났다.

또 다른 연구에서는 스탠딩 책상과 학업 참여 간의 연관성을 알아내기 위해 한 학년 동안 2~4학년 학생 약 300명을 관찰했다(Dornhecker, Blake, Benden, Zhao, & Wendel, 2015). 그 결과 일반 책상을 사용하는 교실보다 스탠딩 책상을 사용하는 교실에서 학생들이 더 높은 수업 참여도를 보였다. 스탠딩 책상에는 높은 의자가 딸려서 학생이 수업시간에 앉아 있을지 서 있을지 선택할 수 있었다. 관찰 초기에 스탠딩 책상을 둔 교실의 수업 참여도가 12퍼센트 높은 것으로 나타났는데, 이는 한 시간당 약 7분에 해당한다.

신체 활동이 가능하게끔 유연한 공간을 조성하는 것은 분명 학생의 학습 성과에 도움이 된다. 그러나 중요한 것은 교실의 물리적 배치만이 아니다. 한 연구는 수업과 무관한 교실 전시물이 학생들이 수업에 집중하고 수업 내용을 습득하는 데 미치는 영향을 조사했다. 연구자들은 유치원 아이들을 통제된 교실 공간에 배치하고 시각적 환경을 조작한 상태에서 과학 입문 수업을 여섯 차례 진행했다. 학생들은 벽이 화려하게 장식된 교실에서 더 산만했고, 결과적으로 수업에 참여하지 않는 시간이 늘어났다. 벽에 아무런 장식이 없는 교실에서보다 학습 성과도 낮게 나타났다(Fisher, Godwin, & Seltman, 2014).

학습공간의 물리적·시각적 요소 외에 건물의 구조적 요소도 학습에 큰 영향을 준다. 외부 소음, 부적절한 빛, 낮은 공기질, 열악한 난방은 학업 성취도 저하와 확실한 관련성이 있다(Cheryan, Ziegler, Plaut, & Meltzoff, 2014). 이처럼 공간이 학습에 어떤 영향을 주는지 파악하는 것은 중요하다. 오늘날 학교 리더가 직면한 문제 가운데 하나는 아이들을 오래전에 가르쳤거나 가르쳐본 적이 아예 없거나 교실 디자인에 문외한인 사람들이 학습공간 디자인을 결정하는 경우가 빈번하다는 점이다. 학습을 혁신하려면 학습공간도 함께 혁신해야 한다(Sheninger & Murray, 2017).

클라크 홀, 창의적인 학습환경 사례 ───────

가하나는 중류층부터 중상류층이 거주하는 오하이오주 콜럼버스시 교외의 소도시로 인구는 5만 3,000명, 그중 학생은 7,000명 남짓이다. 가하나제퍼슨공립학교 교육구에는 초등학교 일곱 개, 중학교 세 개, 고등학교 한 개로 모두 열한 개의 학교가 있다. 가하나링컨고등학교Gahanna Lincoln High School; GLHS 건물은 해가 갈수록 늘어나는 학생 수 때문에 여러 번 증축되었다. 현재 건물에서 수용할 만한 정도로 학생 수를 제한하려고도 해봤지만 증가세는 이어졌다. 오하이오학교시설위원회Ohio School Facilities Commission의 감사에 따르면 이 고등학교는 수용할 수 있는 학생 정원을 초과하며, 현재의 재학생 수를 기준으로 보면 규정보다 6,600제곱미터나 못 미치는 것으로 나타났다. 고등학교 건물을 하나 더 짓지 않고 과부하 상태를 해소할 방안을 찾는 도전은 이 학교에 독특한 기회가 되었다. 여기서 클라크 홀의 이야기가 시작된다.

첫 번째 변화: 성공의 비전 공유

가하나제퍼슨공립학교 교육구에서 교육감을 지낸 그레그 모리스와 마크 화이트에게는 비전과 재정적 여건에 관한 이해 그리고 용기가 있었다. 그들은 기존 고등학교 건물의 밀집도를 낮출 방안으로 클라크 홀 프로젝트를 선택했다. 고등학교 별관 신축은 지역사회의 완강한 반대에 부딪혔고, 그 대신 여러 이해관계자의 의견을 바탕으로 창의적인 학습환경을 구상했다. 그들은 자기들에게 주어진 과제가 창의성을 발휘하여 예전과 달라진 학습자의 요구를 충족하면서 더 넓은 공간을 제공할 수 있는 기회임을 깨닫고 곧바로 클라크 홀을 짓기로 했다. 교육구의 비전과 전략에도 걸맞은 일이었다. 디자인팀에는 교육 행정가 몇명이 포함됐는데, 디지털 리더십의 기둥을 잘 이해하고 실행에 옮겨 표창을 받기도 한 드와이트 카터가 그중 한 명이었다. 카터는 클라크 홀이 구상되고 건축될 당시 GLHS 교장이었다.

두 번째 변화: 인프라와 인터넷 설비 개선

디자인팀은 GLHS에 추가될 혁신적인 신축 건물인 클라크 홀에서 교수·학습을 준비하기 위해 기존 건물의 네트워크 문제부터 해결해야 했다. 학교의 무선 네트워크 설비가 오늘날의 학생과 교사가 필요로하는 디지털 테크놀로지와 그들의 창의적 욕구를 가로막는다면 다양한 디지털 기기를 잔뜩 구비한들 아무 소용이 없을 것이다. GLHS에는 무선 네트워크가 갖추어져 있었지만 날마다 심각한 문제를 일으켰다. 학생들이 개인 기기를 가져와 사용할 수 있게끔 개방성이 높은 BYOD 환경을 조성하기로 결정하자 문제는 더 복잡해졌다.

날이 갈수록 네트워크에 더 많은 문제가 생겼다. 속도가 느릴 뿐 아니라 학생들이 접속하고 싶어 하는 여러 사이트가 차단되어 있었다. 랩톱은 특히 더 느렸다. 교사들은 매일같이 네트워크 문제와 씨름하느니 수업에서 디지털 기기를 활용하지 않는 편을 택하는 지경이 되었다. 불만은 끊이지 않았다. "학생들이 전부 로그온하려면 하루가 다 가 겠어요!" 드와이트와 행정 직원들은 기술지원팀에 책임을 묻기도 하고, 낡은 컴퓨터를 지적하기도 했다. 그러나 드와이트는 이내 문제의 근원이 자기에게 있음을 깨달았다. 모바일 기기 사용을 위한 네트워크 개방에 관해 기술지원팀 코디네이터와 사전에 상의하지 않아 네트워크가 사용량을 감당하지 못했던 것이다.

먼저 학교가 새로 구입하는 장비나 BYOD 프로그램에 따라 학생들이 가져오는 개인 기기의 수가 더 늘어나기 전에 무선 네트워크를 업그레이드하는 데 집중해야 했다. 모리스와 화이트는 기술지원팀 코디네이터 조 쉬스카의 도움을 받아 시스코와 합리적인 가격으로 계약을 맺고 교육구 전체의 무선 네트워크를 업그레이드했다. 이것은 테크놀로지 통합 계획에서 가장 중요한 요소였다. 쉬스카의 말에 따르면, 네크워크의 속도와 접근성 측면에서 볼 때 마치 "2차선 도로를 달리다가 200차선 고속도로에 들어선 것" 같았다. 이 장애물을 걷어낸 뒤에는 교사들에게 이 독특한 환경에서 가르치고 배운다는 것이 무엇을 뜻하는지 인지시켰다.

세 번째 변화: 새로운 교수·학습 방법 도입

첫해에는 자원한 교사들을 클라크 홀에 배치했다. 교사들에게는 학생들의 학습에 초점을 맞추고 올바른 교수법에 근거하여 목적의식적으로 테크놀로지를 활용하라고 당부했다. 또한 클라크 홀로 옮길 교사와 직원 약 40명은 디지털 학습 부트캠프에 참가했다. 이 직무 교육 동안 드와이트도 디지털 도구를 활용해 학습자의 참여를 늘리고 학습자에게 권한을 부여하는 새로운 방법을 배웠다.

달라진 환경에서의 수업을 위한 또 한 가지 준비는 이언 주크스 등이 쓴《디지털 세대 가르치기: 고등학교는 더 이상 아이들을 찍어내는 공장이 아니다Teaching the Digital Generation: No More Cookie-Cutter High Schools》를 함께 읽는 독서 모임이었다(Kelly, McCain, & Jukes, 2009). 이 책은 생각을 넓히고 방향성을 제시해주었다. 모임에서 특히 주목한 점은 다음과 같았다.

- **시간 관리** 학생들이 학습 시간을 최적화하는 데 어떻게 도움을 줄 것인가?
- **협동** 학생들에게 협업을 통해 문제를 해결하거나 콘텐츠를 만들어 낼 수 있는 기회를 어떻게 제공할 것인가?
- **테크놀로지 통합** 학생들이 테크놀로지와 테크놀로지를 통해 얻은 지식을 자기 것으로 만들게 하려면 어떻게 해야 할까?
- **교수법 변화** 교사 중심의 교실을 학생 중심의 학습환경으로 전환하려면 어떻게 해야 할까?

이 독서 모임의 하이라이트는 이언 주크스가 직접 방문하여 교직원들에게 디지털 학습에 관한 지식을 공유해준 일이었다. 그의 가장 큰 관심사는 단순히 테크놀로지를 갖추는 것이 아닌 학생들이 일상적으로 테크놀로지를 활용하여 학습할 수 있게 만드는 데 있었다. 드와이트는 클라크 홀 근무를 자원한 교사 네 명을 프로젝트 기반 학습project-based learning: PBL 콘퍼런스에 보내면서, 다녀온 뒤에 다른 교사들과 내용을 공유하라는 조건을 달았다. 특별히 PBL을 선택한 이유는 테크놀로지 통합이 중요한 교수법이기도 하고, 학생이 주체적으로 선택하고 목소리를 내는 것을 원칙으로 하고 있어 팀의 목표에 꼭 들어맞기 때문이었다(D. Carter, 비공식 인터뷰, 2018).

네 번째 변화: 뉴 노멀

2년간의 준비 끝에 클라크 홀이 문을 열었다. 클라크 홀은 3층 건물로 면적은 약 4,700제곱미터였다. 전형적인 미국 고등학교와는 전혀 닮은 구석이 없었으며 오히려 첨단 오피스빌딩에 가까워 보였다. 클라크 홀 디자인팀의 목표는 다음과 같았다.

- 개방적이고 밝고 유연한 학습공간을 제공한다.
- 학생들에게 선택권을 준다.
- 테크놀로지 통합으로 학생들의 참여도를 높인다.
- 학습에 집중하게끔 시간을 유연하게 할당한다.
- 학생들에게 잠재된 창의성을 발휘할 기회를 제공한다.
- 교사는 퍼실리테이터 역할을 한다.

- 통합교과적·상호연계적 프로젝트를 장려한다.
- 재미있게 배우게 하자!

하루하루 일과에 유연성을 더하자, 교사가 학생과 일대일로 상호작용할 시간이 늘고 학생들은 학교를 더 편안하게 느꼈으며 학습에 참여하려는 욕구도 더 커졌다. 학생들 사이의 협업은 자연스러운 일이 되었고, 교실뿐 아니라 건물 전체가 학습환경이 되었다. 공용 공간 두 곳, 교실 14개 가운데 절반, 소회의실과 복도 등 건물 곳곳에 패브릭 의자를 배치했다. 교사가 교실에서 일대일 수업을 진행하는 동안 다른 아이들이 이 자리를 이용했다. 따라서 하루 중 어느 때라도 각자 또는 여럿이 랩톱을 보며 과제를 하는 아이들을 볼 수 있었다. 복도 소파에 앉아 있는 아이들을 보면 마치 여느 대학교 풍경 같았다. 아이들은 교실 안팎에서 랩톱으로 블로그에 글을 쓰고, 인터넷으로 자료를 찾거나 프로젝트에 관해 함께 논의하고, 교사가 학교 포털 사이트에 올린 과제를 수행하느라 열심이었다.

드와이트를 비롯한 디자인팀은 베이지색 벽과 평범한 가구에서 벗어나고자 했다. 편안하고 제도나 형식에 얽매이지 않는, 창의성을 불러일으키는 공간을 원했기 때문이다. 그래서 생각해낸 것이 연두색, 주황색, 빨간색, 파란색, 금색 등 밝은색이 가득하던 초등학교 시절이었다. 그들은 화사한 색상의 벽과 알록달록한 모듈식 가구를 선택했다. 교실 중 절반에는 전통적인 책걸상 대신에 소파와 패브릭 의자, 바퀴 달린 스툴, 카페 스타일의 탁자, 짐볼을 두었다. 바닥에 깔린 밝은색 러그도 공간에 부드러운 느낌을 더했다. 학생들에게 클라크 홀이 어떤지 물어보면, 한결같이 긍정적인 답변이 돌아왔다.

- "여기 있으면 편안하게 생각도 하고 공부도 할 수 있어요."
- "제 마음대로 할 수 있어서 대학생이 된 것 같아요. 그렇지만 스스로 할 일을 해야 하니까 책임도 크죠."
- "밝고 개방적인 공간이어서 좋아요! 본관 건물과는 확연히 달라요."
- "기자재와 설비가 마음에 들어요. 랩톱을 사용할 수 있고 무선 인터넷도 아주 빠릅니다. 프로젝트를 수행하기가 훨씬 쉬워졌어요."

교실과 소회의실에는 데스크톱 컴퓨터에 연결된 단초점 LCD 프로젝터가 있어서, 교사가 인터랙티브 수업을 진행하는가 하면 학생들도 활용할 수 있다. 교실마다 비치된 마이크는 서라운드 음향 장비에 연결되어 있다. 드와이트는 테크놀로지를 효과적으로 통합함으로써 더 쌍방향적이고 시각적인 흥미로운 수업이 만들어진다는 것을 발견했다. 또한 모듈식 가구는 유연성을 높인다.

클라크 홀은 GLHS 본 캠퍼스에도 변화를 일으켰다. 도서관은 보통 학교의 중심 역할을 한다. GLHS는 본관 내 도서관이 클라크 홀 같은 분위기이기를 바랐고, 열정적인 사서 앤 글리크는 중요한 변화를 몇 가지 실행에 옮겼다. 먼저 책장 일부를 치우고 벽 색깔을 바꾸었다. 가구 일부도 클라크 홀처럼 편안한 스타일로 새로 들였다. 이러한 변화는 학생들에게 더 매력적인 환경을 만들었으며 결과는 대성공이었다.

다섯 번째 변화: 공간의 효과적인 활용

클라크 홀에는 교실이 14개 있으며, 각 교실에는 모둠 활동 등을 위한 소회의실이 딸려 있었다. 채광이 좋아서 건물 전체가 밝고, 고성능 무선 인터넷 설비와 학생 모두가 한 대씩 쓸 수 있는 랩톱이 갖추어져 있었다. 복도에도 협업 공간을 마련해 학생들이 공간을 최대한 활용할 수 있었다.

1층 일부 공간은 외부에 임대했는데, 여기에서 나오는 수익은 부동산 담보 대출금 상환에 도움이 되었다. 이는 전 교육감 모리스와 화이트의 비전에 클라크 홀 1층 공간 임대를 위한 교육구 재무담당관 줄리오 발라다레스의 법 개정 노력이 합해진 결과였다. 또한 전면부에 800제곱미터와 1,300제곱미터에 이르는 리테일 임대 목적의 건물을 짓기 위해 개발자들과 전략적 파트너십을 맺었다. 클라크 홀의 리테일 공간은 100퍼센트 임대가 완료되어 파네라, 치폴레, 러스티 버킷 등의 프랜차이즈 음식점과 AT&T가 학생들과 지역 주민들에게 서비스를 제공하고 있다. 클라크 홀은 지역사회와 학생, 학교 모두에게 이득이 되는 훌륭한 경제 모델이다. 게다가 재산세 부담이 늘지도 않았다.

여섯 번째 변화: 전략적 파트너십

드와이트와 디자인팀은 YMCA와 전략적 파트너십을 맺었다. YMCA는 클라크 홀 체육관에 5만 5,000달러가 넘는 운동 장비를 제공했고, 이 공간에서 회원들을 대상으로 저녁 강좌를 운영하고 있다. 낮 동안에는 이곳에서 고등학교 체육 수업이 이루어지며, 주 2회 방과 후 프로그램으로 피트니스 강습도 열린다.

이스트랜드 페어필드 직업교육센터와는 이전부터 연계를 맺고 있었다. GLHS는 이 센터의 위성 교육기관으로 운영하던 건축 기술 과정을 클라크 홀 1층으로 옮겼으며, 예비 교사를 위한 직무 교육과 가장 빠르게 성장하는 분야인 생명공학 분야의 직업교육 과정도 추가했다. 학생들은 이 프로그램들에서 최신 기술을 배우고 실습 기회도 얻을 수 있다. 건축 과정 학생들은 강의실 설계에 실제로 참여하고 건설 현장을 밟아볼 수 있었다.

클라크 홀은 가하나 교육구에서 가장 흥미로운 실험이었다. 교사에게는 새로운 탐색과 교실에서 계산된 위험을 감수할 자유를, 학생들에게는 독특한 학습 경험을 선사했다. 클라크 홀은 교사와 학생이 가르치고 배우는 내용뿐 아니라 그 방법도 혁신하게끔 도왔다. 교육 개혁에는 교육과정, 평가와 더불어 물리적 학습 환경도 포함되어야 한다. 대니얼 핑크(2011)에 따르면 디자인은 우리가 활용해야 하는 우뇌의 능력 중 하나다. 학습의 변화를 위해서는 공간을 다른 시각에서 보고 새롭게 꾸며야 한다.

구글에서 배우는 학교 디자인 ———

클라크 홀 이야기는 학교 디자인에 관한 연구 기반 접근법과 절실히 요구되는 변화를 보여준다. 즉 오늘날의 학습자가 지닌 독특하고 다양한 요구를 더 잘 충족하려면 학습환경이 어떻게 바뀌어야 하는지 엿볼 수 있다. 디지털 리더십은 사회의 트렌드를 프로그램 설계뿐 아니라 학교 건물 자체의 변화에 영감을 주는 요소이자 잠재적 촉매제로 삼는다. 구글의 업무 환경은 물리적 환경의 변화를 추진하려는 리더들에게 여러 시사점을 준다.

뉴욕의 구글 사무실을 방문했을 때 나는 여느 사무실과는 차별화한 특징을 여럿 발견했다. 그중 하나는 실내 이동 수단으로 활용하는 킥보드였다. 층마다 곳곳에 킥보드 거치대까지 마련되어 있었다. 라운지의 레고 벽도 빼놓을 수 없다. 형형색색의 레고 블록이 담긴 통들이 벽에 붙어 있었다. 직원들이 수시로 창의력을 발휘하게 비치해놓은 것이었다. 게임방, 수면방, 마사지방 등 건물 여기저기에 특화한 공간과 방이 있어서 구글 직원들은 다양한 욕구를 충족하고 있었다.

주 식당 외에 간이식당이 여러 군데 있을 만큼 음식에도 신경을 많이 썼다. 식욕을 만족시키는 일을 꽤 중요시하고 있음에 틀림없었다. 간이식당 중 일부는 독특한 테마로 장식되어 있었다. 그중에서도 가장 세심하게 꾸민 곳은 정글을 테마로 하여 작은 인공 폭포와 장식 나무, 해먹 모양의 의자가 놓여 있었고, 살아 있는 개구리도 있었다. 에스프레소, 카푸치노 등 다양한 커피도 인상적이었고, 훌륭한 음식과 음료 수는 압도적이었다. 주 식당에서는 다른 곳에 견줄 수 없는 점심 식사가 제공되었다. 마치 그럴싸한 식당에서 먹는 근사한 외식 같았고 선택의 폭이 무척 넓었다.

구글의 재치 있는 디자인은 건물 어디를 가나 볼 수 있었고 자사에 대한 자부심이 곳곳에서 드러났다. 재치 넘치는 경고 표지들도 있었다. 일례로, 꼬리로 문을 잡고 있는 악어 그림과 함께 '악어 꼬리 조심!' 이라고 쓰인 표지판이 자주 눈에 띄었다. 보안을 위해 문을 잘 닫으라는 뜻이었다. 사무실의 모든 벽면은 필요에 따라 화이트보드로 쓸 수 있어서, 브레인스토밍이나 창의적인 아이디어를 기록하기에 좋았다. 사무실에 12~16명이 앉을 수 있는 대형 테이블이 있는 경우도 많았다. 커피가 비치됐을 뿐 아니라 협업이 저절로 이루어질 것만 같은 가죽 소파, 푹신한 안락의자 같은 편안한 가구가 놓인 개방형 공간도 언제든 이용할 수 있었다.

구글의 이런 분위기는 실제로 직원들이 높은 수준의 성과를 꾸준히 달성할 수 있게 고무하고 동기를 부여한다. 이런 환경에서 일하고 싶지 않은 사람이 누가 있겠는가? 이제 구글의 원리를 학교에 적용한다고 상상해보자. 우리 아이들도 구글 같은 분위기의 교실과 휴게실을 가질 자격이 있다. 이러한 학습환경에는 성취도를 높이고 동기를 부여하며 학습을 향한 열정을 키울 수 있는 잠재력이 있다. 공간의 변화는 디지털 리더십의 나머지 여섯 기둥과 더불어 얼른 가고 싶어지는 학교, 수업이 끝나도 떠나기 싫은 학교로 만들어줄 것이다. 또한 새로운 디자인 과정은 학생들의 요구 해결을 포함하여 교육 개혁을 위한 대화의 물꼬를 틀 수 있다. 이 잠재력의 실현은 디지털 리더십에 달렸다.

메이커스페이스 ———

사람마다 메이커스페이스 makerspace 를 다르게 정의하는 까닭에 혼란스러울 수도 있겠지만, 다행히 그 어떤 정의도 틀리지 않았다. 교사와 학생에게도 메이커스페이스의 의미는 저마다 다를 수 있다. 로라 플레밍 Laura Fleming 은 교육용 메이커스페이스를 팅커링(본격적인 착수에 앞서 다양한 도구와 재료를 만지며 아이디어를 내는 사전 활동 - 옮긴이), 놀이, 탐구를 위해 누구나 이용할 수 있는 독특한 학습환경이라고 정의한다(Fleming, 2015). 플레밍이 뉴밀퍼드고등학교 도서관에서 메이커스페이스를 만들고 운영할 때, 메이커스페이스를 만들고자 하는 전 세계의 여러 학교를 도울 때, 그 중심에는 언제나 이 정의가 있었다.

우리가 뉴밀퍼드고등학교에 처음 메이커스페이스를 만들었을 때만 해도 아이들에게 이렇게 큰 영향을 주리라고는 예측하지 못했다. 다만 목공, 금속공예, 농업 과목이 필수가 아니라거나 성적을 매길 수 없다는 단순한 이유로 폐지된 후 변화가 필요했다. 이것은 전 세계의 많은 학교가 겪고 있는 현실이었다. 발달장애, 신체장애 등 특수교육이 필요한 학생이 3분의 1을 차지했던 우리 학교의 경우에는 더욱 심각한 문제였다. 이 학생들은 대부분 표준 교육과정과 표준화 시험에는 맞지 않았다. 이 문제를 바로 메이커스페이스가 해결했다.

기본 전제는 간단했다. 학생들이 자유로운 학습환경에서 현실 세계의 도구를 활용하여 현실 세계의 방식으로 안내된 탐구guided inquiry에 참여할 수 있게 하는 것이다. 우리는 학습자들이 문제를 파악하고 팅커링, 창안, 모의 제작, 실제 제작을 통해 유효한 해결책을 개발해나갈 수 있으리라고 기대했다. 학생들은 자신의 흥미를 탐색할 수 있었고, 시행착오를 겪으며 배웠다. 이 환경에서 실패란 배움의 첫 번째 단계를 뜻했으며, 아이들은 실패를 경험 삼아 무럭무럭 성장했다. 낡은 컴퓨터 부품을 가지고 전혀 다른 컴퓨터 한 대를 설계하고 만들어낸 사례가 그 성장을 가장 확실하게 보여준다.

메이커스페이스의 핵심은 최신 테크놀로지를 활용한다는 점이 아니라 팅커링과 발명, 창안과 제작 과정 속에서 배운다는 점에 있다. 이것이 바로 우리 학교 메이커스페이스의 최초 설계자인 비범한 교사이자 사서 로라 플레밍이 알려준 가장 중요한 교훈이었다. 플레밍을 '최초의' 설계자라고 일컫은 이유는 처음에 공간을 조성할 때까지만 플레밍이 주도하고 그 뒤에 어떻게 나아갈지는 학생들이 스스로 결정하게 했기 때문이다. 플레밍이 모든 일을 직접 하지 않고 퍼실리테이터 또는 코치 역할에만 집중한 것이 성공의 열쇠였다. 플레밍은 학생들의 학습 잠재력을 끌어내는 진정한 안내자였다.

우리는 아이들과 함께 꼼꼼히 계획했다. 우리의 비전은 3D 프린터, 아두이도(교육용으로 많이 쓰이는 프로그래밍 툴 - 옮긴이), 전자회로 키트, 레고, 라즈베리 파이(교육용으로 보급하기 위해 개발된 소형 컴퓨터-옮긴이) 등을 사용한 활동이 엄격성, 현실 적합성, 관계에 기반한 강력한 학습 경험으로 이어지게 한다는 것이었다. 메이커스페이스에서는 5장에서 살펴본 엄격성/현실 적합성 프레임워크에서 사분면 D에 해당하는 활동이 자연스럽게 이루어졌다. 예측 불가능하고 하나의 정답이 있는 것이 아닌 현실 세계의 문제를 해결하려면 고차원적인 사고력이 필요하다. 이곳에서 실습을 하다 보면 바로 그러한 사고력을 발휘하게 되며, 또한 그 과정에서 여러 분야의 지식이 쉽게 연결된다. 온라인 자료 6.1에서는 핀터레스트에 모아놓은 메이커스페이스 관련 자료를 볼 수 있다.

교육용 메이커스페이스는 기하급수적으로 늘었다. 그저 지나가는 유행으로 끝나지 않기를 바란다. 메이커스페이스는 단지 최신 장비를 갖춘 공간이 아니라 그 핵심에 교육 철학이 있어야 하며, 그 방법론은 연구 결과와 증거 기반의 풍부한 모범 사례에 기초해야 한다. 실비아 마르티네스Sylvia Martinez와 게리 스테이거Gary Stager는 시모어 패퍼트 Seymour Papert를 "메이커 운동의 아버지"(2013, p. 17)라고 일컬었다. 교육계에서 메이커 운동은 구성주의 이론에 입각하여, 무엇인가를 만들면서 배우는 것을 강조한 패퍼트의 철학을 토대로 하기 때문이다.

메이커스페이스는 사고방식이자 문화이며 교수법이다. '훌륭한' 메이커스페이스에는 여섯 가지 속성이 있다. 우선 개인화해 있고, 더 심

충적인 학습을 가능하게 하며, 사용자에게 권한을 부여한다. 또한 공평하고 차별화한 특징이 있으며 의도에 따라 설계되어 있다. 끝으로 사용자에게 영감을 주어야 한다(Fleming, 2017). 이 모든 조건을 갖추어야만 진정한 메이커스페이스라고 할 수 있다.

메이커스페이스의 지속 가능성은 각 학교의 특성에 맞는 계획에 달려 있다. 완전히 똑같은 조건을 갖춘 학교란 있을 수 없으므로, 메이커스페이스 또한 학교마다 달라야 한다. 적절한 계획은 현재의 메이커스페이스를 활기차고 의미 있는 장소로 만들 뿐 아니라 미래의 지속 가능성에도 도움이 된다. 메이커스페이스의 계획은 학생, 학교, 더 나아가 우리가 살고 있는 사회에 관한 데이터에 기초해야 한다. 그림 6.1은 메이커스페이스를 계획할 때 중점을 두어야 하는 주요 영역을 보여준다.

메이커스페이스는 언제나 진행형이어야 한다. "다 됐다"고 말하는 그 순간 끝장이다. 때때로 멈추어 서서 돌아보아야 한다. 제대로 활용되고 있는가? 생각대로 되지 않은 점은 무엇인가? 학생, 학교, 사회와 함께 계속 진화하고 성장하려면 어떤 개선이 필요할까? 메이커스페이스의 진정한 힘은 학습을 민주화한다는 데 있다. 여기서는 재료·장비·자료, 아이디어가 누구에게나 열려 있으므로, 학습자에게 창작자나 혁신가가 되어 자신의 지식을 실물로 구현할 기회를 제공한다. 누구나 메이커스페이스에 있는 도구를 활용해 세상을 바꿀 수 있게 되었다(Hatch, 2014).

그림 6.1 **메이커스페이스 계획**

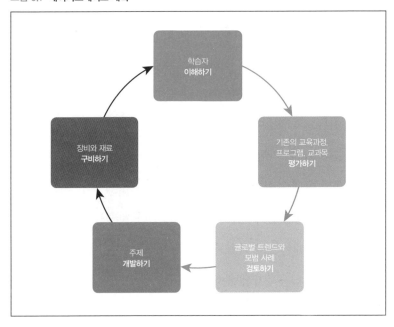

모두에게 디지털 기기를!

교실에서 디지털 기기 사용을 금지하던 매사추세츠주 벌링턴 교육구
가 교직원과 학생들을 위한 기기를 2천 대 넘게 구입하다니, 학습 담당
부교육감 패트릭 라킨도 믿을 수 없을 만큼 빠른 변화였다. 이 교육구
의 리더들도 처음에는 학교 바깥에서 일어나는 변화를 외면했다. 학생
들이 교실에서 언제든지 인터넷에 접속할 수 있으면 감당하기 힘든 일
이 벌어지리라고 생각했기 때문이다. 그러나 라킨과 교육 행정가들은
'모든 학생들을 현실 세계에 대비시킬 책임'을 명시한 교육구의 교육

강령을 냉정하게 돌아보았다. 이 사명이 학교 밖 세계에서 테크놀로지가 일으키고 있는 놀라운 변화와 무관하지 않음을, 이제 스스로 쳐놓은 장막을 거두고 변화를 꾀할 때임을 깨달았다.

사실 그들을 가로막은 것은 과거의 경험이었다. 그렇다. 과거가 바로 학교 어른들의 약점이었다. 그들이 학교에 다니던 시절에는 교실에 테크놀로지라고 할 만한 것이 거의 없었고, 학생의 동작 하나하나까지 교사의 통제 아래 놓여 있었다. 따라서 그들은 어른이 되어 맞이한 학생들에게도 똑같은 엄격함을 적용하려고 했다. 학생들이 각자의 모바일 기기를 사용해야 교육 목표를 달성할 수 있는 수업에서조차 교사에게 기기 사용을 허용하지 않은 데에는 신뢰 부족도 영향을 끼쳤다.

그러나 변화는 벌써 어디서 일어나고 있었다. 학교에서 모바일 기기 사용을 금지하는데도 95퍼센트 이상의 학생이 매일 텍스트 메시지를 주고받는다는 데이터를 접한 순간이 그 변화의 시작점이었을지 모른다. 아니면 '평생학습, 책임 있는 시민의식'이라는 문구가 담긴 교육구의 교육 강령을 더 면밀히 들여다보다가 최신 학습 자원을 멀리한 채로 목표를 제대로 실현하기란 불가능하다는 점을 깨달은 순간이었을 수도 있다.

교육구와 벌링턴고등학교 교직원들과의 많은 토론 끝에 당시 교장 패트릭 라킨은 디지털 기기 사용에 관한 기존 정책을 수정하기로 결정했다. 몇 년 전 벌링턴 교육구는 정책을 변경하여 '교사의 재량에 따라' 교실에서 기기를 사용할 수 있게 했는데, 교사와 학생 모두 교실에서 더 많은 자원을 활용할 수 있어야 한다는 데 의견이 모여서 한 발짝 더 나아가기로 한 것이다.

1년이 지나 바뀐 정책이 정착했을 무렵에는 1인 1기기 학교로 만들기 위해 전담팀을 구성하기에 이르렀다. 교사들은 모든 학생의 손에 디지털 기기를 쥐어주는 것이 문제를 일으키기보다 가능성을 열어준다는 사실을 깨닫고 새로운 길에 들어섰다. 학교 행정팀은 교사들에게 실패를 두려워하지 말고 새롭게 시도하여 성공 결과를 공유해달라고 격려했다. 한편 '학습 산책learning walks'이라는 새로운 공개 수업은 학습과 학생들의 참여를 높이는 데 효과적인 수업 전략과 자원에 관한 토론을 활성화했다.

1인 1기기 보급 계획을 세우면서 학생들을 교직원과 동등한 자격으로 회의 테이블에 앉혔다는 점에서도 학생들의 참여를 얼마나 중요시했는지 알 수 있다. 학생들과 이야기를 나누어보니 어른들이 할 수 없는 그들만의 역할이 금방 드러났다. 아이들은 사려 깊은 통찰과 제안을 보여주었고, 이에 따라 그들이 팀의 목표를 달성하는 데 반드시 필요한 존재라는 점이 분명해졌다. 테크놀로지와 문제 해결에 관심이 있는 학생들이 한 학기 동안 참여하는 'BHS 학생 헬프 데스크'가 바로 학생들에게서 나온 아이디어였다.

패트릭 라킨을 비롯한 벌링턴 교육구의 리더들은 학생 헬프 데스크를 좋은 아이디어라고 생각했지만 그렇게까지 성공적일 줄은 상상하지 못했다. 사실 이 아이디어가 나온 배경에는 교육구에 IT 인력이 세

명밖에 안 되어 새로 들어온 아이패드 1천 대를 감당할 수 없다는 행정적인 이유가 있었다. 그들은 기기와 관련된 질문이나 문제가 발생했을 때, 교직원과 학생들이 즉각적인 답을 얻을 수 있게 보장하기를 바랐다. 학생 헬프 데스크에 참여하는 아이들은 들어온 질문을 처리하는 데 그치지 않고 블로그를 만들어 iOS 업데이트에 관한 정보와 다양한 디지털 자원 및 앱 활용에 관한 동영상 강좌를 게시했다. 일상적인 기술 지원 외에, 비슷한 프로그램을 시행하려는 학교에서 온 수백 명의 방문객을 맞이하여 이야기를 나누기도 했다. 또한 이 일을 시작할 때 외부의 여러 도움을 받았듯이, 이들도 뉴잉글랜드 전역의 회의에 초청받아 교육자들과 경험을 나누고 조언을 건넸다.

처음에 설정한 기본 목표는 교사와 학생에게 디지털 도구를 활용할 수 있게 함으로써 학습 자원을 풍부하게 만드는 것이었지만, 그보다 훨씬 더 의미 있는 효과가 나타났다. 교사 주도 학습환경에서 교사와 학생이 함께 배우는 학습자 주도 환경으로 이행하는 움직임이 뚜렷해졌다. 학생들의 목소리가 들어와 두 세계가 충돌하자 아주 흥미로운 현상이 발생했다. 테크놀로지에 익숙한 학생들이 교육 경험이 풍부한 교사들에게 힘을 보태면서 놀라운 변화가 일어난 것이다.

그것은 단순히 디지털 기기가 아니라 학교 문밖의 급변하는 현실 세계로 나가기에 앞서 우리 학생들이 무엇을 준비해야 하는지 다시 생각하게 해준 도구였다. 그러나 한 가지 주의할 점이 있다. 학생들 손에 기기를 쥐여주기만 한 채 저절로 학습이 일어나는 기적을 기대해서는 안 된다. 성공의 열쇠는 5장에서 설명한 교수법 변화, 지속적이고 일상화한 교사 직무 교육에 달려 있다. 기기는 학습을 지원하거나 강화하는 도구로 활용되어야지, 그 자체가 수업의 주인공이 되면 안 된다. 학교를 설계하든, 교육과정을 짜든, 평가 계획을 세우든, 테크놀로지가 중심이 되면 안 된다는 점을 잊지 말자. 디지털 리더의 모든 결정과 투자는 아이들의 학습 경험과 성과를 개선하기 위한 것이어야 한다.

BYOD가 필요한 순간 ————

21세기가 진행되면서 테크놀로지는 우리 사회의 모든 면면에 점점 더 깊이 파고들었다. 내 아들만 봐도, 초등학교 2학년 때 가장 받고 싶어한 선물이 아이팟 터치였다. 딸아이는 내 아이패드를 쓰게 해달라고 조르곤 했는데, 게임 속에서 키우는 가상의 말을 돌보거나 바비인형 옷을 갈아입혀주기 위해서였다. 아이들이 요청한 앱을 모두 설치하고 나면 그들은 온종일 게임에 몰두했는데, 그 게임은 사고력, 창의력, 때로는 협동을 요구했다. 여기서 요점은 전 세계의 많은 아이들이 학교 밖에서 다양한 방식으로 테크놀로지를 접하고 사용한다는 것이다. 아주 어린 아이들이 아니라면 이미 스마트폰, 랩톱, 태블릿, 전자책 단말기 등 자기만의 기기를 가진 경우도 많다.

혁신과 테크놀로지, 전 지구적 연결성의 시대에 학교는 교육 재정의

냉혹한 삭감에 가로막혀 인력 부족, 학급 규모 증가, 노후 건물 보수 지연, 교육 기자재 구입 또는 교체 여력 부족 같은 문제에 맞닥뜨리고 있다. 예산 감축으로 인한 이 모든 영향을 바로잡을 필요가 있다. 아이들이 학교에서 적절한 경험을 쌓아 디지털 세계에서 살아남고 성공할 수 있게 준비시키려면 우리가 무엇을 해야 할지에 집중해야 한다. 재정 상황을 타개할 방법이 없다면 비용 대비 효과적인 BYOD의 도입을 교육구와 학교 차원에서 진지하게 고민해봐야 할 때다.

교육의 세계는 '가진 자'와 '갖지 못한 자'에게 달리 규정될 때가 많다. 이 구분은 교육 테크놀로지와 관련된 의사 결정에 최종 기준이 된다. 디지털 도구를 활용하여 창작, 협업, 연결, 소통하고 필수적인 미디어 리터러시를 키울 기회를 부유하지 못한 지역 학생들과 예산이 풍족한 지역 학생들에게 똑같이 나눠줄 수는 없을까? 많은 학생들이 벌써 다양한 디지털 기기를 소유하고 있다는 점에서 이를 활용하는 BYOD를 고려할 수도 있다. 성공적인 실행의 열쇠는 학생이 소유한 기기를 학교에서 활용하는 방법에 있다.

명망 높은 교육자 중에도 BYOD가 학교에 적합하지 않다고 보는 사람이 많다. 기기가 없는 학생도 있으므로 형평성에 어긋나며, 학교에서 학생이 사용할 기자재는 모두 교육구나 학교가 제공해야 한다는 것이 주된 이유다. 나도 그들의 견해에 전적으로 동의하지만, 전쟁터에서는 갖고 있는 무기로 싸울 수밖에 없다. 학생들에게 최고의 학습 기회를 제공하기 위해 할 수 있는 모든 일을 하는 것은 교육자의 의무다.

학생들에게 개인 기기를 학교에 가져올 수 있게 허용하면 그 목표를 달성하는 데 도움이 된다.

우리는 2010년 9월 뉴밀퍼드고등학교에서 BYOD 프로그램을 시작했다. 그 과정에서 여러 교훈을 얻었으며, 학생들이 이 변화를 크게 환영했다는 점이 무엇보다 중요하다. 우리는 학생들이 각자의 기기를 가져오는 데 대한 정책을 개발하고, 일과 중 휴대전화 사용 금지 조치를 해제했으며, 디지털 시민의식, 책임성, 개인정보, 디지털 발자국에 관한 교육 프로그램을 마련했다. 형평성 문제 같은 구실은 우리를 가로막지 못했으며, 우리의 결정은 결과적으로 교사와 학생에게 실질적인 가치가 있었다. BYOD 학습 문화의 핵심 구성요소는 다음과 같다. 이는 1인 1기기 프로그램에도 해당한다(Sheninger, 2015b).

1 인프라 학교나 교육구에서 BYOD를 시행할 때 흔히 빠지는 함정 가운데 하나는 와이파이 네트워크가 모바일 기기의 늘어난 수량을 감당하지 못하는 것이다. 때로는 학생 수보다 더 많은 기기가 네트워크에 접속할 수도 있다고 가정해야 한다. 두 개 이상의 기기를 가져오는 학생도 있고, 교직원의 접속도 고려해야 하기 때문이다. 답답한 네트워크를 방치한 채로 이루어지는 모바일 학습 기기 활용 수업은 인터넷 속도만 더 느리게 만들 뿐이다. 더구나 네트워크 충돌로 기존의 학교 기자재를 사용하던 교사와 학생에게 영향을 끼칠 수도 있다. 충전 설비도 건물 곳곳에 마련해야 한다.

2 공동의 비전 학교의 리더는 울타리 안의 교직원과 울타리 밖의 지역사회를 모두 고려해야 하므로, 비전을 공유하는 것은 매우 중요하다. BYOD 추진에 박차를 가하기 전에, 특히 학생을 포함한 주요 이해관계자와 함께 공동의 비전을 수립하자. 여기에는 이 일을 해야 하는 이유, 목표, 예상되는 결과, 기대 효과, 성과 평가 방법이 들어가야 한다. 그 중심에는 언제나 학생들의 학습이 있어야 한다는 점을 잊지 말자.

3 전략적 계획 학생들을 비롯하여 모든 이해관계자 대표가 만든 공동의 비전은 실행 계획을 이끄는 동력이 된다. 성공적인 실행은 올바른 계획과 지속 가능성을 바탕으로 한다. 계획에는 지역사회 활동, 인프라 개선을 위한 예산 책정, 정책, 교직원 직무 교육, 학생 사전 교육, 평가 절차(예컨대 학습의 영향 평가 방안)가 포함되어야 한다. BYOD의 기본 전제는 올바른 교수법이다.

4 정책 개발 전략적 계획에서는 현재의 정책을 조정하고 BYOD 관련 절차를 개발하는 것이 중요하다. 정책은 지나치게 고압적이면 안 되고, 학생들이 신뢰를 받고 그들의 학습을 스스로 주도하는 기회를 제공하는 것이 중요하다. 와이파이 로그인 절차, 학습 목적에 맞는 기기 사용 지침, 형평성 확보 방안, 분실·도난·고장에 대한 책임 소재 등이 정책에서 다루어야 할 영역이다.

5 직무 교육 솔직히 말하면, 내가 미국 전역의 학교·교육구와 함께 BYOD와 1인 1기기 프로그램 실행에 관여하면서 저지른 한 가지 실

수가 있다. 바로 교사 교육에 충분히 신경 쓰지 못했다는 점이다. 교사들이 교수법적으로 알맞은 수업을 개발하고, 더 높은 표준에 맞춰 평가를 설계하며, BYOD에 맞게 웹 기반 도구와 모바일 앱을 활용할 수 있게 해야 한다. 그러려면 적절한 지원이 이루어져야 하며, 형평성을 확보하고 교실 규칙을 마련하기 위한 교육도 필요하다. 교사는 BYOD를 시작하기에 앞서 공동의 비전에 따라 결정된 사항을 충분히 숙지하고, 수업 전략과 도구가 첫날부터 제대로 적용될 수 있게 준비해야 한다.

꾸준한 직무 교육을 통해 교사들에게 디지털 기기를 활용하는 새로운 전략과 아이디어를 제공하는 것도 성공의 열쇠 중 하나다. 교사뿐 아니라 관리자에게도 감독·평가 프로세스에 관한 교육이 필요하다. 테크놀로지가 학습을 지원하는 데 적절히 사용되고 학습의 질을 높이고 있는지 점검해야 하기 때문이다. BYOD를 실행하기 전에 교사와 관리자를 위한 직무 교육이 제공되었는지 확인하자.

6 **학생 사전 교육** 학생들에게도 기기를 어떻게 활용해야 하는지 교육할 필요가 있다. 훌륭한 BYOD 프로그램에는 반드시 사전 교육과 연례 교육이 포함된다. 학년 초에 실시되는 연례 교육의 주요 내용은 디지털 기기를 학습에 활용하는 방법과 디지털 책임성이다. 우리학교의 경우 학년 초에 사이버폭력, 긍정적인 디지털 발자국 남기기, BYOD 프로그램의 기본 원칙을 중심으로 하는 학년별 교육을 실시했다. 이 교육은 고등학교에 입학하기 전인 6학년부터 이루어졌다.

학생들은 공동의 비전을 받아들였고, 다른 용도보다 학습을 위해 디지털 기기를 사용하는 데 익숙해졌다. 충분한 사전 교육은 아이들에 대한 통제권을 내려놓고 그들을 신뢰하는 데에도 도움이 되었다.

7 예산 책정 BYOD 프로그램은 테크놀로지 활용 교육을 실시하기에 비용 대비 효과적인 수단이다. 그렇지만 개인 디지털 기기가 없는 학생들을 위한 기기와 특정 앱을 구입할 예산도 마련해두어야 한다. 우리는 지원이 필요한 학생들이 도서관에서 책을 대출하듯이 빌려 쓸 수 있는 크롬북을 구매하는 데 예산을 할당했다. 또한 교사의 랩톱 사용 편의를 위한 이동식 카트도 BYOD 예산으로 구비했다.

BYOD를 비판하고 실현 불가능하다며 불공정한 이유를 찾아내기보다는 어떻게 하면 학교교육의 한 요소로 도입할 수 있을지 머리를 맞대고 고민해보는 편이 유익할 것이다. 갖가지 이유를 들어 BYOD를 배격하는 일은 우리 아이들의 상황을 악화시킬 뿐이다. 단, BYOD는 사회경제적 상황을 비롯한 지역사회의 여건에 따라 주의 깊게 설계되어야 한다. 또한 이 설계 과정에 반드시 아이들의 의견을 반영해야 한다. 디지털 리더십은 안 되는 이유 너머의 가능성을 바라보며, 현재와 미래의 학습자들을 더 잘 참여시킬 수 있는 방안을 찾아낸다. "그렇긴 하지만……"이라며 주저앉기보다는 "그럼 이렇게 하면 어떨까?"라는 진취적인 태도가 필요한 때다.

블렌디드 수업이 아닌 블렌디드 러닝 ———

어떻게 하면 학생들이 테크놀로지 없이는 불가능할 방식으로 학습할 수 있는가? 학교에서의 테크놀로지 활용에 관해 생각할 때마다 처음에 던진 이 질문으로 돌아오게 된다. 아이들의 학습 경험을 개선하려면 교육의 모든 영역에 테크놀로지를 결합할 방법을 지속적으로 개발해야 하고, 실질적인 개선으로 이어져야 한다. 이때 도구는 개념 숙달을 돕거나 새로운 지식을 구성하거나 결과물을 만들어 배운 것을 보여줌으로써 교수법을 보조하고 강화한다. 그 방법 중 하나가 블렌디드 러닝이다.

블렌디드 러닝은 학습을 더 개인화한 경험으로 만들기 위한 전략으로, 올바른 조건을 갖추는 것이 중요하다. 그런데 블렌디드 러닝이 무엇인지, 또는 피드백을 개선하고 수업을 차별화하며 학습자의 주도권을 강화하려면 어떤 조건을 갖추어야 하는지와 관련해 약간의 혼란이 있는 듯하다. 내가 여러 학교와 소셜미디어에서 본 바에 따르면, 교육자들이 블렌디드 러닝이라고 일컫는 교수·학습의 대부분은 블렌디드 수업이었다. 차이점은 다음과 같다.

블렌디드 수업이란 교사가 테크놀로지를 사용하여 수업을 진행하는 것을 말한다. 블렌디드 러닝에서는 학생이 테크놀로지를 사용하며, 학습의 속도와 과정을 결정할 권리도 학생에게 있다.

이 구분은 테크놀로지가 어떻게 학습을 개선할 수 있는지를 둘러싼 토론에 여러 맥락을 제공한다. 수업에 테크놀로지를 활용하는 것이 나쁘다는 뜻은 아니다. 교사가 높은 사고력이 필요한 질문을 제시한다면 학생들은 테크놀로지를 사용해서 배운 내용을 보여줄 수 있을 것이다. 그러나 그것은 블렌디드 러닝이 아니다. 학생이 학습의 진정한 주인이라면 학습의 과정, 속도, 장소에 대한 통제권이 어느 정도 학생에게 있어야 하며 학습 목표, 개념 이해에 관한 개인화한 피드백이 주어져야 한다.

바로 이것을 위해 유연한 학습공간이 필요하다. 교육학적으로 설계된 블렌디드 러닝과 가변형 공간의 유연한 자리 배치·이동이 결합된 학습환경은 모든 아이들이 학습에 적극 참여하게 만든다. 엄격한 블렌디드 러닝 환경은 차별화한 수업과 속도 조절, 학습자의 관심에 따른 개인화, 가상 수업과 교실 수업의 상호 조율 및 균형 유지, 학습자 중심, 적용 가능성과 실제성, 미래 지향적 교육과정과 평가를 주요 요소로 구성된다.

사이프러스-페어뱅크스 독립 교육구의 커크초등학교와 웰스초등학교가 블렌디드 러닝을 실행한 방식은 매우 인상적이다. 두 학교는 스테이션 순환 모델을 전략적으로 선택했다. 학생들은 각 스테이션을 순환하면서 교사 주도 수업, 테크놀로지를 활용한 읽기와 연습, 형성 평가, 플립 러닝 활동, 문제 해결 모둠 활동 등에 참여한다. 각자 어떤 활동을 어떤 순서로 할지 미리 정하는, 말하자면 학습 플레이리스트가 마련된 경우도 있다. 스테이션을 옮기는 시간은 대개 음악으로 알려준다. 모바일 기기와 가변형 좌석 덕분에 학생들은 자기가 원하는 곳에서 배울 수 있다. 이것은 학습 경험에 테크놀로지가 혼합되어 학생들이 학습의 과정, 속도, 장소에 대한 통제권을 얻게 된 예다.

뉴밀퍼드고등학교의 수학 교사 칸찬 첼라니는 플립 접근법flipped approach으로 긍정적이고 활기 넘치는 블렌디드 러닝 환경을 만드는 데 성공했다. 첼라니는 짧은 동영상을 만들어 수업에 앞서 학생들이 수학 개념의 기초를 이해하고 응용력을 개발할 수 있는 과제를 제시했으며, 수업시간에는 토론과 협업을 통한 문제 해결에 집중했다. 플립 접근법은 수업 때 충분한 시간을 들여 주요 수학 개념을 깊이 파고들게 도와주었다. 학생들은 프로젝트, 사례 연구, 협업 활동, 가상 교구, 복습 게임에 참여하여 개념에 대한 이해를 더 확실히 다질 수 있었다.

첼라니는 플립 접근법을 활용해 교사가 가르치는 방법, 학생들이 이해하는 방법은 바꾸었다. 그러나 교육과정에 따른 수업 내용 전달, 현실 세계의 사례 그리고 평가를 조화롭게 결합한 수업 자료를 찾는 일에는 여전히 난항을 겪었다. 그래서 어도비 캡티베이트Adobe Captivate라는 소프트웨어를 사용해 온라인 학습 모듈을 직접 만들기 시작했다.

어도비 캡티베이트는 인터랙티브 이러닝 콘텐츠를 쉽게 만들 수 있게 해주는 디지털 콘텐츠 제작 소프트웨어다. 첼라니는 이 도구 덕분에 기본적인 수학 개념을 가르치고 연습 문제와 현실 세계에서의 사례, 평가 문제를 제공하는 체계적인 학습 모듈을 제작할 수 있었다. 이 학습 모듈에서는 수업 내용이 디지털 콘텐츠, 시뮬레이션, 동영상, 화면 캡처, 음성 해설 등 다양한 방식으로 전달되므로 학생들은 시각, 청각, 촉각을 활용하여 배운다. 강의를 듣고 나면 연습 문제, 실제 사례에 관한 토론을 거치면서 해당 수학 개념을 더욱 확실히 익히고 그 의미를 이해할 수 있다. 아이들이 제대로 배울 수 있게 하는 다양한 길잡이와 평가 문제도 포함된다.

여기서 우리는 학생이 테크놀로지로 무엇을 하는가에 주목해야 한다. 효과적인 블렌디드 러닝의 핵심에는 학생이 있다. 또한 블렌디드 러닝이 더 높은 수준의 학습을 돕고 더 나은 평가 도구를 제공하며 피드백을 개선한다는 점도 중요하다. 블렌디드 수업을 출발점으로 삼을 수는 있겠지만 우리가 가야 할 궁극적인 목적지는 블렌디드 러닝이다.

학습의 개별화와 개인화 ————

학교에서 이루어져야 하는 가장 중요한 변화 중 하나는 학생들에게 이전보다 개별화하고 개인화한 학습 경험을 제공하는 것이다. 인터넷을 비롯한 여러 테크놀로지 덕분에 이제는 언제 어디서나 정보와 지식을 얻을 수 있게 되었다. 이러한 변화는 학습의 본질을 바꾸었다.

적응형 학습 도구도 그중 한 가지일 수 있지만, 5장에서 개괄했듯이 학습의 개인화에 초점을 두는 것이 중요하다. 여기서는 동기식 또는 비동기식 온라인 과정, 자기 주도적 연구 과제 수행, 오픈코스웨어OCW 활용을 통해 학생들에게 시공간이나 주제의 제약 없이 학습할 수 있는 환경을 만드는 데 주목한다. 디지털 시대에 온라인 학습은 더 이상 선택 사항이 아니다. 온라인 자료 6.2에서 다양하게 활용할 수 있는 여러 OCW 사이트를 소개한다.

저비용으로 고학년 학생들에게 더 개인화, 개별화한 학습 경험을 줄 수 있는 가장 효과적인 방법은 OCW와 MOOC를 이용하는 것이다. 위키피디아 같은 개방형 학습의 선구자들은 '무료 라이선스 또는 퍼블릭 도메인의 교육적 콘텐츠를 수집, 개발하여 전 세계에 효과적으로 배포하기 위해' 집단 지성을 활용해왔다(https://wikimediafoundation.org/about/mission). 명성이 높은 교육기관들도 인터넷의 힘을 충분히 활용하여 OCW의 형태로 지식을 공유하고 있다. OCW는 유수의 대학들이 전공별 교과과정에 따라 제작한 양질의 디지털 콘텐츠로, 인터넷을 통해 무료로 이용할 수 있다. OCW 강의는 크리에이티브 커먼즈 같은 오픈 라이선스로 서비스된다. 이를 이용하면 학생들이 스스로 선택한 연구 주제를 탐구할 때 개인화한 학습이 가능하다.

테너플라이중학교 교사 줄리아나 미핸과 나는 OCW를 통한 개인 연구independent open courseware study; IOCS 프로그램을 개발하여 뉴밀퍼드 고등학교에서 시범적으로 운영했다. 이 프로그램은 학생들에게 대담하고 실질적인 학습 경험을 제공했다. 아이들은 OCW를 활용하여 자신의 열정과 관심, 직업적인 포부에 알맞은 학습을 할 수 있었다. IOCS

는 미국공통핵심기준^{Common Core}, ISTE 학생 표준, 주정부의 테크놀로지 교육과정 표준, 21세기 핵심 역량 파트너십 프레임워크에 맞는 교수법이다. IOCS에 참여하는 학생들은 매사추세츠공과대학^{MIT}, 하버드, 예일, UC 버클리, 스탠퍼드 같은 대학교의 OCW 강의를 선택할 수 있었고, 이수 결과는 고등학교 학점에 반영되었다.

시범 운영에 관한 자료는 IOCS 웹사이트(온라인 자료 6.3)에서 볼 수 있으며, 웹사이트의 OCW 강의 링크는 꾸준히 업데이트되고 있다. 프로그램 개요, IOCS 평가 기준표, 자주 하는 질문, 구글 폼으로 만든 학생들의 등록 양식, 주간 보고 양식 등도 같은 웹사이트에서 볼 수 있다.

학생들은 IOCS 웹사이트에서 인증된 대학의 OCW 강의(또는 강의의 일부)를 선택한 다음, 사이트에 나와 있는 등록 신청서에 기관명, 강의번호, 강의 제목을 입력하면 IOCS 프로그램에 등록할 수 있다. 해당 강의가 지나치게 넓은 범위를 다루거나 고급 과정인 경우 일부만 수강할 수도 있는데, 이런 경우에는 등록 신청 때 이수할 범위를 미리 정해야 한다.

학생들은 OCW 강의를 선택한 뒤 정해진 학습 활동에 참여했다. 활동의 형태는 기관과 학과에 따라 무척 다양하지만, 대개 동영상이나 텍스트로 제공되는 강의 수강, 실험, 개방형 문제에 답하기, 시연, 중간고사와 기말고사 등으로 이루어졌다. 학생들은 고등학교의 학사 일정에 따라 한 학기 동안 이러한 활동을 수행한다.

OCW 강의를 듣는 학생들은 개별 멘토링을 받았다. 자기가 원하던

'완벽한' 강의를 발견하여 열의에 넘치는 학생들은 혼자 학습할 수도 있지만 그렇지 않은 학생들에게는 여러 형태의 조언이 도움이 된다. IOCS의 멘토들은 필요한 개입 수준을 가늠하기 위해 학생들과 정기적으로 접촉했다. 어떤 경우든 OCW 수업 내용에 깊이가 있고 학생들에게 높은 수준을 기대한 덕분에 학생들은 대학교 수업을 엿볼 기회를 얻었으며 진학에 대비하는 데 도움을 받았다.

학생들은 자신의 창의력과 최신 지식을 결합하여 독자적인 결과물을 만들어냄으로써 OCW 강의에서 얻은 새로운 지식과 역량을 보여주었다. 텍스트와 그림으로만 이루어진 정적인 파워포인트가 아니라 새로운 역량 시연, 실물 모형 제작, 실험 설계와 실시, 이론의 공식화 등 창의적인 결과물을 만들어 자기가 무엇을 배웠는지 보여주어야 했다(온라인 자료 6.3의 IOCS 평가 기준표를 보라).

IOCS의 하이라이트는 교수진과 동료 학생들 앞에서 5~7분 동안 배운 내용을 보여주는 시간이었다. 이 발표에 대한 평가는 IOCS 평가 기준표에 따라 이루어지는데, 이 기준은 국가와 주정부 표준에 부합한다. 이와 같이 OCW의 심화학습 기회를 이용하는 프레임워크를 개발하면 학생들에게 전통적인 중등교육 교육과정의 범위를 넘어서는 동기를 부여할 수 있다.

OCW나 MOOC의 형태로 서비스되는 대학의 공개 강의가 점점 많아지면서 학습을 개별화, 개인화할 수 있는 기회도 무궁무진해졌다. 도전 정신이 있는 리더라면 이 자원을 교육구에서 학점으로 인정하는 개인 연구 프로그램의 핵심 구성 요소로 활용할 수 있을 것이다. MIT 의 OCW 스콜라 사이트(온라인 자료 6.4)는 강의와 함께 개인 연구를 위한 관련 자료를 함께 제시하고 있어, 이를 시도해보려는 디지털 리더에게 보물 창고와도 같다. 이 사이트의 강의들은 참고 자료를 입수하기 힘든 독학생을 위해 설계되었다. OCW 강의 중에서도 콘텐츠의 질이 높고 실제로 MIT 강의에서 쓰이는 자료뿐 아니라 독학을 위한 맞춤형 자료까지 제공된다. 자료는 체계적으로 배열되어 있으며 동영상, 시뮬레이션 등 멀티미디어 자료도 있다.

OCW 스콜라에는 학생, 교사, 리더가 필요로 하는 모든 것이 있다. 이 사이트에서 서비스되는 MIT 강의는 거의 모두 동영상 강의, 과제와 해답, 질의응답recitation(대개 조교가 진행하는 보충수업을 말한다–옮긴이) 동영상, 시험 문제와 해답으로 이루어져 있다. 강의에 관한 자세한 소개와 구성, 강의 계획서도 볼 수 있다. 따라서 학생들은 체계적으로 학습하면서 연습하고 응용할 기회를 얻을 수 있다. 교사는 강의 소개와 평가 자료를 통해 학점을 부여할 수 있으며, 리더는 학습을 원하는 모든 학생에게 세계적인 수준의 교육을 제공할 수단을 마련했다.

뉴저지주 마운트올리브 교육구의 교육감 로버트 지위키Robert Zywicki 는 개인화한 교육 영역에서 늘 앞서간다. 지위키가 위호켄 교육구에 재직할 때 관내의 시어도어루스벨트초등학교 3~6학년 학생들은 연구에 기반한 첨단 학습 방법으로 수학을 배웠다. 바로 비디오게임이었다. ST 수학ST Math이라는 이 게임은 공식을 달달 외우기보다 스스로 생각하면서 문제를 풀게 한다. 'ST'는 공간과 시간spatial/temporal을 뜻한다. 게임을 시작하면 수학 문제가 화면에 그림으로 제시된다. 문제가 칠판이나 종이에 글자로 쓰이지 않는다는 점도 중요하다. 이 게임의 핵심은 언어 능력을 갖추지 못한 아이들도 고도의 수학적 사고를 하게끔 유도한다는 데 있다. 지위키에 따르면 "학생들은 공간 안에서 시각적으로 문제를 파악하여 적절한 해결 방법을 찾아야 한다"(R. Zywicki, 비공식 인터뷰, 2018).

아이들은 만의 자리와 천의 자리 숫자를 가지고 벽돌을 옮겨 펭귄이 오를 계단을 만들거나 벌이 몇 장의 꽃잎에 앉았는지 센다. 각 문제를 풀 기회는 네 번 주어진다. ST는 정답을 맞히는 것보다 문제 풀이 과정 자체에 주목한다. 학생들은 실수를 거치면서 문제에 담긴 개념을 더 빨리 배울 수 있기 때문이다.

ST 수학 게임에서 문제를 풀지 못했거나 건너뛴 학생들에게는 개념을 충분히 이해할 때까지 비슷한 문제가 자동으로 제시된다. 지위키에 따르면 "자동적으로 개인화한 교육이 이루어지는 것"이다. 마찬가지로, 수학 문제 풀이에 뛰어난 학생들에게는 자동적으로 더 어려운 문제가 제시된다. 지위키는 ST 수학이 두 가지 방식으로 학생들을 돕는다고 말한다.

첫째, 아이들은 새로운 스킬을 익혀 새로운 게임 레벨을 완수한다는 목표를 세우면서 성장형 사고방식growth mindset을 함양한다. 둘째, 스탠퍼드대

학교의 연구에 따르면 수학 실력을 좌우하는 요소는 단순 암기와 반복이 아니라 '숫자 감각'인데, ST 수학은 이 숫자 감각을 키워준다.(Boaler & Zoido, 2016)

요약

디지털 리더십의 핵심은 실천에 있다. 리더는 학교의 공간과 시스템 등 학습 환경을 비판적으로 성찰하고, 학습자가 학습의 주체로 설 수 있게 하는 중추적인 변화를 일으켜야 한다. 학생들이 의미 있고 실제적인 학습을 경험하게 하려면, 앞으로 살아나갈 세상을 더 잘 반영한 학교 문화와 교실 환경을 조성해야 한다. 또한 아무리 디지털 도구에 투자하고 교수법을 바꾼다 해도 공간과 환경 변화가 뒤따르지 않으면 진정으로 현실 적합성이 높은 학습 문화를 창출할 수 없다. 이 영역에 투입하는 에너지와 시간은 학생들의 진정한 참여를 촉진하고, 급속하게 변화하는 현대사회에 그들이 더 잘 대비할 수 있게 돕는다.

생각해볼 문제

1 내가 학생이라면 지금 같은 교실에서 배우고 싶은가? 이유는 무엇인가?

2 학습에 더 도움이 되게 하려면 학교 건물의 구조와 기능을 어떻게 바꿀 수 있을까? 변화의 여지가 있는 부분은 어디인가?

3 공간을 바꾸려면 교수법도 바꾸어야 한다. 지금의 학교 공간은 내가 지향하는 교수법에 적합한가?

4 현재 학교에서 디지털 기기를 어떻게 활용하고 있는가? 바꾸거나 개선해야 할 점은 무엇인가?

5 우리는 블렌디드 러닝과 개인화한 학습을 얼마나 구현하고 있는가? 이를 개선하려면 어떻게 해야 하는가?

7

세 번째 기둥:

최고의 리더는 다 아는
개인 학습 네트워크의 힘

Professional Growth and Learning

직업적으로나 사적으로나 전 세계의 교육자들과 교류하는 교사가 몹시 드물다.
디지털 테크놀로지가 수업의 방식과 내용에 영향을 미치지도 못한다. 이것이
오랫동안 굳어진 방식이다. 또한 정보와 자원의 흐름이 일방향적이라는 특징도 있다.

― 알렉 쿠로스

교육 행정가는 무척 보람 있는 직업이지만 몹시 힘든 일이기도 하다.
교장이라면 누구나 '정상에 오르면 외로운 법'이라는 말에 공감할 것
이다. 교장과 행정관들은 일하면서 고립감을 느낄 때가 많기 때문이
다. 사람들은 조직의 리더이자 관리자인 그들이 모든 것을 해주기를
바란다. 교장을 비롯한 교육 행정가는 교사들을 감독하는 일에서 학생
훈육, 교육과정 개발, 변화 관리에 이르기까지 여러 영역의 전문성을
꾸준히 키워야 한다. 물론 이는 모든 교육자에게 해당하는 말이다.

특히 전통적인 관리자 직무 교육은 포괄적인 리더 역량을 키우는 데
소홀할 때가 많고, 다른 학교 리더들과의 협업이나 네트워킹 기회를
제공하는 경우가 거의 없다. 사실을 인정하자. 오늘날의 교육자들이

지닌 다양한 요구에 부응하지 못하는 내용을 필수 교육이라는 이유로 가만히 앉아서 듣고만 온 적이 적어도 한 번은 있을 것이다. 게다가 교육이 끝나면 별다른 업데이트가 이루어지지 않는다. 이제는 직무 교육에서 직무 학습으로 눈을 돌려야 한다. 직무 학습이란 실무 개선에 필요한 경험에 참여하는 것이다. 그림 7.1은 교사들이 직무 학습에서 무엇을 바라는지 보여준다.

이를 뒷받침하는 연구 결과도 있다. 30편 이상의 연구 논문에서 밝

그림 7.1 **교사가 직무 학습에서 바라는 열 가지**

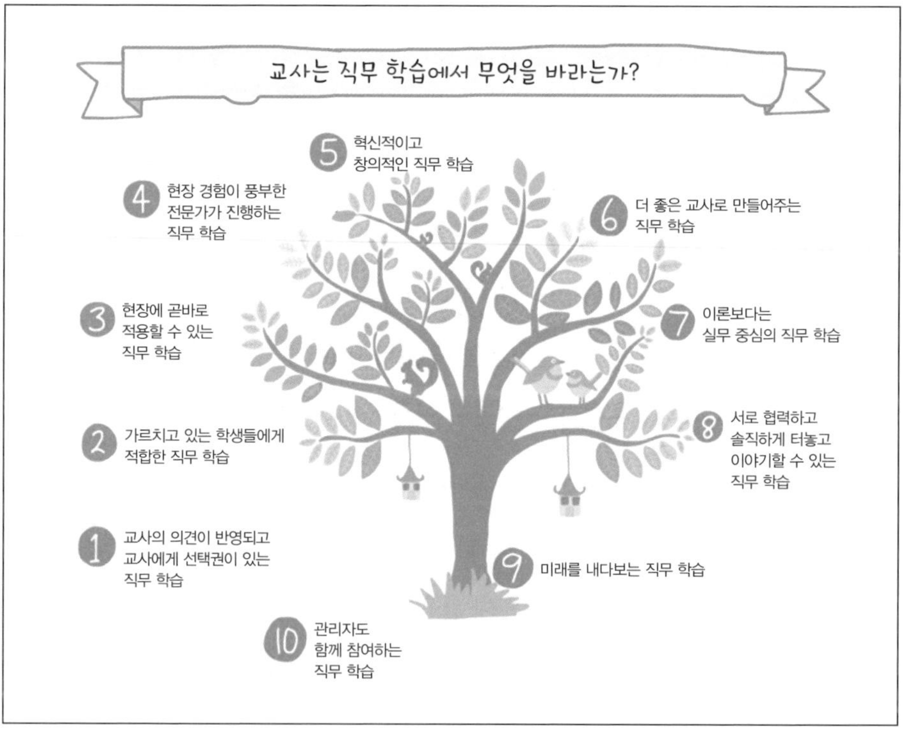

교사는 직무 학습에서 무엇을 바라는가?

④ 현장 경험이 풍부한 전문가가 진행하는 직무 학습

⑤ 혁신적이고 창의적인 직무 학습

⑥ 더 좋은 교사로 만들어주는 직무 학습

③ 현장에 곧바로 적용할 수 있는 직무 학습

⑦ 이론보다는 실무 중심의 직무 학습

② 가르치고 있는 학생들에게 적합한 직무 학습

⑧ 서로 협력하고 솔직하게 터놓고 이야기할 수 있는 직무 학습

① 교사의 의견이 반영되고 교사에게 선택권이 있는 직무 학습

⑨ 미래를 내다보는 직무 학습

⑩ 관리자도 함께 참여하는 직무 학습

자료 : Sylvia Duckworth

혀진 바에 따르면 다음과 같은 요소가 효과적인 직무 학습에 관련된다
(Darling-Hammond, Hyler, Gardner, & Espinoza, 2017; Rock 2002).

1 내용과 실무 중심

2 성인 학습 이론에 입각한 능동적인 학습 포함

3 실무 현장에서 협업 촉진

4 효과적인 실행 모델 개발과 사용

5 코칭과 전문가의 지원 제공

6 피드백과 성찰 기회 제공

7 교육 효과의 지속성

　디지털 리더는 각 교실, 학교, 교육구, 기관에서 실제로 수행하는 일에 기반하여 직무 학습을 개선하고자 노력해야 한다. 여기서 직무 학습이란 지속성과 일관성이 있는 협력형 현장 학습을 말하는데, 전통적인 방식과 디지털 테크놀로지를 활용한 방식을 모두 포괄한다. 학교의 리더는 지역뿐 아니라 더 넓은 범위의 직무 학습 네트워크를 개발해야 한다. 테크놀로지 덕분에 그 어느 때보다 효율적으로 전 세계 사람들과 교류할 수 있는 시대이므로, 학교 리더가 아이디어를 모아 자기계발과 학교의 자원을 구축하는 데 활용하기도 쉬워졌다. 테크놀로지를 활용한 네트워킹은 학교 리더와 동료 교사들 사이에서도 유용한 수단이 될 수 있다.

초임 교장 린 힐트는 일을 시작하고 얼마 안 되어 다른 학교 교장들에게서 아이디어를 얻거나 도움과 피드백을 받을 필요성을 느꼈다. 지역의 동료 교장들도 지원을 아끼지 않았지만 힐트는 자기가 맡은 초등학교가 교사와 학생들에게 최신의 교수·학습을 지원할 수 있기를 바랐다. 힐트는 지역을 넘어 전 세계 교육 행정가와 교사에게서 전문 지식을 얻고자 했다.

힐트가 인터넷에서 직무 학습 공동체professional learning community; PLC, 학급 관리, 가정-학교 커뮤니케이션, 교육 테크놀로지, 교사 감독과 평가 등 관심 있는 주제를 탐색해본 것이 그 시작이었다. 검색 결과 중에는 교육 전문 매체와 공식 출판물도 있었지만, 많은 교육자들이 블로그에서 개인적인 현장 경험을 공유하고 있었다. 힐트는 실무 역량을 향상하는 성찰 수단으로서 글쓰기의 가치를 깨달았고, 다른 교육자들의 실천에 감탄했다. 또 참고할 블로그 목록이 늘어나면서 일의 능률을 위해 피드 수집기feed aggregator를 활용했다. 이제 즐겨 찾는 모든 블로그의 새 글을 한 곳에서 볼 수 있게 된 것이다.

힐트는 직접 블로그를 만들어 자기 생각을 전 세계 교육자들과 공유하기로 결심했다. 처음에는 블로그에 신원이나 학교에 관한 정보를 담지 않았다. 교육자가 자기 생각을 온라인에서 처음 공유할 때 흔히 그렇듯이, 힐트도 부정적이거나 비판적인 반응이 두려웠다. 힐트는 교육 행정가로서 관심이 가는 주제를 다룬 간략한 글을 쓰고 문제 해결이나 프로그램 실행 방법에 관한 질문을 던졌다. 이런 방식의 블로그도 자신의 업무 방식을 돌아본다는 목적에는 도움이 되었지만 다른 교육자들과의 교류는 제한적이었다. 힐트가 자주 찾는 다른 블로그에서는 댓글로 의미 있는 토론이 이루어지는 것을 자주 보았다. 그러나 자신의 블로그는 그렇게 되기는커녕 질문을 올려도 답이 하나도 달리지 않는 경우가 허다했다. 심도 있는 토론을 활성화하고 그럼으로써 통찰력을 얻고 싶었던 힐트의 목적을 달성하려면 게시물을 더 효율적으로 알리고 독자층을 넓힐 방법이 필요했다.

직무 역량 강화를 위한 소셜미디어 활용 ———

힐트가 트위터라는 소셜네트워크 도구를 처음 접한 것은 몇 해 전 교육 테크놀로지 콘퍼런스에서였다. 힐트는 그때 트위터 계정을 만들었지만 다른 교육자들과 소통하지는 않았다. 유명 인사들의 일상을 구경하거나 아침에 무얼 먹었는지 전 세계 사람들과 공유하는 게 재미있다고 여기는 사람들이나 쓰는 도구로 생각했기 때문이다.

그러나 여러 교육 관련 블로그를 읽으면서 그중 많은 이들이 트위터로 게시물을 공유하고 있다는 사실을 알게 되었다. 힐트는 자신의 관심 분야에서 영향력 있는 교육자들의 트위터 계정을 팔로우하는 등 좀 더 적극적으로 움직이기 시작했다. 교육자들을 위한 트위터 정기 채팅 #edchat에도 참여하여 전 세계 교육자들과 교류를 넓혔다. 블로그에 올린 게시물 링크를 트위터에 공유하자 곧 댓글이 늘어났고 교수·학습에 관한 토론이 풍부해졌다.

힐트는 처음에는 자기를 드러내기 두려워했지만 이제는 온라인 네트워크를 활용한 학습에서 투명성이 중요하다는 사실을 깨달았다. 힐트의 '어느 교장의 블로그'를 찾는 독자가 많아지면서 직무 역량을 키우는 데 필요했던 자원과 아이디어, 피드백을 더 많이 얻게 되었다. 지금은 '러닝 인 테크니컬러Learning in Technicolor'로 이름이 바뀌었으며 URL은 lynhilt.com이다. 블로그와 트위터 활동은 힐트를 앰버 티만(@8amber8), 패트릭 라킨(@patrickmlarkin) 등 다른 교장들과 연결해주었으며, 힐트는 전 세계 학교 리더들이 글을 싣는 블로그 커넥티드프린서펄(connectedprincipals.com)의 필진이 되었다. 힐트는 '학습자 우선'을 원칙으로 하는 이 커뮤니티를 발견하여 기뻤다고 말했다(L. Hilt, 비공식 인터뷰, 2013).

개인 학습 네트워크(PLN) ────

힐트에게 트위터 활용은 개인 학습 네트워크PLN를 만들기 위한 중요한 첫발이었다. PLN이란 생각이 비슷한 사람들끼리 정보를 교환하고 토론하는 모임을 말한다. 여기서 토론은 전문성 강화와 향상이라는 공통된 관심과 목표를 중심으로 이루어진다. PLN이 디지털 시대의 산물은 아니다. 수백 년 전에도 친구, 가족, 동료로 이루어진 네트워크가 똑같은 역할을 했다. 그러나 인터넷과 소셜미디어의 진화는 PLN이 만들어지는 방식을 바꾸어놓았다. 무료 소셜네트워크 도구와 언제 어디서나 접속할 수 있는 인터넷 환경은 교육 리더들에게 새로운 교류와 학습 기회를 제공했다. 시공간적 제약은 더 이상 PLN을 구축하는 데 걸림돌이 되지 않는다.

교육자들은 늘 협력의 가치를 잘 알고 있어서, 소셜미디어에서도 자연스럽게 교사 커뮤니티가 형성되었다. 알렉 쿠로스Alec Couros의 연구(2006)는 소셜네트워크 이용 여부에 따라 교육자들 사이에 나타나는 차이점을 밝히고 진정한 네트워크형 교육자가 되기 위해 필요한 변화를 파악했다. 그는 전통적인 학교에서 볼 수 있는 네트워크의 폐쇄성을 설명한다. 우선 직업적으로나 사적으로나 전 세계의 교육자들과 교류하는 교사가 몹시 드물다. 디지털 테크놀로지가 수업의 방식과 내용에 영향을 미치지도 못한다. 이것이 오랫동안 굳어진 방식이다. 또한 정보와 자원의 흐름이 일방향적이라는 특징도 있다(그림 7.2).

테크놀로지는 직무 학습을 근본적으로 변화시켰다. 네트워크형 리더connected leader는 전통적인 네트워크뿐 아니라 디지털 도구를 통해 외부의 학습 자원을 활용한다. 지역을 넘어 더 넓은 관계망에 연결된 사람들은 교수와 업무 방식, 교육에 대한 신념, 인식에 관해 더 광범위한 정보를 얻을 수 있다. 더 중요한 점은 이러한 교육자들이 지식의 소비자일 뿐 아니라 생산자이기도 하다는 것이다. 인터넷은 단순히 지식을

그림 7.2 **전통적인 교사의 네트워킹**

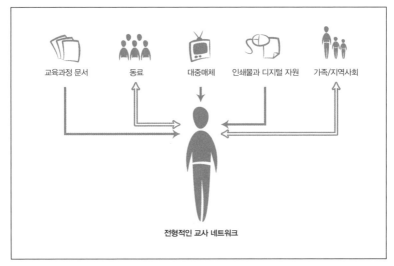

자료: Couros(2006)

취하는 공간이 아니라 지식이 공유되고 교환되는 장이다.

커넥티드 러닝 모형 connected learning model의 동력은 리더들 개개인에게서 나온다. PLN의 각 구성원은 소통, 협력, 자원 수집, 피드백 수렴, 도움 요청, 아이디어나 자료, 전략 등 각종 정보를 공유하기 위해 온라인과 오프라인 네트워크를 넘나든다. PLN을 더 강력하고 똑똑하며 정보가 풍부한 집단 지성으로 만드는 힘은 개인 간의 지속적인 교류에 있다. 리더라면 사람들 사이에서 만들어진 이 정보 포털을 활용하지 않을 까닭이 있겠는가? PLN의 핵심은 구성원 각자가 협업 테크놀로지 플랫폼에서 네트워크를 형성하기 때문에 잠재적인 구성원과 협력자가 기하급수적으로 늘어난다는 데 있다(Jacobs, 2009).

이 동적 학습 모델은 리더의 다양한 요구를 충족하고 쌍방향적 정보 흐름을 강조한다(그림 7.3).

린 힐트는 이제 학교 운영에 도움이 되는 양질의 자료를 신속하게 손에 넣을 수 있었다. 또한 피드백이나 격려, 새로운 아이디어를 위한 영감이 필요할 때는 언제든지 네트워크 구성원들에게 연락하면 된다. 힐트는 교장직 말고도 교육구의 초등학교 테크놀로지 통합 담당자로

그림 7.3 **디지털 리더의 네트워킹**

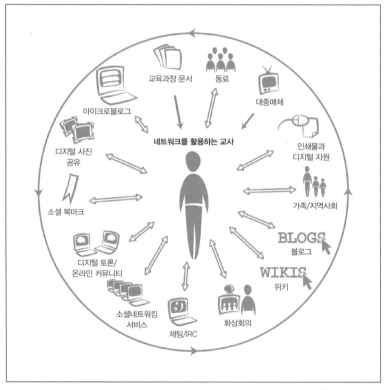

자료 : Couros(2006)

일하게 되었다. 따라서 혁신적인 교수·학습에 관해 더 많이 알아둘 필요가 있었다. 한번은 교육구에서 새로 시행하는 블로그 프로그램을 위해 초등학생을 대상으로 한 블로그 사용 지침을 만들어야 했다. 힐트는 혼자 씨름하는 대신 다른 학교에서 사용 중인 학생용 블로그 사용 지침 예시를 공유해달라고 트위터에 요청했다. 훌륭한 지침 사례를 받아보는 데는 몇 분이 채 걸리지 않았다. 힐트는 교육구의 상황에 알맞게 내용을 수정하여 지침을 금세 완성할 수 있었다. 물론 견본 지침을 만든 교사 이름을 명시하는 것도 잊지 않았다.

모든 교장이 겪는 어려움 중 하나는 여러 학년, 여러 과목의 교사를 다 지원해야 한다는 점이다. 힐트는 트위터와 PLN의 지식 기반을 활용한 덕분에 학년과 과목에 맞는 수업 아이디어, 관련 연구 논문, 교실에서 활용할 테크놀로지 도구 관련 정보를 교사들에게 제공할 수 있었다. 힐트는 자기가 소셜미디어를 활용하여 다른 교육자들과 관계를 형성한 사례를 소개하며 동료 교사들에게도 PLN 구축을 장려했다. 소셜미디어와 PLN 활용의 이점을 알리기 위한 교사 워크숍도 열었다. 교사들은 곧 트위터로 각자의 PLN을 구축하여 같은 학년을 가르치는 전세계 교사들과 교류하기 시작했고, 더 나아가 교육구의 테크놀로지 이니셔티브를 선도했다. 그들은 스카이프나 에드모도 같은 프로그램으로 해외 학교와 교류하고 자유롭게 아이디어를 공유함으로써 학생들에게 더 훌륭한 학습 경험을 선사했다.

힐트는 PLN 덕분에 디지털 교수법과 수업 설계에 관해 더 잘 알게 되었고 교사들 사이의 소통과 협업을 강화할 수 있었다. 구글독스와 블로그는 교장과 교사들 사이의 소통을 간편하게 만들어주었고, 교사들 사이에서도 도구를 활용한 협업을 기획하는 일이 늘었다. 힐트는 쌍방향 소통이 불가능했던 종래의 종이 소식지 대신 학교 블로그와 페이스북 페이지로 학부모와 자주 소통하면서 가정과 학교의 연계를 강화했다. 학부모들은 클릭 한 번으로 학교 소식을 알 수 있었다.

학부모는 학교 행사 사진을 보기도 하고 댓글을 달아 콘텐츠에 관여할 수도 있었다. 힐트는 PLN에서 얻은 아이디어와 철학 덕분에 직무 학습에 접근하는 방식을 바꾸었다. 온라인 학습 네트워크에서 맺은 인연은 지역과 주, 전국 단위의 교육 콘퍼런스에서 'PLN의 힘'에 관해 발표할 기회도 선사했다. 힐트는 여러 외부 활동에 참여하게 되었고, 근무하는 학교뿐 아니라 전 세계 교육자들에게 영향을 줌으로써 교수·학습을 혁신하는 새로운 도전을 즐겼다.

힐트는 "PLN의 영향력은 뭐라 표현하기 어려울 정도"라고 말한다.

나를 변화시킨 힘은 전적으로 인적 네트워크에서 나왔다. 수백, 수천 명에 이르는 교육자들에게 도움과 피드백을 청할 수 있다는 점이 가장 컸다. 나는 PLN 덕분에 전통적인 방식으로는 얻지 못했을 아이디어와 정보에 접근할 수 있었다. 전문성을 강화하고 싶은 학교 리더라면 PLN의 구축은 필수다.

필수가 된 연결성 ———

연결성은 디지털 리더가 혁신적인 교수법과 업무 수행 방식을 개발하고 지속적인 변화를 이끌기 위해 필수적으로 갖추어야 하는 요소다. 또한 디지털 시대에는 선택 사항이 아니라 표준이자 직업적 의무다. 커넥티드 러닝 모델의 힘과 가치를 무시하면 안 된다. 다른 한편으로, 리더는 조직에 필요한 학습의 구심점이 되어 구성원들이 무엇을 언제 어디에서 어떻게 배울지 정해야 한다. 그래야만 의미 있고 현실에 적합하고 실무에 적용 가능한 학습을 제공할 수 있으며 학습의 편의성도 높아진다. 이러한 구조는 열정과 창의성, 혁신으로 발전하는 바탕이 된다. 리더는 커넥티드 러닝에 기반해 관리자 역할을 담당함으로써 다양한 학습 수요를 충족하는 차별화를 달성하는 동시에 앞으로 나아갈 길을 결정할 수 있다.

이 유형의 학습은 내적 동기에 따라 이루어진다. 내적 동기는 평생 학습, 성장, 혁신, 지속적인 변화의 중추다. 열정과 관심으로 작동하는 이 학습 모델은 외부의 동력을 필요로 하지 않는다. 연결성은 별다른 비용 없이 다른 어떤 경로보다 풍부한 자원을 이용할 수 있게 해준다. 디지털 도구를 활용하여 자원을 공유하고 확보할 수 있게 되면 리더의 시야가 넓어진다. 그러나 디지털 도구로 교수·학습 프로세스를 개선하는 방법은커녕 어떤 도구가 있는지조차 모르는 교육자가 허다하고, 리더들은 대개 더 무지하다.

인적 네트워크와 토론에 기반한 PLN은 목적의식적인 학습으로 전통적인 직무 역량 개발 모델의 부족한 부분을 보완한다. PLN은 건설적인 피드백과 조력, 조언을 주고받는 쌍방향 메커니즘이다. 이 점만으로도 값을 매길 수 없을 만큼 귀중하다. 이제 리더는 홀로 섬에 갇힌 기분을 느끼지 않아도 된다. 개선하려는 열망만 있다면 디지털 기기 한 대와 인터넷만으로 거리의 한계와 예산 압박을 극복할 수 있다. 지금까지 많은 학교, 많은 리더가 갇혀 있던 정보 사일로는 이제 수명이 다했다. 학교와 리더십 개선을 위한 최고의 아이디어, 효과가 입증된 전략은 벌써 PLN에 공개되어 있거나 입수 가능한 경우가 많다. 이제 끊임없이 새로운 아이디어를 짜내느라 시간을 낭비할 필요가 없다.

이렇게 강력한 성장의 기회가 금전적인 비용 없이 주어졌다. 시간만 투자하면 된다. 오로지 우리의 결심에 달렸다. 디지털 시대의 변화를 받아들이는 리더는 이러한 시간 투자가 학생들을 디지털 시대에 대비시키는 학교를 만드는 데 필수라는 사실을 이해한다. 그 높은 목표를 달성하려면 리더 스스로도 학습에 시간을 투자해야 한다. 글로벌 네트워크에서 지식을 얻는 리더는 구성원들의 역량을 키울 수 있는 위치에 설 것이다.

인터넷은 교육계 최고의 지성들과 만날 수 있게 해준다. 소셜미디어의 놀라운 특징 가운데 하나는 세계를 무척 작게 만든다는 점이다. 이제는 거실에 앉아서 세계적인 교육학자나 전문가들을 만날 수 있다. 전 세계의 실무자들을 만나 그들에게서 배울 기회는 더 많을 것이다.

이 두 집단의 아이디어, 전략, 집단지식은 우리를 더 나은 교육자로 만들 것이다.

커넥티드 러닝 모델의 또 다른 특징은 매우 높은 투명성이다. "당신이 그 방에서 가장 똑똑한 사람이라면, 방을 잘못 찾은 것이다"라는 격언은 PLN의 성격을 멋지게 요약한다. PLN은 모든 교육자의 학습에 전례 없는 힘을 불어넣어줄 살아 있는 검색 엔진인 셈이다.

PLN은 리더에게 변화의 씨앗을 선사하겠지만 싹을 틔우고 길러서 학교 문화로 만드는 일은 리더의 손에 달려 있다. 리더가 그 역할을 다한다면 오래지 않아 변화의 씨앗이 자라 학교 문화와 직무 학습에 뿌리 내리고 지속 가능한 요소로 열매를 맺을 것이다. 이제 교육에서 연결성은 선택이 아닌 필수이며, 이용할 도구도 다양하다. 어느 학교의 리더든 연결성이 주는 여러 이점을 생각한다면 커넥티드 리더가 될 수밖에 없을 것이다.

PLN을 구축한다는 것

실시간 웹의 진화가 우리의 의사소통, 정보 수집, 숙고 방식을 완전히 뒤바꾸었다는 사실에 이견을 제기하는 사람은 없다. PLN 구축은 혁신적인 테크놀로지에 내재하는 힘을 이용하여 필요할 때 언제 어디서나 활용할 수 있는 직무 역량 개발 도구를 만드는 일이다. 특히 PLN은 리더에게 의미 있는 토론, 지식, 리더십 전략, 성공적인 테크놀로지 통합 방법을 제공하는 지속적인 자원 공급원이 된다.

PLN을 만들어 학습과 리더십에 도움을 얻고 싶어도 어디부터 시작해야 할지 모르는 경우가 많다. 대부분의 리더는 기본적인 디지털 도구와 교수·학습에 필요한 활용법의 실무 지식조차 없다. 다음 목록(Ferriter, Ramsden, & Sheninger, 2011)은 PLN 구축의 출발점으로 삼기 좋은 곳이며, 자신의 전문성을 새로운 차원으로 끌어올리고 싶어 하는 디지털 시대의 리더에게 도움이 된다. 2011년의 목록에 더하여 최신 테크놀로지에 관한 정보를 업데이트했다.

- **트위터(twitter.com)** 트위터는 세계 곳곳의 교육자들이 280자(한글의 경우 140자 - 옮긴이) 이내의 텍스트로 대화할 수 있는 마이크로블로그 플랫폼이다. 정보 공유, 우수 사례에 관한 토론, 협업이 가능하다. 트위터 채팅은 현업에 종사하는 교육 행정가들을 만나 그들에게서 배울 수 있는 환상적인 방법이다.

  훌륭한 예로 #Satchat을 들 수 있다. 브래드 커리(@bcurrie5)와 스콧 로코(@scottrrocco)가 만든 이 채팅 계정은 매주 토요일 아침 7시 30분(한국 시각으로는 토요일 저녁 8시 30분 - 옮긴이)에 열리며 전 세계 교육자들이 모여 학생들에게 도움이 될 만한 우수 사례를 공유한다. 트위터에서 이루어지는 이 토론은 내가 늘 주장했던, 소셜미디어와 웹 도구를 제대로 활용할 때 거둘 수 있는 효과를 보여준다. 학습 선도자로서 교사들의 꾸준한 성장을 이끌고 학생 교육에 실질적인 영향을 주는 것이 #Satchat가 추구하는 목표다. 학생들에게 가능성을 열어주려는 열의와 능력이 있는 교육자라면 누구나 참여할 수 있다.

• **링크드인(www.linkedin.com)** 링크드인은 교육자들이 교류하며 아이디어를 나누고 새로운 기회를 찾을 수 있는 전문가 네트워킹 사이트다. 교육자들은 관심 있는 학습 주제에 따라 다양한 그룹에 가입하여 글을 게시하거나 읽거나 댓글을 달 수 있고 토론에도 참여할 수 있다.

• **블로그** 놀라운 정보의 원천인 블로그는 교육자들에게 성찰과 의견 공유, 다양한 주제를 둘러싼 토론의 장을 열어준다. 블로그는 신참이든 베테랑이든 할 것 없이 모든 교육자가 현장의 우수 사례와 혁신 사례, 경험을 탐색하는 데 활용할 수 있는 매체다. 가장 많이 쓰이는 블로그 플랫폼으로는 블로거(www.blogger.com), 워드프레스 (wordpress.org), 미디엄(www.medium.com)을 들 수 있다. 여러 학교 리더가 교육 현장에 적용할 수 있는 훌륭한 아이디어와 전략을 지속적으로 생산하는 커넥티드프린서펄은 협업 블로그의 좋은 예다.

• **RSS 리더** RSS는 '매우 간단한 배급Really Simple Syndication'의 약자다. RSS 리더는 교육에 관한 블로그, 뉴스, 동영상, 팟캐스트의 새 콘텐츠를 한곳에서 볼 수 있게 해준다. 다양한 RSS 피드를 구독하면 계속 업데이트되는 맞춤형 정보 흐름을 만들어 모바일 기기와 인터넷에서 접속할 수 있다. 게다가 자기만의 RSS 피드를 만들 수도 있다. 인기 있는 RSS 리더로는 피들리(www.feedly.com)와 RSS아울(www.rssowl.org)이 있다.

- **태블릿과 스마트폰 앱** iOS(애플)와 안드로이드 기기에서 무료 앱으로 RSS 피드나 소셜네트워크를 이용하여 맞춤형 교육 정보를 받아볼 수 있다. 플립보드(flipboard.com)는 사용자의 소셜네트워크와 RSS 피드를 디지털 매거진으로 만들어 손가락 끝으로 탐색하는 앱이다. 카테고리만 설정하면 나머지 일은 모두 앱이 알아서 해준다. 이 앱은 카테고리에 맞는 관련 뉴스, 블로그 게시물, 동영상 피드를 모아 전문성을 개발하고 신장하는 데 가장 가치 있는 정보만 선별하여 보여준다.

- **디지털 토론 포럼** 디지털 토론 포럼은 관심사가 비슷한 교육자들의 커뮤니티다. 가장 인기 있는 플랫폼 가운데 하나로 닝Ning을 들 수 있다. 교육자들은 닝을 활용하여 커뮤니티를 만들거나 기존의 커뮤니티에 참여할 수 있으며, 닝 기반 웹사이트에서 토론 포럼, 행사 안내, 메시지 보내기, 뉴스 기사, 채팅, 그룹, 동영상 등 교육자들이 학습과 자기계발을 위해 활용하기 좋은 다양한 자원을 찾아볼 수 있다. 닝을 기반으로 만들어진 교육 관련 웹사이트로는 클래스룸 2.0(www.classroom20.com), 스쿨 리더십 2.0(www.schoolleadership20.com) 등이 있다. 또 다른 훌륭한 디지털 토론 포럼 에드웹(edWeb.net)에서도 교육 리더가 활용할 만한 수많은 커뮤니티를 볼 수 있으며, 특히 디지털 리더십의 원리를 탐구하는 커뮤니티도 있다(www.edweb.net/leadership).

- **소셜 북마크** 온라인에서 즐겨찾기를 저장, 정리, 선별, 공유하는 방

법이다. 항상 시간에 쫓기는 리더가 PLN에서 얻은 엄청난 자원 때문에 겪을 수 있는 혼란을 질서 있게 해결하려면 이보다 좋은 방법이 없다. 소셜 북마크 도구의 모든 자원은 클라우드에 저장되므로 인터넷에 연결된 장치에서 언제든 필요할 때 접속할 수 있다. 인기 있는 소셜 북마크 사이트 디이고(www.diigo.com)에서는 태그를 사용하여 각 사이트를 카테고리로 분류하고 메모를 덧붙일 수 있다. 또한 그룹에 가입하여 해당 그룹에 새로운 북마크가 추가되면 이메일로 소식을 받아볼 수 있다. 북마크한 웹페이지에 강조 표시를 하거나 주석을 다는 확장 기능도 제공한다.

- **페이스북** 페이스북은 가족이나 친구뿐 아니라 전문가들과 교류하고 소통할 수 있게 해주는 소셜네트워크 사이트다. 여러 국공립 교육기관들의 페이스북 페이지는 리더들이 온라인에서 모여 실무에 관해 토론하고 자료를 공유하는 통로가 된다. 그 밖에도 여러 페이스북 페이지와 그룹에서 다양한 학습과 자기계발의 기회를 찾을 수 있다. 전미중등학교교장협의회(www.facebook.com/principals), 전미초등학교교장협의회(www.facebook.com/naesp), 미국교원협회(www.facebook.com/AASApage), 국제교육리더십센터(www.facebook.com/RigorRelevance)가 대표적인 예다.

- **핀터레스트** 핀터레스트는 웹에서 찾은 이미지를 핀으로 꽂아놓을 수 있는 전자 게시판이라고 보면 된다. 시각적 학습에 익숙하다면 여러 정보와 자원을 선별하여 모아두는 데 매우 유용할 것이다. 사

용자는 여러 개의 게시판을 만든 다음 이미지를 분류하여 보관할 수 있다. 이미지는 각각의 웹사이트로 연결되며, 공유하거나 검색할 수도 있다. 사이트(www.pinterest.com/esheninger)에 방문하면 예시를 볼 수 있다.

• **박서** 박서는 워키토키처럼 간편하게 사용할 수 있는 푸시투토크 앱이다. 박서를 활용하여 교육 실무에 관해 토론할 수 있으며 필요에 따라 동기식 또는 비동기식 대화를 선택할 수 있다. 음성뿐 아니라 텍스트, GIF, 동영상도 전달 가능하다. 많은 교육자가 박서로 독서토론에 참여하고 있다. 대면 회의 대신 PLC의 소통 도구로 활용하는 방법도 있다.

PLN을 만들고 유지하는 과정이 처음에는 혼란스러울 수 있다. 때로는 좌절을 안겨줄지도 모른다. 이러한 어려움에 놓인 리더들을 위해 특별히 설계한 구글 사이트 하나를 소개한다. '애니타임 PD' 사이트는 PLN 구축과 유지 관리 전 과정에 걸쳐 자세한 설명, 동영상 강의, 다운로드할 수 있는 문서 자료, 위에서 소개한 디지털 도구 사례를 제공한다(sites.google.com/site/anytimepd).

edWeb.net

에드웹edWeb은 학교 리더가 인터넷에서 최고의 학습 자원을 얻을 수 있는 곳 가운데 하나다. 앞서 디지털 토론 포럼을 설명하면서 언급했던 교육자 네트워크에서는 교육자들이 온라인에서 만나 전문 지식과 정보를 공유하고 PLC에 참여하며 온라인 커뮤니티를 새로 만들 수도 있다. 이 모든 자료가 무료다. 에드웹에 있는 50만 명 이상의 교육자들은 혁신적인 아이디어의 선봉에 서서 앞으로의 테크놀로지 통합 교수·학습을 중점적으로 고민한다. 이들은 전 세계에 걸쳐 있으며 전문 분야도 다양하다. 단, 토론과 각종 프로그램은 주로 초·중·고등학교 교육에 초점을 맞추고 있다.

에드웹은 온라인 PLC 활동과 무료 웨비나를 지원함으로써 맞춤형 직무 학습 모델을 만들고 있다. 교육자들은 에드웹의 PLC에서 쉽게 커뮤니티에 가입하고 생방송 또는 녹화된 웨비나를 시청할 수 있으며, 교육 이수 인증도 받을 수 있다. 모든 자료는 에드웹의 아카이브에 저장되고 모든 교육자에게 무료로 공개된다. 에드웹은 2018년 SIIA 코디 어워드SIIA CODiE Award에서 최우수 교육 솔루션상을 받았으며, 미국학교도서관협회에서 최고의 교수·학습 웹사이트 중 하나로 선정되었다.

에드웹은 학교 리더, 교사, 사서, 직원 모두에게 훌륭한 직무 학습 자원이다. 많은 학교와 교육구가 에드웹을 직무 개발 프로그램에 포함하고 있다. 따로 비용을 들이지 않고 자기만의 PLC를 만드는 데에도 활용할 수 있다. 커뮤니티의 공개 여부를 선택할 수 있어 전문적인 협업에도 이상적이다. 회원들에게 개인적인 지원을 제공한다는 점도 추가적인 혜택이다. 이메일이나 전화로 지원 요청이 가능해 최신의 협업 테크놀로지 활용법을 배우려 할 때 큰 도움이 된다. 학교의 리더에게는 디지털 리더십 커뮤니티(www.edweb.net/leadership)를 추천한다. 이 PLC는 학교 리더들이 웹 기반 도구를 활용하여 학교를 혁신하고, 교사들의 전문성 신장을 돕고, 학생들의 학습을 향상하고, 이해관계자들 사이의 소통을 개선할 수 있게 돕는다.

전문성 강화 시간 ───

전문성 강화 시간Professional Growth Period; PGP은 뉴밀퍼드고등학교에서 실행한 직무 역량 강화 모델이다. 이 제도는 교사들이 학습의 열망을 충족하는 동시에 동료와 관리자의 지원 아래 각자의 PLN을 구축할 필요성 때문에 만들어졌다. 뉴밀퍼드고등학교 관리자들은 PGP를 제도화하기 위해 여덟 시간으로 이루어진 교사들의 하루 일과에서 여유 시간을 마련해야 했다. 해결책은 하루에 한 시간을 수업 외 공식 업무 시간으로 배정하는 것이었다. 이와 함께 수업 외 업무를 반으로 줄였다. 그러자 일주일에 2~3시간쯤의 여유가 생겼고, 교사들은 관심 있는 테크놀로지를 교수법에 통합할 방법을 배우거나 PLN을 구축하는 데 시간을 유연하게 활용할 수 있었다.

이 모델의 핵심은 자율성에 있었다. 학생들의 학습에 도움이 될 가능성이 있는 한 교사들이 자기 관심사에 따라 무엇이든 배울 수 있게 한 것이다. 더 나은 교육자이자 학습자가 되기 위한 활동 이외의 다른 업무에는 PGP 시간을 쓸 수 없게 했다. 교사들은 자신의 열정이 이끄는 대로, 스스로 설정한 목적을 향해 나아갔다. 그들은 PGP 시간을 학습과 혁신, 숙련된 교육자가 되기 위한 노력에 활용했다. 이 시간은 교사 각각의 필요와 흥미에 따른 차별화, 개인화한 학습 기회가 된다.

교사들은 연말 평가 회의에서 학습 포트폴리오를 제출했는데, 이는 그들에게 자율성을 부여하는 근거가 되었다. 포트폴리오는 PGP 시간이 직무 역량을 개선하고 학생들의 학습을 강화하며, 궁극적으로 학업 성취도를 향상하는 데 활용되었음을 입증해야 한다. 학습 포트폴리오는 혁신적인 제도 실행의 쇼케이스이자 PGP 모델의 투명성을 확보하는 장치가 되었다. 전문성 강화 시간이 교사들을 과중한 행정 업무에서 해방한 덕분이었다.

모든 리더에게 PLN이 필요한 열 가지 이유 ———

PLN 개념을 받아들인 교육자들은 폭넓은 네트워크가 직무 수행에 끼치는 긍정적인 영향을 직접 체험했다. 조건은 간단하다. 무료로 이용할 수 있는 여러 네트워크 도구 중 하나를 택해서 매일 15~30분 정도만 해당 도구를 활용하여 학습하면 된다. 중요한 것은 PLN에 이용되는 도구의 종류가 아니라 도구에서 발생하는 관계와 참여, 새로운 지식이다.

리더십이란 선택이다. 그 선택이 가볍게 이루어져서는 안 된다. 선택에는 변화를 시작하고 유지하여 학교 문화의 변모를 이끌 책임이 따른다. 리더십은 이제까지 그랬듯이 앞으로도 이 과정의 중추적 요소가 될 것이다. 시간은 항상 부족하기 마련이지만, 리더는 타인에게 기대하는 만큼 스스로도 학습에 앞장서야 한다. 결과는 우리가 모델링한 대로 나오게 되어 있다. 수업을 제외하면 학교에서 필요한 리더십의 자질 중에 이보다 중요한 것은 없다. 따라서 성공적이고 유능한 관리자가 되려면 모범을 보이는 데 집중해야 한다. 간단히 말해 최고의 리더는 언제나 배운다. 학습은 리더십의 원동력이다.

예산은 제한되어 있고 시간은 부족하기 때문에, 가치 있는 공식 교육에 꾸준히 참여하기란 쉬운 일이 아니다. 물론 양질의 대면 교육만큼 효과적인 직무 역량 강화 방법은 없다. 대면 교육은 시간의 공유, 실제성, 대인관계가 교차하는 가운데 강력한 경험을 낳는다. 그러나 오늘날의 리더에게는 공식적인 교육을 보완할 PLN이라는 수단이 있다. PLN은 세계적인 전문가와 각 분야 실무자의 지식으로 구동하며 결코 꺼지지 않는, 살아 있는 검색 엔진이라고 할 수 있다.

소셜미디어에 반감을 품은 관리자가 있으면 PLN을 도입하기 쉽지 않을 수 있다. 몇 해 전까지는 나 역시 그랬다. 나는 시간도 없고 업무에 도움이 안 될 것이라는 이유로 소셜미디어를 이용하지 않았다. 틀린 생각이었다. 이제는 커넥티드 러닝이 모든 교육자에게 가져다줄 이점을 알리는 전도사 대열에 합류했다. 여전히 철옹성 같은 관리자도

그림 7.4 모든 리더에게 PLN이 필요한 이유

그림 7.4 모든 리더에게 PLN이 필요한 이유

많다. 그림 7.4는 모든 리더가 PLN을 구축해야 하는 열 가지 이유를 보여준다.

요약

학습과 직무 역량 강화를 위한 커넥티드 모델은 디지털 리더십의 핵심이며, 이제는 선택의 문제가 아닌 표준이 되고 있다. 디지털 시대의 리더는 소셜미디어를 수용하고 활용하여 언제 어디서나 자신의 발전에 도움이 되는 모든 사람들과 함께 학습한다. 디지털 리더는 PLN을 활용해 교육계의 세계적인 전문가와 실무자들에게서 배우고, 언제든지 필요할 때 지식, 자원, 아이디어, 전략, 조언, 피드백을 얻을 수 있다. 리더가 PLN을 통한 새로운 직무 학습을 주도하면 학습이 훨씬 더 의미 있고 현실에 적합하게 변한다. 디지털 테크놀로지의 힘을 활용하는 리더는 배우고 성장할 시간을 기다리지 않고 스스로 만든다.

생각해볼 문제

1 일회적인 직무 역량 개발에서 벗어나 꾸준한 직무 역량 학습으로 나아가기 위해 교사들에게 개인화, 맥락화한 학습 경험을 제공할 방법은 무엇인가?

2 현재의 직무 교육은 학교 문화 개선과 관련해 교사들의 변화하는 요구와 관심을 어떻게 반영하고 있는가?

3 어떻게 하면 교사들이 디지털 공간에서 더 많은 자원을 찾고 동료들과 공유하게끔 동기부여를 할 수 있을까?

4 지금 나는 PLN을 구축하고 활용하는 일에서 어디쯤 위치해 있는가? PLN에서 더 많은 것을 얻으려면 어떤 노력이 필요하며, 다른 사람들에게 PLN 구축을 장려할 방법은 무엇일까?

8

네 번째 기둥:
모든 유능한 리더는
유능한 커뮤니케이터다

Communication

> 도구와 활용 방법은 끊임없이 진화하겠지만 테크놀로지는 앞으로도 계속
> 우리 삶 속에 자리 잡을 것이다. 학부모와 교사 모두 학교와 가정 사이의 소통이
> 아이들의 성공적인 학교생활에 결정적인 요소라고 본다.
>
> —R. 뷰캐넌, M. 클라크

교실에서 교사가 학생들의 다양한 학습 스타일에 따라 가르치는 방법을 달리하듯이, 학교도 이해관계자들과의 진정한 파트너십을 원한다면 가정, 주변 학교, 지역사회와의 소통 방식을 제각기 차별화할 필요가 있다. 소통과 대외관계는 학교의 리더가 반드시 숙달해야 하는 스킬 가운데 하나로 꼽힌다(Hoyle, English, & Steffy, 1998). 효과적으로 소통할 줄 모르면 학교 리더로서 성공적인 성과를 내기 힘들다(Arnold, Perry, Watson, Minatra, & Schwartz, 2006). 다시 말해, 모든 유능한 리더는 유능한 커뮤니케이터다. 올바른 소통 전략이 있으면 다음과 같은 일을 수행하는 데 도움이 된다.

- 과업 달성과 업무 추진
- 중요한 정보 전달
- 정보 취득
- 공동의 비전 개발
- 합의를 통한 결정
- 관계 구축
- 변화의 필요성 설득

소통은 일종의 기술이며 노력이 필요하다. 소통 능력을 키우려면 우선 당사자의 역할이나 청중의 성격에 관계없이 적용되는 성공적인 소통의 토대를 이해해야 한다. 후반부에서 더 자세히 설명하겠지만, 테크놀로지는 리더의 소통 능력을 강화하며 리더가 정보를 전달하고 이해관계자들과 진정한 관계를 맺는 데 확실히 도움이 된다.

그러나 테크놀로지보다 먼저 기억해야 할 결정적인 요소가 있다. 효과적으로 소통하는 리더는 열심히 경청하고, 상대방의 말에 적절히 반응하고 생각을 덧붙임으로써 대화를 촉진한다. 또한 질문하고, 요점을 명확하고 간결하게 파악하며, 토론을 위한 열린 환경을 조성하는 등 여러 측면을 다각도로 고려한다. 최고의 커뮤니케이터는 늘 그 자리에 존재하여 적시에 적절한 정보를 꼭 필요한 사람들에게 제공하는 데 중점을 둔다.

지금은 뉴욕주의 채퍼콰라는 소도시로 자리를 옮겨 세븐브리지중

학교를 이끌고 있는 냅초등학교 전 교장 조 마자는 디지털 리더십의 선두주자였다. 바로 냅초등학교에서 그 노력의 결실이 나타났다. 디지털 도구 활용의 진화는 비단 우리 아이들뿐 아니라 학부모에게도 해당하는 사항이다. 도구와 활용 방법은 끊임없이 진화하겠지만 테크놀로지는 앞으로도 계속 우리 삶 속에 자리 잡을 것이다. 학부모와 교사 모두 학교와 가정 사이의 소통이 아이들의 성공적인 학교생활에 결정적

화요일 저녁 7시, 필라델피아 외곽의 냅초등학교 도서관에서 가정-학교 협의회 월례회의가 막 시작되려는 참이다. 회장은 먼저 학부모 참석자 14명에게 인사를 건넨 다음 대형 프로젝터 화면을 올려다본다. 집에서 라이브 동영상 피드를 통해 회의에 참여하는 학부모 44명에게 환영 인사를 하기 위해서다. 온라인 참석자들은 온라인으로 출석을 확인하고 이름과 자녀의 학년을 말하며 인사한다.

회장이 교장에게 월간 보고를 요청한다. 월간 보고에는 학교 소식, 새로운 구상, 그 밖의 중요한 공지사항이 포함된다. 회의 현장에 있는 학부모와 라이브 동영상으로 시청하는 학부모 모두 논의에 참여할 수 있다. 회의는 그 뒤로도 온라인과 오프라인을 오가며 한 시간 넘게 이어진다. 차가 없거나 베이비시터가 없거나 또 다른 여러 이유로 이동하기 어려운 학부모는 온라인으로 참석하면 된다. 조 마자의 디지털 리더십 덕분에 가능한 일이다.

인 요소라고 본다(Buchanan & Clark, 2017). 따라서 테크놀로지 사용이 급격하게 증가하는 사회의 추세에 뒤처지지 않는 것이 우리 임무다.

많은 학교 리더들이 트위터, 페이스북, 스냅챗 같은 말을 들으면 움츠러든다. 그들은 곧바로 소셜미디어 중독, 사이버폭력, 섹스팅, 시간 낭비, 업데이트라는 말 아래 오가는 무의미한 대화를 떠올린다. 실제로 그럴까? 물론 때로는 그런 일도 벌어진다. 하지만 그렇다고 해서 소셜미디어가 선사하는 기회조차 외면해야 한다는 뜻은 아니다. 소셜미디어에는 여러 이해관계자를 참여시키고 그 과정에서 강력한 관계를 형성할 수 있는 잠재력이 있다.

학교와 학교 리더가 이 자원의 힘을 활용하여 소통을 개선하고 궁극적으로 높은 성과와 효율성을 발휘하는 방법에는 여러 가지가 있다. 이제는 많은 이해관계자들이 전통적인 매체에 의존하거나 가치를 두지 않는다. 실물 편지, 소식지, 학교 홈페이지 업데이트, 심지어 이메일마저 철 지난 소통 형태가 되었다. 물론 일부 학부모와 보호자는 여전히 예전 방식을 사용하고 있으므로, 무조건 바꾸어야 한다고 주장하는 것은 아니다. 그러나 많은 이해관계자들이 언제든 필요할 때 온라인에 접속하여 정보를 얻거나 소통하는 데 익숙하다면, 디지털 리더는 그 공간에서 그들과 우리를 만날 수 있게 도와주어야 한다. 요컨대, 위에서 언급한 전통적인 방식에 소셜미디어 도구의 체계적 활용을 혼합한 역동적인 하이브리드 소통 기법을 마련한다면, 모든 이해관계자의 참여도를 높일 수 있을 것이다.

디지털 소통의 3대 원칙 ———

소셜미디어는 이해관계자들의 소통과 통합할 수 있는 소중한 자원이다. 트위터, 페이스북, 인스타그램, 유튜브 사용자는 수십억 명에 달한다. 링크드인, 스냅챗, 블로그도 매우 인기 있는 매체다. 디지털 리더들은 학부모, 지역사회 구성원들에게 소셜미디어를 소개하는 가장 쉬운 방법을 알아냈다. 학교 홈페이지에 학교의 트위터 메시지가 자동으로 표시되게끔 계정을 연결하는 것이다.

나는 몇 년 전 뉴밀퍼드고등학교 교장으로 재직할 때 작은 변화를 시도했는데, 그로 인해 내 리더십 스타일과 학교 전체가 변모했다. 바로 학부모, 지역사회 구성원들과의 소통 형태를 소식지와 이메일에서 소셜미디어로 전환한 것이다. 트위터 계정을 설정하는 마우스 클릭 한 번이 나의 수업 리더십을 변화시켰다.

소셜미디어를 활용한 소통 전략은 트위터를 시작으로 점차 다양한 도구와 접근 방식으로 확장되었다. 소셜미디어 도구들이 기존의 수단과 차별화한 점은 바로 전파력이다. 휴교 공지든 우수 학생 프로젝트 소개든, 키보드 조작 몇 번으로 학생, 학생 가족, 커뮤니티 그리고 전 세계에 소식을 전하고 그들의 반응까지 들을 수 있었다.

물론 새로운 도구만으로 달성된 성과는 아니었다. 교수법과 철학의 변화가 필요했는데, 이는 뉴밀퍼드고등학교 학생들을 비롯하여 커뮤니티 전체에 깊은 영향을 주었다. 나 자신에게도 그 효과는 컸다. 나와 교사들이 새로운 것을 배우고 지리적 한계를 뛰어넘고 위험을 감수하는 모습은 학생들에게 강력한 본보기가 되었다. 나는 소셜미디어를 활용하여 학교가 학습에 주는 영향력과 우리의 이미지를 강화하는 가운데, 디지털 도구를 이용해 효과적으로 소통하기 위한 3대 원칙이 투명성·유연성·접근성임을 발견했다(Sheninger, 2015a).

소셜미디어는 이해관계자들을 쌍방향 소통에 참여시키는 힘이 있다. 소셜미디어는 뉴밀퍼드고등학교의 정보를 더 자주, 더 정확하게 공유하고 실시간으로 최신 소식을 제공할 수 있게 해주었으며, 이는 전통적인 방식보다 더 많은 참여를 이끌었다. 교사, 학부모, 심지어 외부인들도 뉴밀퍼드고등학교에 관한 아이디어를 제시해주었다.

이것은 한층 높은 수준의 투명성과 개방성을 요구했다. 때로는 잘되는 일뿐 아니라 어려운 점도 공유하고, 모든 이의 피드백에 열려 있어야 한다는 뜻이다. 이 접근 방식의 중요한 측면 가운데 하나는 학생, 학부모, 그 밖의 커뮤니티 구성원들이 소통의 도구와 절차에 관여한다는 점이다. 그러려면 여러 이해관계자를 학교 운영과 의사결정 과정에 참여시켜야 하므로 유연성이 매우 높아야 했다. 소셜미디어의 태생적 속성인 높은 접근성은 시간과 장소에 관계없이 정확하고 유용한 정보를 전달할 수 있게 했다.

상호 보완적인 여러 소셜미디어를 사용하는 것도 무척 중요하다. 그러려면 먼저 학교 리더가 주요 소셜미디어를 제대로 이해하고, 소통을 강화하려면 어떻게 활용할 수 있는지 파악해야 한다. 항상 염두에 두어야 할 점은 이 도구들이 계속 변화한다는 것이다. 그러므로 먼저 소통의 목적부터 생각하는 것이 중요하다. 소통의 질을 결정하는 주체는 인간임을 잊지 말자.

마이크로블로그의 최강자, 트위터

트위터는 트윗이라고 불리는 280자(한글은 140자) 이내의 메시지를 무료로 전송하게 해주는 마이크로블로그 플랫폼이다. 텍스트, 이미지, 링크 주소, 동영상, 또는 혼합된 형태로 메시지를 보낼 수 있다는 점은 트위터를 역동적인 소통 도구로 만들어준다. 트윗의 간결 명료함은 효과적인 실시간 정보 전달을 가능하게 할 뿐 아니라 소중한 시간을 절약해준다. 글자 수 제한과 트윗 업데이트를 문자메시지로 받아볼 수 있다는 점이 트위터의 강점이다. 게다가 값비싼 시스템에 돈을 쓰지 않고도 활용 가능하다. 언제 어디서나 정보를 주고받을 수 있어 매우 편리하다는 점도 트위터의 또 다른 매력이다.

요즘 부모들은 몹시 바빠서 아이들에게 무슨 일이 벌어지고 있는지 모두 알기가 힘들다. 트위터는 연주회, 전시회, 운동경기, 학력 경진 대회, 예비 소집 등 각종 학교 행사 일정을 때맞추어 알릴 수 있는 훌륭한 매체다. 모든 관계자에게 소식을 전할 수 있는 것은 물론, 전통적인 통신 수단을 이용하기 힘든 곳에서도 모바일 기기를 사용해 소식을 받을 수 있다.

학교에서는 많은 회의가 열리며 회의에 따라 학부모, 학교 스포츠

팀 후원자 등 다양한 이해관계자 집단이 참여한다. 리더는 트위터로 회의 참석 대상자에게 메시지를 보내고, 회의 장소나 시간 변경을 알리기도 하고 사전에 회의 안건을 배포할 수 있다. 동영상으로 회의 요약 자료를 만들고 회의록을 공람할 수도 있으며, 회의에 참석하지 못한 사람들에게도 자료 전송이 가능하다. 이 모든 정보를 홈페이지에 게시한다고 해도 사람들이 예전만큼 홈페이지를 자주 확인하지 않을 가능성이 높다. 소셜미디어 활용의 핵심은 정보를 빠르고 쉽게 전달하며 더 깊이 있는 정보를 볼 수 있는 공간으로 단숨에 이동시켜준다는 점이다. 나는 학교의 성과를 알릴 때 늘 우리의 혁신이 학생들의 학업 성과를 향상했다는 기사처럼 호의적인 보도가 있는지 찾아보고, URL 링크를 함께 게시했다.

날씨와 관련된 소식도 중요하다. 특히 눈은 교육감을 미치게 만든다. 기상 상황이나 다른 이유로 인한 휴교 조치가 시행되면 관계자들은 그 즉시 소식을 알고 싶어 한다. 디지털 시대의 리더는 기존의 통보 시스템이 제대로 작동할 수 없는 경우를 예측하고 대안을 마련해야 한다. 초대형 허리케인 샌디가 뉴밀퍼드 지역을 강타했을 때 전기가 며칠 동안이나 끊겼다. 그 탓에 뉴밀퍼드고등학교의 학부모와 교직원들은 저녁마다 통보 시스템이 자동으로 발송하는 메시지를 받지 못했다. 그때 트위터와 페이스북이 귀중한 통신 수단이 되었다. 정전이 되어도 모바일 기기로 전송된 휴교 알림 메시지는 볼 수 있었기 때문이다.

많은 학교에서 스포츠는 구심점 역할을 한다. 많은 팀, 많은 경기가 있어서 모든 경기를 파악하기가 불가능할 정도다. 그렇지만 트위터의 학교 계정을 이용하거나 운동부 전용 계정을 만들어 관련 정보를 업데이트하면 지역사회의 열렬한 스포츠 팬들이 경기 소식을 놓치지 않을 수 있다. 뉴밀퍼드고등학교에서도 스포츠는 학교 문화의 중요한 요소였기에 이 방법을 적극적으로 이용했다(온라인 자료 8.1).

학생들이 거둔 성과는 가능한 모든 방법을 동원해서 축하해주어야 한다. 학생들의 성취를 파악하고 선별하여 트위터에 올리면 관계자들이 어디서든 볼 수 있다. 트윗은 오늘날 가장 영향력 있는 축하와 칭찬 방법일 것이다. 게시물은 텍스트뿐 아니라 그림, 보도 자료로 연결되는 URL, 멋진 순간을 포착한 동영상일 수 있다. 전시회에 걸린 학생의 작품, 연주회 동영상, 실시간 운동 경기 점수, 대학 진학 설명회 참석자를 마치 현장에 간 것처럼 볼 수 있다.

교사는 학교의 중추다. 그러나 불행히도 혁신을 위한 교사들의 노력은 그 가치만큼 알려지지 않는다. 트위터는 공개수업, 공식 참관, 일상적인 순찰 때 수업이나 혁신적인 학습 활동 장면 등을 게시하여 투명성을 높이는 수단이 된다.

최근 들어 학교 보안과 긴급 상황에서 부모에게 정보를 전달하는 일이 더 중요해졌다. 학교 리더는 언제나 최신 기술에 밝아야 하며 무전, 이메일, 교내 방송, 유선 전화 등 전통적인 수단을 사용할 수 없을 때를 위한 대책을 갖추고 있어야 한다. 트위터는 비상시 모바일 기기에서 정보를 받아볼 수 있는 대안이 된다.

효과적인 커뮤니케이션이란 뉴스를 만드는 일을 넘어 모든 이해관계자가 뉴스를 받아보게 하는 것이다. 학교 소식지든 주류 언론 매체 기사든 트위터에서 링크로 전달하면 최근에 채택된 정책이나 장학금 정보, 투표나 공사 계획 등 학교 소식을 더 자세히 알릴 수 있다. 소셜 미디어 덕분에 학부모, 교사, 학생을 위한 자료 수집과 관리가 그 어느 때보다 쉬워졌다. 트위터로 관계자들에게 평생학습을 위한 자료를 공유한다면 학교의 활동에 대한 지지가 높아질 것이다.

뉴밀퍼드고등학교는 공식 트위터 계정(온라인 자료 8.2)을 만들어 위에서 말한 정보를 전송했다. 학부모 대부분은 트위터가 무엇인지 알지만 이런 소통에 사용된다는 사실을 모를 수 있으므로 해마다 간략한 안내문도 배포했다. 안내문에는 트위터 가입 방법, 휴대전화에서 업데이트를 활성화하는 방법, 전송할 수 있는 정보 유형 등을 담았다. 학교에서 트위터를 소통 도구로 도입하려면 다음의 절차를 따르면 된다.

1 트위터(twitter.com)에서 무료 계정을 만든다. support.twitter.com에서 설정 방법과 도움말을 얻을 수 있다.

2 학교의 소통 도구로 사용한다는 점을 고려하여 사용자명을 정한다.

3 계정 정보에는 간략한 소개, 학교 웹사이트 URL, 본인 또는 학교 사진을 포함해야 한다.

4 학교 건물이나 마스코트, 학교의 상징 색상 등 학교의 자부심을 보여주는 헤더를 설정한다.

5 주요 관계자에게 트위터 계정과 앞으로 트위터를 어떤 용도로 사용할지 알린다.

온라인 자료 8.3은 학부모에게 소통과 참여를 위한 트위터 활용 안내문 견본을 제공한다.

쌍방향 소통의 허브, 페이스북

교장으로 재직하면서 트위터보다 페이스북 사용자가 더 많다는 사실을 알게 됐다. 전 세계의 페이스북 사용자 수십억 명 중에는 당연히 학생, 학부모, 학생의 조부모, 학생이 사는 동네 사람들과 그 지역 업체들도 포함된다. 그 수치를 본 나는 뉴밀퍼드고등학교의 페이스북 페이지를 만들지 않을 수 없었다. 페이스북은 모든 학교 활동의 허브가 되었다. 또한 학교에 대한 자부심의 매체이자 졸업생을 쌍방향 소통에 참여시키는 창구로 진화했다.

요즘 사람들은 정적이고 지루하며 일방적인 소통밖에 이루어지지 않는 학교 홈페이지를 방문하지 않는다. 학교 리더가 페이스북을 소통의 도구로 도입하는 것은 그런 사실을 알고 있기 때문이다. 설사 처음에는 조금 불편하더라도 관계자들에게 먼저 다가가고자 하는 바람이 디지털 리더십의 동력이다. 쌍방향 소통을 위해 공개 페이스북 페이지를 운영하는 데 따르는 위험을 예상하고, 문제가 생기면 어떻게 해야 하는지 미리 파악해두는 것도 관건이다.

사람들은 페이스북에 새로 올라온 소식에 일상적으로 댓글을 달거나 '좋아요'를 누른다. 트위터로 전송된 정보는 뉴밀퍼드고등학교의 페이스북 페이지에도 똑같이 게시된다. 소통 도구로서 페이스북의 결정적인 힘은 쌍방향 소통을 통해 커뮤니티의 참여를 촉진할 수 있다는 점이다. 디지털 시대의 리더는 참여와 상호작용의 가치와 장점을 알아야 한다. 댓글과 '좋아요'가 허용되지 않는 페이스북 페이지는 홈페이지와 다를 바 없다. 페이스북은 '소셜'미디어라는 사실을 잊지 말자.

페이스북을 소통 도구로 도입하는 일은 어렵지 않다. 단, 학교나 기관의 페이스북 페이지를 만들려면 개인 계정부터 만들어야 한다. 페이스북 페이지에서 개인정보에 접근할 수는 없으니 걱정하지 않아도 된다. 페이스북 페이지를 만들려면 www.facebook.com/pages/creation을 방문해 다음과 같은 절차를 따르면 된다.

1 학교명, 기관명 등으로 페이지 이름을 정한다.
2 학교, 교육 등 카테고리를 기재한다.
3 다음 페이지에서 학교 사진이나 마스코트 등을 프로필 사진과 커버 사진에 추가한다. '저장'을 클릭하면 페이지가 생성된다.
4 화면 왼쪽의 '페이지 관리하기'에서 '설정'을 선택하면 여러 옵션이 나타난다. 그중 '페이지 정보'에서 학교 소개, 학교 홈페이지, 교육 강령, 운영 시간, 주소나 지도, 트위터 피드나 운동경기 일정 등 주요 링크를 소개란에 추가할 수 있다.

5 페이스북 페이지 고유 주소를 만든다.

6 페이스북 페이지의 권한 설정도 중요하다. 쌍방향 소통이 가능하게
끔 설정해야 한다.

커뮤니케이션 계획의 일환으로 페이스북 페이지를 도입한다는 것
은 이해관계자 참여도를 높이는 새로운 활동을 시작한다는 뜻이다. 상
태 업데이트, 사진이나 (실시간 또는 사전 녹화한) 동영상 업로드 등 정보를
전달하는 방법은 여러 가지다.

업데이트 소식은 모든 관계자들에게 즉시 알릴 수 있다. 참여도를
높여줄 투표 기능도 있다. 참여도는 페이스북 페이지의 개별 상태 업
데이트의 '좋아요'와 '노출' 수치로 파악할 수 있다. '노출'이란 특정 게
시물이 사용자의 뉴스피드에 표시된 횟수를 말한다. 관리자 페이지의
종합 분석 기능은 페이스북 페이지에서 어떻게 소통이 이루어지는지
쉽게 파악할 수 있게 해준다. '인사이트'를 클릭하면 날짜별, 게시물별
분석 데이터를 그래프로도 자세히 볼 수 있다.

페이스북과 트위터를 함께 사용하면 이해관계자들의 손에 긍정적
인 정보를 쥐여줄 수 있다. 예전에는 뉴스 매체, 보도 자료, 웹사이트에
의존해야 했지만, 이제는 소셜미디어에서 학교 프로그램을 잘 보여주
는 사진과 동영상을 게시하고 언론 기사와 웹사이트 업데이트도 링크
로 전달할 수 있다. 소셜미디어 활용은 궁극적으로 홍보(9장 참조)를 강
화하고 브랜드 존재감(10장 참조)을 창출함으로써 학교의 혁신과 성취

표 8.1 소셜미디어로 소통하는 학교들

학교	트위터	페이스북
뉴밀퍼드고등학교 (뉴저지주 뉴 밀퍼드)	twitter.com/NewMilfordHS	www.facebook.com/ NewMilfordHS
월드윅고등학교 (뉴저지주 월드윅)	twitter.com/WaldwickWHS	on.fb.me/WyS5rn
어래퍼호고등학교 (코네티컷주 센테니얼)	twitter.com/ahswarriors	www.facebook.com/ahswarriors
코펄고등학교 (텍사스주 코펄)	twitter.com/CoppellHigh	on.fb.me/YeJsQ8
블랙리더중학교 (뉴저지주 체스터)	twitter.com/BlackRiverMS	on.fb.me/14M8ADP
해리 H. 헌든중학교 (텍사스주 로이즈 시티)	twitter.com/herndonheros	on.fb.me/12ij8aX
유티카중학교 (오하이오주 유티카)	twitter.com/EJHSBulldogCtry	www.facebook.com/ fayettecountypublicschoolstn/
웰스초등학교 (텍사스주 사이프러스)	twitter.com/CFISDWells	www.facebook.com/CFISDWells
허모사학교 (사우스다코타주 허모사)	twitter.com/hermosaschools	www.facebook.com/ HermosaSchools
사이프러스-페어뱅크스 독립 교육구 (텍사스주 사이프러스)	twitter.com/CyFairISD	www.facebook.com/CyFairISD

에 관한 메시지를 전달하는 일이다. 표 8.1은 트위터와 페이스북을 커
뮤니케이션 통로로 활용하는 미국 초·중·고등학교 목록이다.

새로운 방법의 개척자들 ————

트위터를 기반으로 하는 PLN이 늘어나고 있다. PLN에 참여하면 오늘

날 가장 존경받는 리더들이 사용하는 최신 소통 전략을 바로 접할 수 있다. 많은 학교가 디지털 환경에 익숙해지고 있는 학부모들에게 다가가기 시작했다. 그러나 소셜미디어만으로 학부모들과 진정한 소통이 이루어지는 경우는 드물다. 정책적 제한, 두려움, 신뢰 부족, 관련 연구 부족, 자원 부족 등이 그 이유다.

뉴밀퍼드고등학교의 페이스북과 트위터 외에 인상적인 사례를 보여주는 학교로는 크리스 레만이 이끄는 사이언스리더십아카데미고등학교(페이스북과 트위터), 셰릴 피셔가 이끄는 웰스초등학교(페이스북, 트위터, 인스타그램)가 있다. 학교가 시행하는 여러 소통 방식을 보여주기 위해 교사, 관리자, 학부모 대상 교육을 연중 실시하는 방안도 고려할 수 있다. 모든 이해관계자가 디지털 도구 사용법을 안다거나 모두가 온라인 소통을 원한다고 가정하면 안 된다는 점도 잊지 말자.

더 많은 참여를 위한 다각적인 접근 ———

교육자는 학부모 등 주요 이해관계자와 대화하기 위해 효과적인 소통 기법의 전문가가 되어야 한다. 시대가 변하고 테크놀로지가 발달하면서 우리는 효율적이고 비용 대비 효과적인 여러 정보 전달 수단을 갖게 되었다. 학부모와 효과적으로 소통하려면 투명성, 정직성, 접근성, 유연성이라는 네 가지 핵심 원칙이 바탕이 되어야 한다. 이 네 가지 원칙은 아래와 같이 커뮤니케이션 전략에 적용될 수 있다.

1 업무용 이메일 주소와 트위터 계정을 공개하자. 그러면 학부모들이 각자 편한 시간에 연락을 취할 수 있다. 업무용 계정이 없다면 꼭 만들기 바란다. 나는 새 학년이 시작되면 모든 학부모에게 트위터를 소개하고, 계정 만드는 법과 트위터에 새로 올라온 내용을 문자메시지로 받아보는 방법 등을 담은 편지를 보냈다. 트위터에서 저마다 자기가 편한 방법으로 업데이트 소식을 받아볼 수 있는 것은 기존의 소통 도구와 차별되는 특징이었다.

   투명성만 따지면 트위터보다 효과적인 수단이 없을 것이다. 내가 개인 계정 외에 학교의 공식 계정(@NewMilfordHS)을 만든 것도 학부모의 피드백을 반영한 결과였다. 뉴밀퍼드고등학교의 트위터 페이지에는 학교의 공식 웹사이트 URL 링크와 학교의 상징 색, 마스코트, 로고를 담았다. 이는 사용자들이 알아보기 쉽게 할 뿐만 아니라 브랜드 입지를 높이는 데 도움이 되었다. 이 계정의 트윗에는 운동경기 점수, 행사 일정, 학교 소식, 학생들의 성취와 교직원 성과, 기상 상황 등 긴급 공지가 포함되었다.

2 개인 홈페이지를 만들어 연락처 정보, 면담 가능 시간, 수업 과제, 언론 보도 등을 공유하자. 자신의 교육 철학과 비전, 교사로서 거둔 성과를 부모에게 전달할 수 있는 훌륭한 방법이기도 하다. 내 개인 웹사이트는 ericsheninger.com에서 볼 수 있다.

3 학부모를 위한 소셜미디어 워크숍을 열어도 좋다. 학부모들은 사적인 교류를 위해서만 소셜미디어를 사용해보았을 것이다. 소셜미디어를 학교와 이해관계자들이 서로 더 잘 소통하는 데 활용할 수 있는 이유와 방법을 자세히 보여주고 실제로 체험할 기회를 만들어주자.

4 학생 개인에게 좋은 소식이나 나쁜 소식이 있으면 전화로 알려라. 전통적인 소통 방법을 소셜미디어와 결합하면 돈독한 관계를 구축하고 유지할 수 있다. 아무리 디지털 시대라고 해도 직접 목소리를 들으며 나누는 대화에 얼마나 강력한 힘이 있는지 잊으면 안 된다.

5 학생과 교사의 성취와 성공 스토리는 많이 알릴수록 좋다. 학부모들은 학교와 교실에서 일어나는 멋진 일을 듣고 싶어 하고 또 들을 필요도 있다. 그런 순간을 담은 블로그 게시물이나 월간 보고서를 발행하는 것도 좋은 방법이다. 나는 뉴밀퍼드고등학교에서 《교장 리포트》를 발간하여 학교 웹사이트, 트위터, 페이스북, 그 밖의 소셜미디어로 공유하고 학교 모바일 앱에서 푸시 알림으로 학부모에게 전달했다. 온라인 자료 8.4에서 견본을 볼 수 있다.

　방법은 간단했다. 한 달에 한 번 교사들에게 빈 템플릿을 보내 각자 교실 안팎에서 거둔 공유할 만한 성과를 적어달라고 요청했다. 나는 교사들이 보내준 내용을 선별하여 PDF 파일로 만든 뒤 웹사이트에 게시하고, URL 링크를 소셜미디어 8군데에 공유했다. 온라인 자료 8.5(《교장 리포트》템플릿)에서 양식을 볼 수 있다.

6 웹 기반 무료 전화 서비스인 구글 보이스로 학부모 전용 전화번호를

만들자. 그러면 학부모나 다른 관계자들이 이 번호로 전화를 하거나 메시지를 남길 수 있다. 구글 보이스 전화번호는 개인 전화나 업무용 휴대전화와는 완전히 별개이며 실제로 벨이 울리지는 않는다. 전화 메시지가 왔을 때는 이메일로 전송된 내용을 보고 후속 조치를 취하면 된다.

7 디이고나 핀터레스트 같은 소셜 북마크, 큐레이션 서비스를 활용하면 학부모들이 각종 자료를 쉽게 찾아볼 수 있다. 자료를 선별, 분류하고 설명을 달아 트위터, 페이스북, 이메일로 전달하면 된다. 학생과 교사를 위한 자료도 따로 정리해둘 수 있다.

8 학부모의 전화나 이메일에는 항상 제때에 답해야 한다. 이해관계자들의 참여도를 높이고 쌍방향 소통을 촉진하기 위해서는 트위터와 페이스북 댓글에 대한 답도 매우 중요하다.

9 학부모를 학교, 교실에 초대하자. 직접 오기 힘든 학부모를 위해서는 페리스코프Periscope, 페이스북 라이브Facebook Live, 유스트림Ustream, 구글 행아웃Google Hangouts 등을 활용하여 라이브 동영상 스트리밍 서비스를 제공할 수 있다.

10 학교 공식 페이스북 페이지를 만들어 학교에서 열리는 각종 행사를 광고하고 학교의 최신 정보를 제공하는 데 활용하자. 앞에서 언급했듯이 뉴밀퍼드고등학교의 페이스북 페이지는 학부모들에게 정보의 허브가 되었다.

11 학생 추천 정책을 시행하는 경우, 대상 학생이 정해지면 학부모에

게 알려야 한다. 예전에는 전화나 이메일로 알렸지만 트위터나 페이스북 같은 소셜미디어를 활용해 공개적으로 발표할 수도 있다.

12 블로그를 시작하고, 학부모들이 댓글을 달게끔 독려하자. 블로그는 학부모들이 학교 문화를 잘 알 수 있게 돕는 훌륭한 소통 도구다.

13 학교과 관련된 모든 소셜미디어 메시지에 해시태그(#)를 달자. 해시태그는 주요 소셜미디어 사이트(트위터, 페이스북, 링크드인, 인스타그램)에서 메시지를 분류하여 다른 사용자들이 특정 주제에 대한 업데이트나 대화를 쉽게 찾아볼 수 있게 해준다. 핵심은 독특한 해시태그를 만드는 것이다. 예를 들어 텍사스주 사이프러스에 있는 웰스초등학교는 모든 소셜미디어 메시지에 #ExploreWells라는 해시태그를 단다. 다른 사용자들이 해시태그를 클릭하면 해당 해시태그가 달린 메시지를 한꺼번에 볼 수 있다.

14 이해관계자들에게 다가가는 다른 수단을 찾아보자. 나는 뉴밀퍼드 고등학교에서 '종이 없는 환경'을 만들려고 관련 정보를 찾아보다가 집슬립ZippSlip(온라인 자료 8.6)을 발견했다.

집슬립은 종이 문서를 그대로 온라인에 옮겨 스마트폰, 태블릿, 컴퓨터로 볼 수 있게 해준다. 이 클라우드 기반 앱은 건강보험 정보의 이전과 그 책임에 관한 법률Health Insurance Portability and Accountability Act; HIPAA, 가족 교육권과 프라이버시 법에 따라 개인정보를 철저히 보호한다. 또한 별다른 교육 없이 사용할 수 있으며 사실상 IT 지원도 불필요하다. 앱을 활용하면 보안 걱정 없는 쌍방향 채널로 리치미디어 상호작용이 가능하고, 학부모가 각종 서류에 전자 서명을 해서 제출할 수 있다. 나는 이 앱을 이용하여 학부모에게 이메일이나 동영상 메시지를 보내기도 했다.

학부모, 학생, 지역사회 리더, 지역 기업 등 여러 이해관계자 집단이 학교의 핵심 신념을 수용하는 것은 학교의 성공에 중요한 요인이다. 따라서 디지털 리더는 공감을 일으키는 메시지를 생산하고 효과적으로 전달하기 위해 지속적으로 노력해야 한다. 소통은 여러모로 우리가 날마다 해야 하는 가장 중요한 일이다.

FACE에서 eFACE로

가족과 지역사회 참여Family and Community Engagement; FACE는 수십 년 동안 많은 연구가 이루어진 주제다. 조이스 엡스타인, 앤 헨더슨, 캐런 맵 같은 연구자들은 가정과 학교 사이의 파트너십을 구축할 때 학부모와 만나는 것이 얼마나 중요한지에 관해 방대한 연구 결과를 내놓았다. 조 마자는 테크놀로지를 통해 가정과 학교를 연결하고 파트너십을 유지한다는 뜻으로 eFACEelectronic Family and Community Engagement라는 용어를 만들었다. 엡스타인에 따르면 진정한 가정-학교 파트너십을 위해서는 풍부한 쌍방향 소통이 필수다(Epstein, 2011). 테크놀로지를 활용한 eFACE 실행은 페이스북, 트위터, 링크드인, 인스타그램, 유튜브, 블로그, 스냅챗 같은 가상공간에서 대화할 수 있는 길을 열어준다.

조 마자는 테크놀로지가 가정-학교 파트너십을 저절로 이루어주는 마법은 아니지만 확실히 보완 기제가 될 수는 있다고 주장한다. 물론 눈을 마주치고 손짓과 몸짓을 나누고 상대방의 말투를 파악해 공감대를 형성하는 대면 상호작용이 이상적인 관계를 구축하는 방법이며, 가능한 한 학부모와의 대면 접촉 시간을 확보하는 것이 훨씬 중요하다. 소통을 위한 노력의 바탕에는 쌍방향 대면 상호작용이 필요하다. 다만 그 노력 과정에서 현실에 발맞춘 미세한 조정이 이루어져야 한다. 학부모들이 이미 테크놀로지에 익숙한 경우, 쌍방향 소통 수단으로서의 디지털 도구를 배제한다면 그러한 학부모와의 소통을 제한하는 셈이다. 교실에서 학생의 차이에 맞춘 차별화한 교육이 필요하듯이, 학부모의 차이에도 우리의 차별화한 노력이 필요하다.

학교 리더는 《베이크 세일을 넘어서Beyond the Bake Sale》(Henderson, Mapp, Johnson, & Davies, 2007)에서 말하는 가정-학교 파트너십을 위한 아래의 네 가지 핵심 신념에 주목해야 한다. 그리고 FACE건 eFACE건 핵심 신념에는 변함이 없어야 하고 대면 상호작용을 근간으로 삼아야 한다.

첫째, 모든 학부모는 자녀에 대한 꿈이 있으며 자녀에게 최선이고 싶어 한다.

둘째, 모든 부모는 자녀의 학습을 도울 능력이 있다.

셋째, 학부모와 교사는 동등한 파트너가 되어야 한다.

넷째, 학교와 가정 사이의 파트너십을 구축할 책임은 주로 학교, 특히 학교 리더에게 있다.

또한 테크놀로지가 대면 상호작용에서 발생하는 시선 교환, 어조, 공감, 상호 존중을 대체할 수 없다는 점에 유의해야 한다. 스카이프, 페이스타임 같은 화상회의 도구는 물리적으로 만날 수 없을 때 토론을 가능하게 해준다. 그러나 조 마자는 테크놀로지가 FACE의 보조 장치일 뿐 FACE를 대체할 수 없음을 분명히 밝혔다.

간단한 설문 조사를 통해서 학부모의 93퍼센트가 휴대전화나 컴퓨터로 매일 인터넷에 접속한다는 사실을 알게 된 조 마자는 쌍방향 소통을 위한 여러 선택지를 만들었다. 모든 가정에 동등한 접근권이 주어지게끔, 컴퓨터가 없고 영어를 읽지 못하는 학부모를 위해서는 번역본을 집으로 보내주었다.

eFACE의 진화

냅초등학교의 eFACE 활동은 학부모에게 이메일을 발송하기 위해 대량 메일 전용 구글 계정을 마련하면서 시작되었다. 6년 뒤, 우리의 데이터베이스에는 500개가 넘는 이메일 주소가 쌓였다. 메일을 보낼 때는 대용량 파일을 첨부하는 대신 URL 링크로 다양한 자료에 접근하게 했다. 훌륭한 첫걸음이었지만 대개 일방적인 정보 전달이었으며 쌍방향 소통 기회는 별로 없었다.

그다음 단계는 테크놀로지를 각 가정에 정보를 요청하는 수단으로 활용하는 것이었다. 조 마자는 가정-학교협의회 회장과 긴밀한 파트너십을 구축하고, 학부모를 참여시키기 위한 여러 수단을 함께 구상했다. 그중 하나가 바로 '학부모 참여 위키'였다. 학부모와 교사는 이 위키(하와이 말로 '빨리'라는 뜻이다)에서 각 가정을 위한 정보를 추가하고 보관했다. 대용량 PDF나 워드 파일 또는 종이 문서를 발송하는 대신 위키에 정보를 저장하고 학부모에게는 URL 링크만 보내면 되었다.

냅초등학교는 쉽고 빠르게 내용을 업데이트할 수 있는 위키를 도입하여 블로그 같은 쌍방향 소통 도구를 마련했다. 교직원들의 많은 업무량을 생각할 때, 웹사이트 관리 때문에 씨름하는 시간을 줄여 학생과 더 많은 시간을 보내게 하는 일은 점점 더 중요해졌다. 냅초등학교는 학부모들의 피드백을 통해 위키가 사용자 친화적인 인터페이스로, 학교에서 연중 제공하는 많은 정보를 소화하는 데 도움이 된다는 사실을 알았다. 신입 학부모뿐 아니라 베테랑 학부모에게도 유용했다. 위키 사이트가 닫히더라도 대안은 많다. 구글 사이트를 제작해서 사용해도 같은 효과를 얻을 수 있다.

냅초등학교가 세운 목표 가운데 하나는 가정-학교협의회 운영에 더 많은 학부모를 참여시키는 것이었다. 월례 회의에 참석하여 함께 논의하는 학부모는 15~20명밖에 되지 않았다. 그래서 회의 참석률을 두 배로 늘리고, 다양한 가정을 반영할 수 있게 하며, 차량 이동이 불편한 학부모의 사정을 고려하고, 탁아 서비스의 필요성을 이해시킬 방안을 월례 회의의 의제로 삼았다. 문제는 이 모든 일을 추진하는 데 필요한 자금이 없다는 점이었다.

그리고 다음 달 회의를 생방송으로 청취하거나 시청할 수 있게 하는 '가정-학교 2.0'을 시도했다. 그러자 월례 회의 참석자가 50명이 넘었다. 회의 중간에 마련한 학생 동아리 발표 시간은 논의의 초점을 학생에게 두어야 한다는 점을 잊지 않게 했다. 냅초등학교 학부모 중에는 맞벌이 부부가 많으며 투잡 또는 그 이상의 일을 하는 사람도 많다.

이 새로운 소통 방법이 집이나 직장에서 별도의 비용을 들이지 않고 회의를 청취 또는 시청할 수 있게 해주어 바쁜 부모에게 도움이 된다는 반응이 돌아왔다. 또 다른 성과는 몇몇 교사도 집에서 회의에 참석할 수 있었다는 점이다. 냅초등학교는 다음과 같이 학부모 참여 방법을 다양하게 마련했다.

- 트위터(@KnappElementary): 교사와 학부모가 냅초등학교에서 일상적으로 어떤 학습이 이루어지는지에 관한 메시지를 주고받을 수 있다.
- 페이스북(www.facebook.com/knappelementary): 가정-학교협의회가 관리하고 운영한다.
- 가정 참여 위키
- 냅초등학교 앱
- 사이버폭력 신고 시스템, 학생들끼리 서로 칭찬과 친절을 독려하는 e버킷필러, 자원봉사 활동을 위한 e발런티어

- 가정-학교 2.0: 이해관계자들의 참여 활성화를 위한 가정-학교협의 회 월례 회의 방송
- 집슬립: 개인 이메일 인터페이스, 종이 없는 학교를 위한 각종 전자 양식, 쌍방향 피드백을 제공하는 학부모 전용 앱
- 구글 텍스트: 조 마자 교장과의 채팅
- 리마인드(www.remind.com): 긴급 휴교 알림 시스템
- 폴 에브리웨어(www.polleverywhere.com): 회의 중에 의견을 수렴하기 위한 실시간 투표
- 교실에서 로그인 없이 트위터 대신 쓸 수 있는 소통 도구(패들렛Padlet, 멘티미터Mentimeter 등)
- 냅모도: 4~6학년 학습 관리를 위한 에드모도(www.edmodo.com)의 냅초등학교 채널
- 구글 포토의 냅초등학교 계정
- 구글 번역: 영어에 익숙하지 않은 학부모를 위해 위키 페이지에서 이용 가능
- 랭귀지 라인Language Line: 전화 회의와 화상회의 통역 서비스
- 냅TVKnappTV: 학생들이 만드는 학교 방송 유튜브 채널
- 오디오붐Audioboom: 학교 공지사항을 알리는 오디오 채널
- 키드블로그(Kidblog.org): 냅초등학교 학생들이 학교생활을 공유할 수 있는 블로그

인터넷은 가정과 학교 사이의 소통을 촉진하는 새로운 기회를 열어줄 것으로 기대된다(Bouffard, 2008). 아이들과 공교육을 위해 무엇을 할지 진지하게 고민하고 있는가? 그렇다면 소통을 위한 노력, 특히 소통을 위해 모든 가정의 필요를 충족하는 데서 소셜미디어를 더는 외면할 때가 아니다. 리더 개인의 소통에서도 마찬가지다. 교육자는 여기에서 언급하지 않은 도구를 포함하여 다양한 아이디어와 자원을 활용하게 해주는 여러 소셜미디어로 가족과 소통할 수도 있다. 적은 자원으로 많은 일을 해야 한다는 압박을 받는 리더에게 무료 도구를 활용한 소통 활성화는 더욱 중요해졌다. 디지털 시대의 모든 교육자는 다양한 경로로 이해관계자들을 만나야 한다. 디지털 도구를 사용하면 쌍방향 소통을 지원하고 촉진하는 문화를 조성할 수 있다. 도구는 변하겠지만 효과적인 소통의 필요성은 앞으로도 변하지 않을 것이다.

생각해볼 문제

1 나는 얼마나 유능한 커뮤니케이터인가? 우리 학교, 우리 교육구는 어떠한가? 효과적인 소통을 위해 개선이나 조치가 필요한 부분은 무엇인가?

2 여러 이해관계자 집단과의 소통이 어떻게 변해왔는가? 어떤 전략이 효과적인가?

3 소통을 위해 어떤 도구를 새로 도입하려고 하는가? 이유는 무엇인가?

4 쌍방향 소통과 참여 확대를 위해 다각적인 접근법을 사용하고 있는가? 어떻게 하면 더 개선할 수 있겠는가?

9

다섯 번째 기둥:
홍보를 보는 관점을 혁신하라

Public Relations

우리가 현실을 바꿀 수는 없으니,

현실을 보는 우리의 눈을 바꾸자.

—니코스 카잔차키스

아이오와주의 밴미터 교육구와 하워드-위너시크 교육구를 총괄하는
교육감 존 카버John Carver는 브랜드 창출의 중요성을 잘 알고 있다. 그
는 소셜미디어를 활용하여 목소리를 내고 이해관계자들을 참여시키
고 생각을 공유했으며, 변화를 추진하기 위한 합의를 도출했다.

　카버는 인류 역사에서 인쇄기의 발명 같은 변곡점이 다시 찾아온 느
낌이라고 말했다. 인쇄기 발명은 사고를 넓히고 퍼뜨려, 결과적으로
당시의 사회 시스템 전체를 전복했다. 인쇄술은 글을 읽을 줄만 알면
누구나 지식을 탐구하고 경험을 나눌 수 있게 만들어주었다. 성경이
대중에게 공개되고 가톨릭교회가 분열했으며 정부는 무너졌다. 새로
운 사회계급과 경제 시스템이 출현했다. 인류는 다시 티핑 포인트에

와 있다. 과거의 인쇄기처럼 지금 디지털 기기와 인터넷은 명백한 게임 체인저다.

새로운 길을 개척한 어느 교육구 ————

밴미터 교육구는 소셜미디어 도구를 활용하면서 전 세계적으로 그 성과를 알리고 교수·학습 혁신을 선도하고 있다.

밴미터 교육구는 아이오와주의 주도 디모인에 인접해 있으며, 유치원생과 초·중·고등학생 약 630명으로 이루어진 소규모 교육구다. 밴미터 북쪽으로는 해마다 학생 수가 거의 600명씩 늘고 있는 워키 교육구가 있다. 동쪽에는 올림픽 금메달리스트이자 〈댄싱 위드 더 스타〉 우승자인 숀 존슨을 배출하고, 그래미 음악교육자상에 빛나는 음악 프로그램과 아이오와주 선수권대회에서 우승한 스포츠팀을 보유한 웨스트 디모인 교육구가 있다. 서쪽과 남쪽에는 밴미터의 세 배나 되는 대규모 교육구가 즐비하다.

이처럼 잘나가는 교육구들에 둘러싸인 밴미터 교육구는 정체성의 위기를 겪고 있었다. 워키처럼 통제 불가능한 급격한 성장을 겪는 것도 두려웠고, 그렇다고 정체되어 인근의 다른 교육구에 흡수되는 것도 두려웠다. 어느 쪽이든 운명을 스스로 통제할 수 없는 상황을 원치 않았다. 그리고 두려움과 함께 변화의 필요성이 절실하고 긴급해졌다.

생존과 생명 유지를 위해서는 새로운 사고가 필요했다.

변화에 대한 요구는 현행 교육 시스템의 개선이 필요하다는 인식에서 시작되었다. 2장에서 언급했듯이, 많은 국가의 교육이 여전히 100년 전에 설계된 모델을 따르고 있다. 산업혁명이 시작되면서 종전에 미국을 지배하던 '거친 개인주의rugged individualism'는 상호 의존적 글로벌 소비주의로 바뀌었다. 당시의 시스템 중심 사고는 학습 설계에도 반영되었고, 미국의 학교는 원룸 교사one-room schoolhouse 형태에서 공장형 시스템으로 전환되었다. 그 모델은 100년 넘게 잘 작동했지만, 이제 세상이 변했다.

오늘날 미국에는 표준화, 순응, 규칙 준수보다 학습자에게 권한을 부여하고 창의성과 상상력을 키워주는 교육 시스템이 필요하다. 사실 전 세계 어느 나라나 마찬가지다. 학생들의 관심과 강점에 따라 차별화, 개인화한 학습을 제공하는 새로운 학교 시스템이 실현되어야 할 때다. 교수·학습과 리더십은 이제까지 존재한 적 없는 모습으로 완전히 탈바꿈해야 한다. 여기서 교훈은 간단하다. 학습자가 정해진 미래에 대비해야 하던 시대는 지났다. 시시각각 어떻게 변할지 모르는 미래에 아이들을 대비시키는 것이 우리 임무다.

새로운 사고의 출현

존 카버는 교육 시스템의 결함과 실패, 그로 인한 파급 효과를 알아차렸다. 그러나 이 깨달음을 지역 후원자들에게 전달하기란 쉽지 않은 과제였다. 학교 커뮤니티의 구성원들은 변화의 필요성을 제대로 모르는 경우가 많았고 변화에 저항할 때도 있었다. 카버는 디지털 테크놀로지를 활용하여 후원자와 이해관계자들에게 실시간으로 정보를 제공하기 시작했다. 그러자 변화의 필요성과 불가피성에 관한 인식이 빠르게 높아졌다. 여기서 핵심은 학습에 초점을 맞추고 아이들이 살아가는 세계, 대표적으로 테크놀로지와 소셜미디어의 중요성을 인정하는 것이었다.

밴미터의 중고등학교 학생들은 벌써 여러 해 전부터 랩톱 컴퓨터를 지급받아 1인 1랩톱 교육구의 구성원이 되었다. 이에 따라 교사들은 테크놀로지를 활용하여 학습을 강화하고 확장할 수 있는 교수법을 개발하고 있다. 이러한 변화는 교수·학습뿐 아니라 홍보에도 큰 영향을 끼쳤다. 이제 밴미터 교육구는 소셜미디어 도구를 활용하여 그들의 이야기를 전달하고 새로운 홍보 표준을 만들기 시작했다.

카버는 밴미터 교육구가 새롭게 다시 태어나려면 몇 가지 중요한 변화가 필요하다는 사실을 인정했다. 밴미터는 변화를 수용하고 변화를 가능하게 할 조직 역량을 구축하는 방향으로 계획을 세웠다. 이해관계자들에게 매주 진행 상황을 알리는 데에는 예전처럼 이메일을 사용했다. 이에 더해 유튜브 동영상, 블로그, 트위터 주간 업데이트로 변화한 환경과 정서에 대응했다. 홍보 활동에 소셜미디어를 체계적으로 활용하지 않았다면 이해관계자들이 급격한 변화를 받아들이지 못하고 교육구 혁신의 발목을 잡았을 것이다.

변화는 협력이 있었기에 가능했다. 밴미터의 모든 리더는 소셜미디어로 학교와 교육구의 소식을 알렸다. 그들은 테크놀로지 활용 학습을 새롭게 설계하기 위해 각자의 생각과 각 학교의 진척 상황을 공유했다. 블로그, 구글 사이트, 유튜브, 트위터를 통해 구축된 개인 학습 네트워크는 공유와 성장을 위한 것이기도 했지만, 그 자체로 교직원들을 위한 본보기가 되었다. 이와 동시에 소셜미디어에서는 또 다른 일이 벌어지고 있었다. 다른 사람들도 밴미터의 통찰을 공유하기 시작한 것이다. 트위터에서 #vanmeter라는 브랜드를 통해 수천 명이 연결되었다. 그들은 가상공간에서 구상과 개념을 공유하면서 현재의 교육 시스템이 혁신의 때를 맞았다는 데 뜻을 같이했다.

밴미터는 규모가 작은 데다가 디모인의 그늘에 가려서 미디어의 주목을 거의 받지 못했다. 월간《불독 브리프^{Bulldog Brief}》라는 학교 소식지와 홈페이지 외에는 사실상 외딴 섬과 같았다. 소셜미디어는 후원자들에게 실시간으로 정보를 공유하고 지역뿐 아니라 전국, 전 세계 사람들과 연결해주는 매개가 될 것으로 기대되었다. 특히 트위터는 밴미터에 속한 학교들이 목소리를 내는 창구이자 이해관계자들뿐 아니라 전국의 여러 교육자·정치인·발명가·기업가와 만날 수 있는 통로 구실을 했다. 소셜미디어와 웹 기반 도구에 힘입어 학습의 사일로와 같았던 교실은 글로벌 학습 센터로 전환했다. 밴미터 교육구에 무한한 가능성이 있는 미래가 열린 것이다(J. Carver, 비공식 인터뷰, 2018).

스스로 매체가 되는 법 ———

밴미터 이야기는 우리에게 강력한 교훈을 준다. 앞서 언급했듯이 당신이 당신의 스토리를 이야기하지 않으면 다른 누가 이야기할 것이다. 다른 사람들은 당신의 이야기를 당신이 원하는 대로 전하지 않는다. 학교 리더라면 누구나 겪는 일이다. 나도 그런 상황이 거듭되면서 홍보를 두려워한 적이 있었다. 우리가 아무리 발전하고 성공을 거두어도 언론에 실려 여론을 좌우하는 것은 언제나 부정적인 이야기였다. 나는 의미 있고 중요한 부분은 제대로 다루지 않았던 완전히 과장된 기사들을 모두 생생히 기억한다.

주류 매체를 홍보 도구로 삼기에는 근본적인 문제가 있다. 그들이 영리를 추구하는 사업체라는 사실이다. 수익을 올리려면 대상으로 삼은 청중의 눈길을 끌 만한 이야기를 생산해야 한다. 이 점을 잊으면 안 된다. 언론 매체는 돈을 벌고 싶어 하고 또 벌어야 한다. 교육 영역에서 매체의 수익 창출에 가장 도움이 되는 뉴스는 부정적인 스토리다. 논란의 소지가 있고 부정적인 뉴스는 시청자와 독자의 이목을 끌어당겨 수입으로 이어지기 때문이다. 예전에 나는 부정적인 사안이 있을 때는 득달같이 내 사무실로 전화하면서 긍정적인 스토리에 관해서는 한 번도 물어보지 않는 언론에 분개했다. 주류 매체의 목표는 시청자 수, 시청률, 판매 부수를 늘리는 것이다. 전례 없는 교육 개혁이 이루어지는 이 시대에 언론은 끊임없이 교육자를 공격한다. 이제 교육 리더들은 부정적인 언론의 끊임없는 공격을 참기만 할 필요가 없다. 프레임 자체를 바꿀 때가 되었다.

다행히도 내가 홍보 도구로서 소셜미디어가 지닌 힘과 가치를 발견하자 모든 것이 바뀌었다. 나는 뉴밀퍼드고등학교 관련 뉴스를 직접 생산하기 시작했고, 곧 우리의 이야기를 전파하기 위해 언제 어디서나 쓸 수 있는 다양한 도구가 존재함을 알았다. 다시 말해 나는 우리 학교의 대표 스토리텔러가 되었다. 나는 우리 학교 학생과 교사가 만들어가는 여러 혁신 속에서 풍부한 뉴스거리를 찾아냈는데, 그것은 바로 이해관계자들이 목말라 하던 소식이었다. 예전 같으면 그 소식을 전하기 위해 언론 매체와 접촉했겠지만, 이제는 학교 자체가 뉴스 매체가 되었으므로 그럴 필요가 없었다. 우리가 주로 사용하는 도구는 트위터, 페이스북, 유튜브였다. 소셜미디어가 발달하면서 홍보 전략도 함께 진화했다.

결국 언론 매체들이 우리를 찾아오거나 학교 소식을 알려고 우리의 소셜미디어 계정을 팔로우하기 시작했다. 우리가 홍보의 통제권을 잡은 뒤 CBS, NBC, 《USA 투데이》, 《USA 위크엔드》, 《에듀케이션 위크》, 《스콜라틱 어드미니스트레이터》 같은 주요 언론 매체가 우리 학교에 관한 긍정적인 뉴스를 보도했다. 중앙 언론에 다루어지는 일이 일상이 되면서 그 수를 세기가 힘들 정도였다. 또한 혁신적인 학교와 관련해 정확하고 긍정적인 내용을 보도하려는 기자들과 긴밀한 관계를 맺을 수 있었다.

스토리는 학교를 대하는 이해관계자들의 인식을 바꾸는 가장 좋은 방법이다. 테크놀로지는 아이들은 물론 성인들의 주의 집중 시간도 크게 감소시켰지만, 강력한 스토리는 연령에 상관없이 청중을 사로잡는다. 스토리텔링은 우리의 DNA에 내재하는 인간 특유의 자질이다. 인류는 아주 오랜 옛날부터 지금까지 동굴 벽화, 문서, 책, 음성 녹음, 동영상 등 여러 형태로 스토리를 공유해왔다.

잘 구성된 스토리가 뇌에서 정서를 관할하는 부분을 활성화하여 기억에 도움이 된다는 점이 수많은 연구를 통해 밝혀졌다(Murphy Paul, 2012). 그림 9.1은 스토리텔링이 뇌의 특정 영역에 미치는 영향을 보여준다. 학교에서 최고의 스토리텔러는 학습자, 그다음은 교사다. 홍보 영역에서 교장의 주된 역할은 그들이 날마다 해내는 위대한 일을 그저 널리 알리는 것이다. 학습 성과의 개선을 불러온 혁신적인 활동에 집

그림 9.1 **스토리텔링은 뇌에 어떻게 작용하는가**

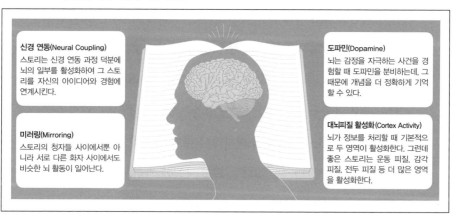

중하면 훌륭한 스토리가 만들어진다.

8장에서 말한 바와 같이 디지털 시대의 리더는 소셜미디어를 소통 활동의 보조 도구로 활용하는 데서 더 나아가 홍보 활동의 견고한 토대로 만들 줄 알아야 한다. 소셜미디어는 모든 교육자를 학교의 대표 스토리텔러가 될 수 있게 도와준다. 그 결과 학교의 성과와 좋은 문화를 중점적으로 보여주는 정보가 계속 유통될 것이다. 비용을 들이지 않고 긍정적인 뉴스를 전파하는 방법이자 트위터, 페이스북, 유튜브 같은 디지털 도구를 자주 사용하는 이해관계자들에게 정보를 전달하는 편리한 수단이다.

파급력과 영향력 측면에서 전통적인 매체도 여전히 중요하다는 점을 잊어서는 안 된다. 소셜미디어를 정보를 얻는 수단으로 온전히 받아들이지 않은 이해관계자들을 생각하면 더욱 그렇다. 디지털 리더는 이를 정확히 이해하고 지역과 중앙 언론, 전 세계 매체와 긴밀한 관계를 유지하면서 되도록이면 더 많은 긍정적인 뉴스, 정확한 정보가 전파를 타게끔 노력해야 한다. 성공적인 홍보 전략은 텔레비전, 라디오, 인쇄매체(신문, 잡지), 디지털 매체 등 다양한 미디어에 스토리를 퍼뜨리는 것이다.

학교 홍보 활동에 소셜미디어를 포함하는 것은 더 이상 선택의 문제가 아니다. 소통 도구로서의 소셜미디어는 그때그때 기본적인 정보를 제공하는 수단이다. 디지털 리더는 특정 사안에 관한 긍정적인 메시지를 전달함으로써 소셜미디어 활용을 또 다른 수준으로 끌어올려야 한다. 리더는 소셜미디어를 토대로 학교와 교육구의 커뮤니티를 형성하고, 디지털 세계에서의 존재감을 만들어야 한다. 또한 웹사이트를 비롯한 여러 공간에서 피드백 메커니즘을 구축하고, 이해관계자들을 대화에 초대하자. 소셜미디어를 활용한 홍보 전략이 중요한 이유는 다음과 같다.

1 관계를 구축하고 강화한다.
2 멀리 있는 사람도 학교의 멋진 활동에 참여할 수 있다.
3 학생, 교사, 행정가, 지역사회 구성원에 이르기까지 모두의 목소리를 담을 수 있다.
4 서로 배울 수 있다. 최고의 아이디어는 갖가지 어려움 속에서 성공을 경험한 현장 실무자들에게서 나온다.
5 모두가 주인이 된다. 누구나 스토리텔러가 될 수 있다는 점은 변화를 위한 역량을 강화하는 동시에 동기부여가 된다.
6 더 큰 변화를 촉진한다. 더 많이 공유할수록 혁신적이고 성공적인 활동이 단편적인 사례에 그치지 않고 학교 문화의 구성 요소로 자리 잡을 가능성이 커진다.

나는 뉴밀퍼드고등학교 교장이 되면서 교수·학습의 모든 성과를 이해관계자들과 정기적으로 공유하는 것을 주요 목표 중 하나로 삼았다. 교장인 나는 알고 있어도 외부 사람들은 대개 그렇지 못하리라고 확신했기 때문이다. 지역 언론이 우리 학교의 긍정적인 면을 좀처럼 보도해주지 않는 현실과도 맞물리면서 나는 홍보의 주도권을 직접 쥐어야겠다고 결심했다.

학교 웹사이트의 메인 페이지에서 볼 수 있는 월간 《교장 리포트》를 발행하기 시작한 것이 바로 이때였다. 미적 차원에서 보면 단순하지만 여기에 담긴 정보의 깊이는 강력한 효과를 발휘했다(8장 참조). 이 무렵 소셜미디어가 내 삶에 들어왔다. 나는 트위터에 매료되었고, 이를 통해 홍보 전략을 완전히 새로운 차원으로 끌어올릴 수 있겠다는 생각이 들었다. 점차 다른 소셜미디어 도구들도 알게 되면서, 정보 유형과 전달 방식을 다변화하기 위해 애썼다. 이 때문에 학생과 관련된 정보가 노출되는 데 대한 정보 활용 동의서가 필요해졌다(온라인 자료 9.1).

다음은 각 학교에서 시도할 수 있는 주요 디지털 홍보 전략이다.

- **교장 리포트 또는 교육구 소식지** 교수·학습, 학교 문화의 긍정적인 변화와 성취를 담은 월간 요약이다. 학교 웹사이트에 문서 형식으로 게시할 수도 있고 블로그 등을 활용하여 동적인 형태로 발행할 수도 있다. 블로그는 독자가 게시물에 댓글을 달 수 있어서 이해관계자들의 참여를 유도한다는 이점이 있다.
- **트위터** 뉴스, 행사, 학생들이 거둔 성취, 교직원들의 혁신 활동 등에 관해 수시로 정보를 공유하는 창구다. 링크를 통해 월간 소식지나 언론 기사를 배포하는 매체로도 기능한다. 사진, 동영상, 텍스트를

활용해 학교에서 일어나는 일을 실시간으로 포착하여 전달하면 이해관계자들이 어디서든 모바일 기기를 통해 그 순간을 함께할 수 있으므로 학교 홍보를 강화하는 데 효과적이다.

- **페이스북 페이지** 트위터와 용도는 같지만 영향력이 훨씬 크다. 졸업생 등 많은 이해관계자가 페이스북을 매일 사용하기 때문이다. 학교에서 작성한 게시물 말고도 주류 언론에 실린 기사를 링크하면 홍보 효과가 더 커진다. 페이스북 페이지를 개설하면 학교 웹사이트에서 바로가기 링크 버튼을 만들 수 있다.

- **사진 도구** 사진 한 장은 천 마디 말을 대신할 수 있다. 인스타그램은 가장 강력한 사진 공유 도구다. 인스타그램에서는 사진을 통해 학생과 교사에 관한 뉴스를 공유하거나 행사 모습을 보여줄 수 있다. 이를 위해 학교 전용 계정을 만들 수 있으며, 인스타그램에 업로드한 사진은 다른 소셜네트워크에서 쉽게 공유할 수 있다.

- **동영상 도구** 유튜브, 비메오 등을 활용하면 동영상으로 학생과 교사의 소식을 알리고 행사 모습을 보여줄 수 있다. 1분짜리 동영상은 단어 180만 개와 같은 효과를 발휘한다. 유튜브에서는 기본적으로 15분 이내의 동영상 클립을 업로드할 수 있으며, 인증 절차(www.youtube.com/verify)를 거치면 더 긴 동영상도 올릴 수 있다. 비메오는 용량이 더 큰 동영상 파일 업로드를 지원한다. 학교 전용 계정을 개설하여 연주회, 학생 발표, 운동경기 등의 전체 영상이나 하이라이트 편집 영상을 공유해보자. 아이무비로 만든 학교 홍보 동영상이나

트레일러 영상을 활용하는 학교도 많다.

스마트폰이나 태블릿으로 동영상을 촬영하고 주어진 템플릿으로 짧은 동영상을 만들 줄 안다면 이해관계자를 더 많이 끌어들일 수 있을 것이다. 페이스북 라이브, 페리스코프, IGTV(인스타그램 TV), 유스트림 등 라이브 스트리밍을 지원하는 도구도 다양하다. 무료로 제공되는 이런 서비스들은 라이브 스트리밍뿐 아니라 이후에 공유할 수 있게 보관하는 기능도 지원한다. 졸업식, 초청 강연, 운동경기, 연주회 같은 학교 행사를 더 많은 청중에게 보여주는 방법이다.

• **블로그**　학생과 교사가 거둔 성과를 자세히 소개하는 데 이보다 좋은 도구는 없다. 블로그에는 교실에서의 혁신 사례, 학교 행사 내용 요약, 대규모 공사에 관한 설명, 학생이 기고한 글, 교장이나 교육감의 새해 메시지를 실을 수 있다. 가장 큰 이점은 멀티미디어 콘텐츠를 결합하여 강력한 스토리를 만들 수 있다는 것이다. 동영상, 이미지, 오디오, 참조 콘텐츠 링크 등을 매끄럽게 통합하면 이해관계자들에게 더 매력적으로 다가갈 것이다. 리더가 테크놀로지에 더 정통하다면 각 블로그 툴이 제공하는 전문적인 위젯으로 블로그를 커스터마이징할 수도 있다. 이러한 위젯을 이용하면 HTML에 관한 지식 없이도 디자인과 콘텐츠를 수정할 수 있다. 가장 많이 사용되는 블로그 플랫폼은 구글 블로거, 워드프레스, 미디엄이다.

이 전략들은 실제로 어떻게 구현될까? 뉴밀퍼드고등학교는 대학교과목 선수강Advanced Placement; AP 점수가 내리 3년 동안 사상 최저점을 기록하고 있었다. 우리는 점수 향상 계획을 세워 실행에 옮긴 끝에 평균 점수를 20퍼센트나 올렸다. 나는 우리가 이런 성과를 거둔 방법과 과정을 블로그 게시물로 작성했다. 디지털 혁신을 위한 4년 동안의 노력이 눈에 띄는 학습 성과 개선으로 나타났으며, 뉴저지에서는 물론 전국적으로 인정받았다. 나는 우수 학교 인증서와 명패 사진을 인스타그램에 올리고 메일링 리스트, 트위터, 링크드인, 리마인드, 페이스북, 학교 앱에도 공유했다. 시범 수업이나 참관 때는 늘 우리의 혁신을 보여줄 사진과 동영상을 남겼고, 이 역시 모든 매체에서 공유했다(그림 9.2).

그림 9.2 **소셜미디어에 게시한 성과**

더 많은 성공 스토리가 필요하다 ─────

교육의 변화는 전 세계에서 일어나고 있으며 도시와 농촌 모두 똑같은 과제를 안고 있다. 인구 구성 변화, 인구 감소, 새로운 시대에 대한 대비, 일자리 문제, 이 모든 것이 공통적으로 대두되는 주제다. 아이오와 농촌 지역도 같은 어려움을 겪었다. 특히 외부와 단절된 환경과 교육 프로그램의 한계가 문제였다. 아이오와주 북동부 농촌 지역에 있는 학생 1,300명 규모의 하워드-위너시크 교육구가 존 카버를 만난 것은 행운이었다.

초등학교가 세 개, 중학교와 고등학교가 한 개씩 있는 이 교육구의 총 면적은 약 1,200제곱킬로미터에 이른다. 하워드-위너시크 교육구는 "학생들을 미래에 대비시키고 스스로 창의적으로 사고하고 다른 사람을 도우며 사회에 기여하고 지역뿐 아니라 세계적으로 성공할 수 있게 지원하는 것"을 사명으로 삼고 있다.

하워드-위너시크 교육구는 홍보 강화를 위해 트위터 해시태그를 활용했다. 5학년 아이들이 새로운 직업 세계를 준비하는 방법을 보여주기 위해서였다. 교육구의 목표는 앞으로 몇 년 안에 새로운 교육 시스템을 실행하는 것이었다. 새로운 학습 시스템이란 학생들의 열정과 강점을 파악한 뒤 소셜미디어와 디지털 도구를 활용하여 개별 학생에게 맞춰 수업을 차별화하는 것이다. 또 학생들이 네트워크를 활용하여 배우고, 배운 내용은 창의성을 발휘하여 성과물로 만들게 하는 것이었

>>> 디지털 리더십으로 이끄는 최고의 학교 <<<

다. 목표는 학생들의 상상력 개발이었다. 이때 어린 기업가가 탄생할 수 있는 환경과 지원 체계가 만들어졌다.

중학생들에게는 아이패드를 지급했으며, 모든 교실에 대화형 전자 칠판을 설치했다. 고등학생들에게는 학교에서 디지털 기기 사용을 허락했다. 기상 상황에 따른 휴교나 등교 시간 조정에 관해서는 트위터, 이메일, 문자 메시지로 알렸다. 하워드-위너시크 교육위원회는 트위터 계정을 만들어 교육구에서 벌어지는 일을 파악했다. 아이오와주 부지사였던 킴 레이놀즈도 하워드-위너시크 교육구의 트위터 계정을 팔로우했다. 스카이프와 아이챗iChat을 활용한 실시간 화상회의가 수업에 도입되었다. 이는 하워드-위너시크초등학교 교실을 전 세계에 연결함으로써 차별화한 교수·학습에 기여했다. 이해관계자들에게는 교육구의 주간 온라인 소식지를 전송하고, 교육구의 유튜브 채널도 개설했다.

이 모든 소셜미디어 활동은 작은 시골 마을을 아이오와주 전체와 그 너머의 세계에 연결해주었다. 농촌 지역에서 소셜미디어는 최고의 홍보 수단이다. 드디어 자기 목소리를 내고 자기 이야기를 할 수 있는 창구가 이들에게 생긴 것이다. 하워드-위너시크 교육구는 주지사의 STEM 교육 정책을 지역과 주 차원에서 실행하는 데 중추적인 역할을 했다. 또한 노스이스트 아이오와 커뮤니티 칼리지와의 결연, 키스톤권역교육협의회의 지원 아래 K-12 STEM 인재 파이프라인을 만들기 위해 박차를 가했다.

하워드-위너시크교육위원회의 바람은 "하워드-위너시크의 학교들이 지역의 교육이 나아갈 길로 자리매김하는 것"이었고, 이를 위해 "가장 중요한 것은 양질의 서비스"라고 믿었다. 이 생각이 바로 하워드-위너시크 교육구의 변화 속도를 높이는 추진력이었다. 하워드-위너시크를 비롯한 아이오와 농촌 지역의 가장 큰 난제는 광대역 연결망 확보였다. 아이오와 안에서도 지역에 따라 격차가 크며, 전 세계적으로 보면 말할 필요조차 없다. 앞으로 더 나아가려면 반드시 해결해야 할 문제다.

소셜미디어 도구를 홍보에 도입하면 리더는 대표 스토리텔러 역할을 맡게 된다. 그러면 이해관계자들이 매일 학교에서 일어나는 여러 긍정적인 면을 명확하게 알 수 있다. 소셜미디어 도구는 기존의 학교 웹페이지에 링크하고, 모든 인쇄물과 이메일 서명에 URL을 포함하여 최대한 많은 사람들에게 노출되도록 해야 한다. 시간이 흐를수록 이해관계자들은 학교에서 벌어지는 위대한 일을 더 잘 알게 되어 자부심도 커질 것이다.

요약

예전에는 돈이 있어야 자기 생각과 관점을 널리 알릴 수 있었다. 매체는 여과와 '편집'을 피할 수 없었다. 그 과정은 어떤 아이디어나 생각이 전파될지 결정했다. 그러나 이제는 누구든, 어디서든, 언제든 전 세계 사람들과 생각을 공유하고 공동의 성과를 만들 수 있으며, 그 성과는 네트워크를 타고 빠르게 퍼진다. 우리는 진정으로 '나'가 아닌 '우리'가 되었다. 홍보의 주도권을 가져다줄 도구는 계속 변화하겠지만, 강력한 스토리를 전파할 필요성은 앞으로도 변하지 않을 것이다. 여러 소셜미디어 도구를 활용하여 이 장에서 제시한 전략들을 구현하면 이해관계자들의 참여를 현실로 만들 수 있을 것이다. 모든 학교는 위대한 일을 하고 있다. 다만 사람들에게 아직 알려지지 않았을 뿐이다.

생각해볼 문제

1 지난 한 해 동안 주류 언론에서 우리 학교나 교육구에 관한 긍정적인 이야기가 몇 번 다루어졌는가? 어떻게 하면 이 수를 늘릴 수 있을까?

2 현재 우리의 홍보 전략은 무엇인가? 어떻게 개선할 수 있겠는가?

3 어떤 도구와 방법으로 홍보하고 있는가? 새로 도입할 수 있는 도구는 무엇이며, 성장 기회는 어디에 있는가?

4 학교, 교육구 또는 개인 수준에서 성공이란 무엇인가? 그 성취를 꾸준히 공유하려면 어떻게 해야 할까?

10

여섯 번째 기둥:
성공적인 브랜드 구축에 필요한 전략적 사고

Branding

사람들은 당신이 무슨 말을 하고

무슨 행동을 했는지는 잊어도

당신 때문에 느낀 감정은 잊지 않을 것이다.

—마야 안젤루

소통과 홍보를 별개로 여길 수도 있지만 서로 조화를 이루어 작동하는
필수적인 리더십 전략으로 볼 수도 있다. 디지털 리더는 후자의 관점
을 바탕으로 자기가 이끄는 조직과 리더십 스타일에 강력한 브랜드 입
지를 구축한다. 트리시 루빈Trish Rubin은 디지털 자원의 강력한 힘으로
변화하는 학습의 세계에서 브랜드 구축이 중요하다는 사실을 잘 알고
있다. 루빈은 "브랜드란 사람들이 상품이나 서비스에서 얻는 독특한
경험의 총합"이라고 정의하고, 이 개념을 디지털 시대 교육 리더의 혁
신과 연결한다(T. Rubin, 비공식 인터뷰, 2018).

　소셜미디어를 소통과 홍보의 요소로 도입했다면 설사 리더가 의식
하고 있지 못하더라도 벌써 브랜드 입지 구축 과정이 시작된 것이다.

디지털 도구를 활용하지 않는 것은 브랜드 이미지가 다른 사람들에 의해 만들어질 위험을 감수하는 일과 같다. 선택은 전적으로 우리에게 달렸다. 내가 브랜드를 만들 것인가, 다른 사람이 만들게 할 것인가? 디지털 리더는 긍정적인 브랜드 이미지를 창출할 구체적인 전략과 행동에 집중해야 한다. 그렇게 창출된 브랜드 존재감은 리더와 학교에 더 큰 자부심으로 돌아올 것이다.

루빈은 여러 경험을 바탕으로 교육 상품과 교육 서비스에서 사람들이 얻는 총체적 경험은 학교 리더에게 달려 있음을 알았다. 루빈은 브랜드ED^{BrandED}를 둘러싼 두 가지 토론 주제가 학교의 장점을 개발, 제공, 유지하는 데 관한 논의를 더욱 풍부하게 해주리라고 믿는다. 브랜드ED란 교육 관점에서 바라보는 브랜드, 즉 교육과 브랜드 개념의 융합을 뜻한다. 트리시 루빈은 교육자로서의 삶과 기업인으로서의 두 번째 커리어가 교차하는 지점에 서 있었다. 루빈은 교사였고, 학교 행정가였고, 교육부의 리터러시 부문 리더였다. 지금 루빈의 명함에는 기업 브랜드 전략가라고 쓰여 있지만 가슴속에서는 교육가의 심장이 뛰며, 기회가 있을 때마다 학교에서의 경험을 컨설팅 업무에 활용한다.

브랜드ED 사고로 이행하기 ────

루빈의 경력을 들은 나는 궁금해졌다. "스마트한 학교 리더가 디지털 세상에서 비즈니스 개념을 적용하여 학교의 활동을 알릴 수 있을까?"
가능하다. 브랜드ED 방식에서 학교의 대화는 기업 임원이 아니라 디
지털 도구를 활용하며 브랜드 가치가 학교 문화, 성과, 자원에 가져다
줄 이점에 관심을 두는 학교 리더가 주도한다(Sheninger & Rubin, 2017).
루빈은 수업 관리 담당자들이 브랜드ED 캠페인의 요소를 활용하여
차별화한 교육 '상품과 서비스'를 빠른 속도로 확립하고 홍보할 수 있
음을 확인해왔으며, 더 많은 교육 리더들이 이 경로를 선택할 것이라
고 예견한다.

디지털 환경은 점점 넓어지는 소셜미디어의 세계에서 리더가 이러
한 작업을 할 수 있게 돕는다. 교육 개혁을 둘러싼 오해와 교육의 변화
는 속도가 더딜 수밖에 없다는 주장이 있지만, 디지털 리더는 접대비
한 푼 쓰지 않고도 과거의 홍보 담당자들만큼 매끄럽게 학교 고유의
브랜드 가치를 창출하여 학교의 성과에 힘을 실어주게 되었다. 브랜드
창출은 교육구나 학교, 학급 또는 교육자 개인 차원에서도 이루어질
수 있다.

루빈과 내가 인연이 닿은 것은 어느 날 저녁 루빈이 뉴욕의 사무실
에서 우연히 뉴밀퍼드고등학교가 나온 TV 뉴스를 봤을 때였다. 루빈
은 학교의 인지도를 높이려는 내 활동이 브랜드ED 방식의 사고가 열
어준 흥미로운 기회라고 했다. 사실 그때 나는 리더십 전략의 일환으
로 브랜드를 창출한다거나 활용한다는 생각을 하지 못했다. 소통과 홍
보 활동으로 꾸준히 콘텐츠를 만들고 공유한 것이 결과적으로 긍정적

인 브랜드 입지를 낳았음을 시간이 지난 뒤에야 깨달았다. 증거는 수치로 나타난다. 세계 제일의 미디어 시장을 구성하는 뉴욕의 언론사들은 5년 동안 우리 학교에 관한 긍정적인 스토리를 15차례 이상 다루었다. 우리 학교의 브랜드 가치는 수십만 달러에 이르는 기자재와 국내외 교사 연수 지원, 각지의 사례 발표 요청으로도 이어졌다.

왜 브랜드ED 사고인가?

브랜드ED라는 용어가 낯설 수도 있지만, 브랜드 구축은 새로운 개념이 아니다. 폼페이 유적에서 발견된 와인 디캔터를 보면 '상표'의 역사가 얼마나 오래되었는지 알 수 있다. 오늘날 브랜드는 정치와 구매에 영향을 끼친다. 영국의 브랜드 이론가 월리 올린스에 따르면 '열정'은 스페인을 한 단어로 설명하는 '국가 브랜드'다(Wally Olins, 2008). 장난감의 브랜드 전략이 과학이듯이 팔리는 국가 브랜드를 구축하는 것도 과학이다. 두 가지 모두 큰 이익으로 돌아온다.

브랜드라는 용어가 너무 남용되고 있다고 생각하는가? 이런 현상은 거꾸로 '디지털 스테로이드'의 영향력을 보여준다. 이제는 어느 분야에서나 브랜드를 이야기한다. 현대사회에서 브랜드는 더 이상 기업의 마케팅 회의에만 등장하는 단어가 아니다.

20세기 초, 모턴 솔트Morton Salt 소금 포장 용기에 등장한 우산 쓴 소녀와 퀘이커 오트밀Quaker Oats 상자에 인쇄된 아저씨는 소비재 시장에서 대중 브랜드mass brand의 탄생을 알렸다. 1960년대, 브랜드는 포장을 넘어섰다. 뉴욕 광고쟁이들Mad Men은 캐릭터에 '인격'을 부여했다. 말버러 맨Marlboro Man과 메이텍의 외로운 수리공Maytag Repair Man은 당대의 '소셜미디어'라고 할 수 있는 컬러TV를 통해 소비자와의 관계를 만들어냈다. 뉴욕 매디슨가에서는 별개로 있던 광고팀과 크리에이티브팀이 합쳐지면서 브랜드 구축의 과학이 탄생했다. 상품과 서비스가 온라인에서 눈 깜짝할 새에 팔리는 시대에 크리에이티브팀이 필요한지 의문을 품는 사람도 있겠지만, 브랜드 구축의 과학은 여전히 예술적인 정교함의 영역으로 남아 있다. 성공적인 브랜드 구축에 필요한 것은 마법이 아니라 전략적 사고다.

디지털 시대의 브랜드 구축은 비즈니스 영역을 넘어선다. 설득력 있는 미션 설정과 홍보 활동인 브랜드 사고는 컴퓨터나 스마트폰을 가진 사람이라면 누구나 할 수 있는 일이 되었다. 만일 어떤 부모가 곧 태어날 아기를 위해 웹페이지와 소셜미디어 계정을 만들고 이름을 공모했다면 그들은 개인 브랜드를 만들고 있는 셈이다. 브랜드라는 말을 엉뚱하게 오용하는 사례도 있지만 브랜드 개념은 여전히 비즈니스의 중요한 구성 요소이며 교육에서도 마찬가지다. 여러분의 학교는 디지털 세계에 속해 있으며 이러한 환경은 학교의 브랜드 입지에도 많든 적든 벌써 영향을 주고 있다. 루빈 같은 디지털 리더들은 오늘날의 세계에서 브랜드 존재감 확립에 어떤 가치가 내재하는지 잘 알고 있다.

앞서 말한 브랜드의 역사에서 알 수 있듯이 브랜드의 바탕에는 관계 구축이 있는데, 관계는 교육 영역의 브랜드 캠페인에서도 핵심이다.

관계를 구축, 연계, 유지하는 것이야말로 교육자가 늘 해야 하는 일이다. 브랜드ED의 사고방식을 갖추고 새로운 관계를 맺는 것이 첫 번째 단계다. 전략적으로 새로운 사람과의 연결을 시작할 때 상호 신뢰와 선의는 전략적 브랜드로 이어진다. 의도적인 관계 맺기는 개인뿐 아니라 조직의 브랜드 개성brand personality을 키울 수 있다. 학교에 적용하면 학교의 성장에도 도움이 될 것이다.

비즈니스 브랜드에서 교육 브랜드로 전환하는 일은 간단하다. 상품이나 서비스 대신 메시지를 전달하면 된다. 여기서 메시지란 학교의 이해관계자들과 견고한 관계를 맺기 위한 메시지를 말한다(Sheninger & Rubin, 2017). 루빈과 나는 이 개념을 다음과 같이 발전시켰다.

브랜드ED의 신조는 신뢰, 충성, 미래에 대한 약속 그리고 더 나은 교육 서비스와 혁신으로 학생, 학부모, 교사, 지역사회를 비롯한 모든 이해관계자에게 차별화한 교육 브랜드 경험을 선사하는 것이다. 브랜드는 단기적인 처방이나 유행이 아니라 투명한 디지털 세계에서 학교의 자산을 전략적으로 구축하는 방법이다. 상아탑은 옛말이다. 브랜드ED가 추구하는 것은 학교의 문화와 성취, 자원에 영향을 줄 수 있는 진정한 개성이다. (p.3)

교육 영역에서도 긍정적인 브랜드 존재감 구축의 힘을 인식하는 것이 어느 때보다 중요해졌다. 원하든 원하지 않든 학교가 브랜드로 인식되는 것은 기정사실이다. 학교가 학생들을 성공적인 사회인으로 자라게끔 학문적으로 대비시켜주겠다는 말은 여느 상품이나 서비스와 마찬가지로 가치를 약속하는 일이다. 디지털 세계에서는 어떤 콘텐츠를 클릭하고 소셜미디어에 어떤 게시물을 올리는지에 따라 정체성이 형성된다. 그러므로 이 시대의 학교 리더는 이러한 현실을 인지하고 전 세계 학교에서 매일같이 펼쳐지는 멋진 일을 전달하는 디지털 존재감을 앞장서서 만들어나가야 한다.

브랜드ED 사고를 구현하는 두 차원 ────

비즈니스 마케팅 개념을 학교, 교육구, 교육기관에 적용하는 브랜드ED의 이점을 다음 두 측면에서 검토해볼 수 있다.

1 교육자 개인 차원
2 학교 차원

첫 번째 차원은 성찰을 요구한다. 여기서 말하는 개인 차원의 브랜드 개발이란 유명한 스타처럼 된다는 뜻이 아니라, 직무에서 리더십 퍼스낼리티를 창출한다는 뜻이다. 두 번째는 브랜드ED 사고를 도입하려는 커뮤니티 구성원들과의 관계 차원으로, 교육 상품과 서비스 우수성에 대한 약속을 이행할 아이디어를 전달하는 문제다. 직무와 관련한 자신의 퍼스널리티 유형을 파악하고 그것을 디지털 지형에서 살아 숨쉬게 만들면, 이해관계자들에게 최고의 마케팅 효과를 발휘할 수 있다.

교육자 개인 차원의 브랜드

스스로에게 물어보자. 나에게 교육자 개인 차원의 브랜드가 필요한가? 루빈은 점점 커져가는 디지털 세계를 고려하면 꼭 필요하다고 답한다(T. Rubin, 비공식 인터뷰, 2018). 여러분에게는 경영학계의 구루 톰 피터스Tom Peters(1999)가 말한 "브랜드 유Brand YOU"가 필요하며, 그 브랜드의 바탕에는 핵심 신념이 있어야 한다. 개인 브랜드란 당신이 누구이며 어떤 사람인가를 뜻한다. 국가가 국가 브랜드를 만들 때처럼 당신을 한마디로 압축하고 활용하라. CBS 저널리스트이자 이라크에서 취재 중에 폭발 사고로 죽을 뻔했던 밥 우드러프Bob Woodruff의 부인 리 우드러프Lee Woodruff의 퍼스널 브랜드는 '회복력'이다. 이 한 단어가 리 우드러프의 모든 저술과 대인관계를 설명한다. 브랜드ED를 위해 가장 먼저 할 일은 브랜드 네이밍이다.

브랜드 네임을 당신의 퍼스널 브랜드나 직무상의 개인 브랜드 그리고 브랜드 개성으로 삼아라. 이제 그것을 삶에서 구현하라. 온라인과 오프라인에서 관계를 맺고 연계하는 목적의식적이고 가시적인 행동의 공급자가 되어라. 그렇다고 직무에서 비롯된 브랜드 때문에 사적인 삶까지 바꿀 필요는 없다. 두 영역이 무관한 것은 아니지만 한 영역이 다른 영역에 침투하지 않아도 된다. 링크드인, 페이스북, 인스타그램,

트위터 등 소셜미디어 공간에서 퍼스널 브랜드를 만들 때 좋아하는 색깔이나 지난여름 휴가를 어디에서 보냈는지 알릴 필요는 없다는 뜻이다.

비즈니스 영역에서 배울 만한 점을 찾자. USP Unique Selling Proposition(판매 가치 제안)라는 마케팅 기법을 생각해보라. 볼보의 USP는 '안전성'이다. 한마디로 말해, 볼보가 파는 것은 안전성이다. 나에게 있는 '팔릴 만한 것', 즉 자기만의 독보적인 강점이 바로 나의 브랜드다. 당신이 디지털 환경에 익숙하다면 벌써 퍼스널 브랜드를 만들었을 수도 있다. 소셜미디어에 가입하려다 자신에 관한 모든 정보를 밝혀야 할 것 같은 공란들 때문에 그만두었다면, 이제는 과감히 그 문턱을 넘어보자. 모든 것을 보여주지 않는다고 해서 자기중심적이라고 생각할 필요는 없다. 이런 행동은 디지털 세계에서 필요한 생존법이며 교육목표로 가기 위한 방편일 뿐이다. 스스로 브랜드 활동을 주도하는 스토리텔러가 되어라. 그 노력은 애플이나 스타벅스처럼 성공적으로 시장을 개척한 메가 브랜드에서 볼 수 있는 충성도와 신뢰를 창출할 것이다.

나 스스로 브랜드를 만들지 않는다면, 인터넷 저편의 어떤 이가 내 이미지를 만들어버릴 것이다. 오늘날에는 스마트폰만 있으면 누구든지 나와 내 학교를 규정지을 수 있다. 온·오프라인에서 나타나는 자기 모습을 스스로 관리하라. 우리는 학습 문화의 견고한 기초를 위에서 학교 브랜드를 구축할 수 있다. 강력한 브랜드 존재감을 창출하는 데 도움이 될 사람이 누구인지 생각하라. 내 경우에는 트리시 루빈이었는

데, 우리는 2009년부터 내 직무 학습에서 브랜드 구축의 의미를 두고 활발한 대화를 나누었다. 루빈은 '브랜드ED 에이스'가 되는 것에서 브랜드ED 미션을 시작하라고 제안한다(T. Rubin, 비공식 인터뷰, 2018).

디지털 리더는 온라인 공간에서 소셜미디어로 상호작용하는 가운데 자기만의 브랜드를 개발한다. 이러한 상호작용은 교육과 리더십에 관한 자신의 생각, 신념, 견해를 규정한다. 또한 디지털 리더는 혁신적인 변화를 시도하고 실제로 개선을 통해 효과를 입증하는 데 여러 연구가 어떻게 활용되었는지 보여주며 성과, 아이디어, 수상 실적 등 다른 사람들에게 인정받은 여러 사례를 제시한다. 이 모든 것이 결합하여 교육자의 브랜드 입지를 형성한다.

자기만의 '이유why'와 '방법how'을 알면 브랜드ED 구축을 위한 무대가 마련된 것이다. 이제 사람들과의 연결 고리를 찾아 관계를 맺고associate, 다른 사람들에게 자신을 브랜드화하고create, 더 많은 사람들을 끌어들여engage 확장할 차례다.

어떤 관계를 맺기 시작할 때는 우선 실시간으로 온라인 커뮤니티와 연관하여 자신을 가시화하라. 그다음에는 당신이 하는 일, 당신이 커뮤니티에서 공유하고 있는 콘텐츠에 관심을 불러일으켜라. 끝으로, 온·오프라인에서 관계를 확장하여 새로운 자원을 얻고 기회를 발견하라. 대니얼 핑크, 켄 로빈슨, 세스 고딘, 존 고든, 마이클 풀런, 애덤 그랜트, 롤리 다스칼 등 교육계 최고의 여러 지성을 탐구하는 것도 도움이 된다. 그들이 어떻게 했는지 살펴보면 마케팅이나 세일즈뿐 아니라 리더십과 교육 영역에서 퍼스널 브랜딩을 시도할 때 적용할 수 있는, 때로는 미묘하고 때로는 명확한 전략을 찾아낼 수 있다.

쉽지 않은 일이지만 부딪쳐보자. 끊임없이 학습 문화를 발전시키기 위해 여러 관계를 구축하는 일은 교육자의 임무다. 루빈은 교사란 교육의 가치를 학생, 학부모, 동료 교사, 교육 행정가, 후원 기업에 판매하는 사람이라고 이야기한다. 선명한 퍼스널 브랜드가 있으면 일이 훨씬 쉬워질 것이다.

그렇다면 수익은 무엇일까? 루빈은 브랜드ED라는 경영학적 사고와 교육의 '충돌'을 교육 리더가 새롭고 더 매력적인 존재감을 창출할 수 있는 강력한 기회로 본다. 이제 상아탑은 없다. 이는 비즈니스와 교육의 역동적인 결합을 꾀한다는 점에서《세계는 평평하다The World Is Flat》(2005)의 저자 토머스 프리드먼의 '상상력 매시업imagination mash-up' 개념과 일맥상통한다. 브랜드ED형 리더는 더 나은 학교를 위해 비즈니스·교육 파트너들과 더 폭넓은 관계를 맺는다. 교육자로서의 브랜드 구축은 투자 대비 수익을 높이는 방법이다. 이 투자는 학교 문화, 성과, 자원의 개선으로 돌아온다.

학교 차원의 브랜드

리더의 브랜드는 학교 문화에 영향을 줄까? 관계 맺기를 통해 자기만의 브랜드를 만들었다면, 그것을 더 나은 학교를 만드는 데 연결할 차례다. 학교의 문화와 성취, 자원을 발전시키겠다는 브랜드 약속brand promise을 제시하라. 초기 논의는 학교 문화를 중심으로 이루어져야 한다. 브랜드를 커뮤니티에 전달할 방법을 팀원들과 상의하라. 당신의 혁신적인 생각은 팀 전체에 흥미진진한 변화의 신호가 될 것이다. 팀원들이 각자의 생각을 정리해보게끔 독려하라. 학교 브랜드를 구성하는 요소는 다음과 같다(Ferriter, Ramsden, and Sheninger, 2011).

- **학업 성취도** 학교의 교육 역량effectiveness을 전반적으로 평가할 때는 표준화 시험 점수가 가장 자주 사용된다. 소셜미디어를 활용한 홍보와 소통 활동에서도 학업 성취도가 향상되었다는 사실을 보여주는 데 중점을 두자. 그러한 활동은 학교의 브랜드 존재감을 창출하고 강화하는 데 도움이 될 것이다.

- **교사와 관리자의 자질** 교사의 자질은 학업 성취와 직접적으로 연관된다. 학부모들은 가장 우수한 교육자를 영입하는 학교에 아이들을 보낼 수만 있다면 세금을 더 많이 내야 하는 동네로 이사하는 일도 마다하지 않는다. 얼마나 우수한 교직원을 확보하고 있는지 소셜미디어로 알린다면 지역사회에서 신뢰를 얻고 학교의 브랜드 가치를 높일 수 있다.

- **혁신적인 수업 방식과 교육 프로그램** 우수한 수업과 교육과정, 그 학교만의 독특한 교육 프로그램, 혁신적인 수업 방식은 학생 참여의 핵심 요인이기도 하지만 학생들의 성과에도 긍정적인 영향을 준다(Whitehurst, 2009). 차별화한 수업과 교육과정, 교육 프로그램은 학교

또는 교육구를 돋보이게 한다. 정보를 공개, 전파함으로써 우리 학교가 학과 취업을 잘 준비하고 학생들이 열정을 발휘하는 곳이라는 강력한 메시지를 전달할 수 있다.

- **과외활동** 과외활동은 모든 학교가 중요시하는 요소이며, 균형 잡힌 인격 형성에 도움이 된다. 소통과 홍보를 결합한 전략의 일환으로 소셜미디어를 활용하는 리더는 과외활동을 집중 조명하면서 이해관계자들의 주목을 이끌어낼 것이다.

개인의 브랜드에서 학교의 브랜드로 대화를 확장하고 커뮤니티를 끌어들여라. 사립학교들은 오랫동안 브랜드 구축에 힘써왔다. 사립학교들이 수년에 걸쳐 이룬 것을 요즘은 소셜미디어와 입소문, 디지털 도구를 활용한 대화형 마케팅으로 금세 달성할 수 있다. 사립이든 공립이든, 모든 초·중·고등학교는 디지털 전략을 토대로 브랜드를 구축할 수 있다. 우리의 '시장'은 이해관계자 커뮤니티 전체다. 확산성 있는 학교 문화를 창조하는 전략에 그들을 모두 참여시켜 일체감을 형성하자. 우수한 학교를 만들고 학교의 브랜드에 참여하고자 하는 다른 사람들을 끌어들여라. 학교의 목표, 결과, 비전, 미션을 다양한 소셜미디어에 공유하면 브랜드ED 사고를 어마어마하게 증폭할 수 있다.

커뮤니티 구성원들에게 물어보라. 단순한 로고를 넘어 더 나은 학교의 브랜드로 나아가고 싶지 않은가? 로고, 마스코트, 틀에 박힌 교육 강령을 넘어 브랜드ED를 가시화할 방법을 구상해보자. 교육 강령을 마케

팅이라는 새로운 눈으로 들여다보는 작업은 변화를 알리는 첫 신호가
될 수 있다. 현재 웹페이지에 쓰인 교육 강령은 이해관계자들에게 다른
학교와 차별화한 가치를 보여주는가? 신뢰를 불러일으키는가? 학교가
중요하게 생각하는 바에 대한 깊은 신념이 드러나는가? 빌 게이츠는 그
가 해야 할 일을 잘 알고 있었다. 마이크로소프트가 내세운 30년간의
비전은 간단하다. "모든 책상 위에 컴퓨터를."

학교의 여러 활동을 하나의 줄거리로 엮어서 발전을 위한 '브랜드ED
대화'의 중심으로 삼아라(Sheninger & Rubin, 2017). 커뮤니티 구성원들과
함께 자금 조달과 자원 확보 방안을 모색하라. '학생들의 성취' '혁신'
같은 문구는 브랜드 캠페인과 더불어 진정성을 띠게 된다. 성적표의
숫자로 드러나는 성취가 아니라, 일상에서 나날이 학습 성과가 입증되
는 학교 문화를 보여줄 수 있는 것이다.

디지털 리더십은 브랜드를 구축함으로써 커뮤니티를 학교의 새로
운 자원으로 만드는 작업이다. 루빈은 '당신을 아는 천 명'이라는 매스
마케팅 법칙을 활용하라고 말한다. 처음에는 소수를 대상으로 그들을
행복하게 만드는 데 집중하라. 충성도가 가장 높은 팬들이 벌써 당신
편에 있다. 소셜미디어 등을 활용하여 온라인으로 브랜드 스토리를 전
하기 시작하기만 하면 그들은 아주 강력한 지지자가 될 것이고 대의를
위해 스스로 더 많은 일을 해줄 것이다. 우리가 변화를 만들어갈 때 치
어리더가 되어줄 핵심 집단을 파악하자.

약간의 입소문과 간헐적인 지역 일간지 대상 홍보만으로도 마케팅

효과를 본 학교가 있을 것이다. 그러나 브랜드ED 전략에서 학교가 제공하는 상품과 서비스를 더 광범위한 청중에게 알리는 디지털 마케팅은 혁신적이고 지속 가능성도 높다. 디지털 세계에서 당신의 지지자들은 가까운 거리에 있을 수도 있고, 1만 킬로미터 떨어진 곳에 있을 수도 있다. 마케팅 메시지는 그 사람들을 끌어들일 뿐 아니라 그들의 지지를 유지할 수 있다. 학교 브랜드를 홍보하면 학교의 문화와 성취에 관해 입소문이 퍼진다. 브랜드 캠페인은 교육에 관심이 있는 사람들을 끌어들이고 그들과의 관계를 유지하게끔 도와준다. 학교 브랜드가 나날이 더 강력하고 더 개인적으로 마케팅될 때 얼마나 많은 예산이 승인되겠는가?

트리시 루빈이 브랜드 구축에 그렇게 흥분하는 까닭은 학교의 자원 확보와 자금 조달에 독특한 가능성을 보여주었기 때문이다. 졸업생들의 지성과 재능, 그들이 가진 여러 수단이 선사하는 새로운 마케팅 기회를 상상해보라. 졸업생들과 브랜드를 공유하고, 그들을 현재의 이해관계자들과 연결하자. 졸업생 대부분이 온라인에 익숙할 테니 온라인 캠페인을 통해 그들을 가상 공간에 초대하여 여러분이 학생, 학부모, 지역사회와 함께 쌓아나가는 경험을 전하자. 소셜미디어와 입소문 마케팅으로 졸업생들을 불러모으면 재정과 자원 확보 수준을 한 단계 높일 수 있다.

표 10.1은 학교 브랜드 구축을 위한 두 가지 대화의 요약이다.

표 10.1 브랜드ED 학교 리더십

브랜드ED 아이덴티티			
	포지셔닝	**비전**	**개성**
구축하기	교육자로서 내 위치는? • 나의 가치 • 나만의 관점	나는 내 브랜드를 어떻게 활용하는가? • 학교 문화 • 학생의 성취 • 자금 조달 • 자원화	내가 제안할 핵심적인 판매 가치는 무엇인가? • 커뮤니티에 브랜드ED를 지향하는 나의 시각을 보여줄 한 단어
브랜드ED 실행 준칙(연결하기, 만들기, 끌어들이기)			
	연결하기	**브랜드 만들기**	**끌어들이기**
공유하기	• 관계적 사고 • 다양한 커뮤니티 참여 • 그룹 지원 • 실시간과 온라인의 균형 유지 • 브랜드를 반영하는 대의명분 선택	• 자신이 곧 상품 • 커뮤니티에 자신의 가치를 마케팅 • 실시간·온라인 대화를 통한 관심사 개발 • 콘텐츠 제작과 공유 • 자신을 새로운 생각을 이끄는 리더로 제시	• 가능한 한 높은 투명성 유지 • 실시간·온라인 대화에 매일 참여 • 사람들을 서로 연결 • 받기 전에 먼저 주기

자료: Copyright ©Trish Rubin(2013, March), www.trishnye.com

왜 브랜드ED 마인드셋이 중요한가 ————

> 동물의 왕국에 먹는 자와 먹히는 자가 있듯이, 인간의 왕국에는 규정하는 자와 규정되는 자가 있다.
>
> — 토머스 사스^{Thomas Szasz}

여기서 잠깐, 교육에서 브랜드의 가치를 믿지 않는 사람들을 위해 한 가지 증거를 제시하고자 한다. 교육자의 브랜드는 이해관계자와 다른 사람들이 교육구/학교, 교육자 개인에 관해 어떻게 말하는지를 뜻한다. 좋든 싫든 소셜미디어는 지형을 바꿔놓았으며, 앞서 논의했듯이 브랜드 구축이라는 개념을 교육으로 확장하는 데에도 영향을 주었다. 내가 만들고 게시한 것뿐 아니라 타인이 나에 관해 만들고 게시한 것도 내 디지털 발자국이 된다. 자기 이름과 학교를 구글에서 검색해보라. 검색 결과를 보면 아마 깜짝 놀랄 것이다.

지금은 그 어느 때보다 교육자, 리더, 학교, 교육구가 브랜드 전략을 생각해야 할 때다. 내러티브를 통제하고 이미지를 왜곡할 수 있는 부정적인 콘텐츠가 핵심 이해관계자들의 인식에 영향을 주지 않게 하려면 반드시 해야 할 일이다.

단, 비즈니스와 교육에서 브랜드의 의미는 다르다는 점을 늘 잊지 말아야 한다. 비즈니스에서 브랜드는 곧 판매를 가리킨다. 반면 교육에서 브랜드는 교육자들과 학교가 아이들을 위해 명예로운 일을 지지, 격려, 존중하는 방법이다. 우리는 학교와 교육자의 브랜드를 개발하고 강화함으로써 모든 이해관계자가 납득하고 칭송할 이유를 만들어주며, 마땅히 존경받을 만한 일이 제대로 인식되게 돕는다. 이와 같이 교육에서 브랜드의 쓰임은 판매가 아니라 학생과 교사, 학교 리더가 하는 일을 더 투명하게 보여주는 데 있다. 디지털 리더는 브랜드 구축의 중요성을 잘 알아야 한다. 여기서 리더란 학생과 자신의 학습 기회를 개선하고자 하는 모든 교육자를 뜻한다.

다음은 브랜드ED 마인드셋이 중요한 구체적인 이유다(Sheninger & Rubin, 2017).

- 브랜드는 지금 나와 우리 학교가 하는 일에 다른 사람들을 끌어들인다. 그러면 더 우수한 인재가 유입되고, 더 많은 이해관계자들이 지지를 보내오며, 학부모들이 자녀를 보내고 싶어 하는 학교로 거듭날 것이다. 또한 더 활발한 학습 네트워크 구축으로 이어질 수 있다.

- 브랜드는 매일 학교에서 어떤 놀라운 일들이 일어나고 있는지 세상에 알린다. 소셜미디어 덕분에 우리는 누구나 학생들의 미래를 위해서 하고 있는 일을 정확히 전달할 수 있다.

- 긍정적인 브랜드 입지는 교사와 동료들에게, 더 나아가 전 세계 동료들에게 우리의 진정한 가능성에 관한 동기와 영감을 준다. 성공은 타인의 복제를 거쳐 더 큰 성공으로 증폭한다.

- 브랜드는 이해관계자들에게 학교의 DNA를 알려준다. 로고, 마스코트, 트윗, 해시태그에서 나타나는 긍정적인 브랜드 존재감은 진짜 이야기를 들려줄 기회를 선사한다.

- 긍정적인 브랜드 입지는 이해관계자들에게 교육구와 학교 또는 교육자에게 무엇을 기대해야 하는지 명확하게 보여준다. 이는 지지를 이끌어낼 뿐 아니라 귀중한 관계 형성을 보장한다.

- 명확한 브랜드ED 전략은 모든 학생의 성공을 위해 사명, 비전, 가치에 집중할 수 있게 해준다.

- 브랜드는 감성 수준에서 사람들에게 다가감으로써 핵심 이해관계자들과의 관계를 더 견고하게 만들어준다. 이해관계자들과 긴밀한 관계를 맺는 데는 학교와 교육자가 아이들의 일상에서 매일 긍정적

인 변화를 일으키고 있는지 꾸준히 알려주는 것만큼 좋은 방법이 없다.

브랜드ED 마인드셋의 기초는 학교와 교육구 또는 교육자 개인의 사명, 비전, 가치에 비추어 가치 있는 콘텐츠를 공유하는 데 중점을 두는 것이다. 그렇게 하려면 아이들의 학습에 긍정적인 영향을 주기 위해 성공적으로 실행하고 있는 전략과 아이디어에 초점을 맞추어야 한다. 긍정적인 브랜드 입지는 아래와 같은 간단한 공식에 기반해 유기적으로 성장할 것이다.

소통 + 홍보 = brandED

강력한 브랜드 입지를 쌓는 데에는 8장과 9장에서 제시한 전략과 개념이 도움이 될 것이다. 가장 먼저 할 일은 소통의 개선이다. 우리는 끊임없이 이해관계자들을 만나야 한다. 이때 쌍방향 소통에 그들을 참여시키기 위한 다면적인 접근법이 필요하다. 디지털 전략과 비디지털 전략을 함께 사용하는 것은 중요한 정보를 전달하고 투명성을 높이는 방법이다.

대외 홍보 역시 지위의 고하를 막론하고 모든 리더의 의무다. 당신이 당신의 이야기를 직접 하지 않는다면 다른 누가 할 것이다. 당신이 주사위를 던지거나 도박에 가까운 모험을 한다면 주변 사람들은 부정적인 이야기만 할 것이다. 교육자들은 자랑에 익숙하지 않지만 계속 지금처럼 했다가는 가혹한 대가를 치를 수도 있다. 그러니 스토리텔러가 되어라. 전세를 역전시켜 홍보를 영원히 장악하라. 스토리에는 아주 큰 힘이 있으므로, 우리는 스토리를 더 잘 전달하는 데 주력해야 한다.

마운트 올리브 교육구 교육감 로버트 지위키는 뉴저지주 위호켄 타운십 교육구에 재직하던 시절 브랜드의 힘을 경험했다. 그는 트위터를 충분히 활용하여 교육구 전체의 개혁에 지역사회 구성원들을 참여시키고 학생들이 만든 성과물을 공유했다. 지위키는 트위터 등 소셜미디어를 활용하여 그날그날의 변화를 기록하고 교육구의 혁신과 일대일 학습으로의 전환에 관한 브랜드를 개발했다. 한 학생은 학생들의 참여를 나타내는 동사들과 교육구 이름, 창의적인 해시태그로 교육구의 디지털 교육 강령을 만들기도 했다. 이러한 성과는 소셜미디어를 통해 커뮤니티 전체에 알려졌다. 지위키는 교육구 브랜드 구축 활동의 일환으로 3개년 계획을 문서 한 장에 정리하여 어디서나 쉽게 공유할 수 있게 했다. 표 10.2는 지위키가 브랜드ED 전략과 사고를 그림으로 정리한 것이다.

적절한 해시태그의 힘 ───

소셜미디어를 통한 브랜드 구축에서 해시태그만큼 중요한 것은 없다.

표 10.2 **위호켄 교육구 전략 계획**

2016~19 전략 계획

비전
평등, 개인화, 혁신

사명
위호켄 타운십 교육구는 진보적이고 학생 중심적인 학습자 커뮤니티로, 집단적·개별적 우수성을 추구합니다. 이 목표를 위해 우리는 모든 학생이 학문적 가능성을 최대한 실현하고, 책임 있는 시민으로서 가치관을 배양하며, 역동적인 글로벌 사회에 적응하기 위한 역량을 연마할 수 있게끔 시스템과 구조를 구현할 것입니다.

2016~19 전략적 목표
① 전 학년의 학업 성취도를 높인다.
② 학생들의 사회적·정서적·비인지적 발달을 강화한다.
③ 성과가 우수하고 연구 기반의 모범 사례를 활용하는 다양한 인재를 유치, 육성, 보유한다.
④ 학생 가족, 지역사회 전체를 교육구 비전과 사명의 지지자로 끌어들인다.
⑤ 청렴성, 효과성, 규정 준수, 투명성, 책임 있는 재정 관리를 원칙으로 운영한다.

2016~17 전략
- NJQSAC(뉴저지주에서 시행하는 학교 평가 지표—옮긴이) 교육구 개선 계획에 따라 교사 PLC를 중심으로 모든 표준 기반 교육과정을 매핑한다.
- 관내의 모든 학교에서 블렌디드 러닝을 실행하고 평가한다.
- 포괄적인 '중재 반응(Response to Intervention)' 프로그램을 제도화한다.
- 소셜미디어, 웹, 전통적인 인쇄 매체를 통해 학생들의 성취를 홍보함으로써 이해관계자들의 참여도를 높인다.
- 교육구에서 수립한 2016~18 PD 목표에 따라 교사의 전문성을 향상하고 우수 사례를 제도화한다.
- 학교 차원의 사회적 정서·인성 교육 프로그램을 만든다.
- 장기적인 시설 계획 수립을 완료한다.
- 연구 기반의 영재 프로그램(Academically Talented Program) 평가에 이해관계자들을 참여시킨다.
- 애플리트랙(Applitrack)을 활용하여 우수 인재 채용을 위해 꾸준히 노력한다.

2016~17 SMART 목표
1. 모든 교육과정 매핑(2016년 11월 15일까지 1단계 완료, 2017년 6월 1일까지 2단계 완료)
2. 조정된 코호트 졸업률 90퍼센트 이상으로 유지
3. 학업 성취, 교육과정, 수업에 관련된 언론 보도 10회 이상
4. 2015~16년보다 교사의 전문성 개발 시간 10퍼센트 이상 증가
5. 2015~16년보다 정학률 10퍼센트 감소
6. 2015~16년보다 학교 폭력 5퍼센트 감소
7. 2015~16년보다 PARCC 평가에서 '기대를 충족함'에 해당하는 학년별 학생 수 5퍼센트 이상 증가
8. 2015~16년보다 AP 과정 참여율 10퍼센트 증가
9. 2015~16년보다 SAT/ACT 과정 참여율 10퍼센트 증가
10. 2016~17학년도 동안 1~6학년 학생 전원에게 읽기 능력 진단 평가를 활용한 읽기 수준 평가 4회 이상 실시
11. 학부모가 참여하는 공개 포럼 4회 이상 개최
12. 2017년 5월 1일까지 영재 프로그램 위원회 최종 보고서 발표
13. 2016년 12월 1일까지 장기 시설 계획 발표

교육감 로버트 R. 지위키
WeehawkenSchools.net | @WeehawkenTSD

왜 그럴까? 해시태그는 여러 소셜미디어 플랫폼(트위터, 페이스북, 인스타그램, 링크드인)의 메시지를 한꺼번에 관리할 수 있게 해주기 때문이다. 콘텐츠에 라벨을 붙여놓은 형태라고 생각하면 된다. 특정 주제나 논의에 관심이 있는 교육자는 해시태그를 이용하여 그 주제를 다룬 콘텐츠를 빠르게 찾을 수 있다. 해시태그는 내가 공유한 모든 것을 다른 사람들이 쉽게 찾고, 내 교실이나 학교 또는 교육구에서 일어난 일을 바로 알 수 있게 도와주는 멋진 큐레이팅 방법이다. 소셜미디어에 게시물을 올릴 때 끝에 해시태그를 달면 하이퍼링크가 생성된다. 누구든 그 링크를 클릭하면 같은 해시태그를 사용한 모든 게시물을 한눈에 볼 수 있다.

해시태그를 만들 때는 별다른 규칙이 없다. 길이도 원하는 대로 하면 되지만, 되도록이면 짧게, 그러면서도 독특하게 만들기를 권한다. 또한 자기 비전이나 해당 학교와 교실만의 특징에 부합하는 것이 바람직하다. 예를 들어 텍사스주 사이프러스의 웰스초등학교는 #ExploreWells라는 고유의 해시태그를 쓴다. 웰스초등학교의 마스코트가 탐험가이기도 하지만, 모든 게시물이 어떤 형태로든 학생들이 날마다 경험하는 지식의 탐험과 관련되었다는 뜻도 담겼다. 위스콘신주의 폴크릭 교육구의 해시태그는 #GoCrickets다. 폴크릭 교육구는 소셜미디어 게시물뿐 아니라 기념 티셔츠나 단체복 등 현실 공간의 물건에도 이 해시태그를 넣는다. 웰스초등학교와 폴크릭 교육구의 전략은 단순하고 강력하다. 해시태그를 중심으로 이해관계자들을 불러 모으고, 학생들과 학습 문화에 관한 훌륭한 정보를 꾸준히 공유하자.

요약

비즈니스의 브랜드 역사는 우리에게 브랜드ED 역사를 써나갈 영감을 준다. 디지털 세계에서 긍정적인 브랜드 존재감을 창출하려면 인내심이 필요한데, 그 끝에는 여러분과 학교 이해관계자들을 위한 보상이 기다린다. 브랜드ED 아이덴티티를 만들고 유지하려면 학교의 소통과 홍보에 소셜미디어를 일관되고 표적화한 방식으로 사용해야 한다. 이런 노력을 전통적인 방법과 결합하면, 리더 개인과 학교의 브랜드가 탄생하고 학교와 교육 커뮤니티 전체에 퍼질 것이다. 그 결과, 리더십, 교육, 학교 문화의 모든 긍정적인 면이 알려지고 홍보될 것이다. 디지털 리더는 21세기를 살아가는 모든 이해관계자와 관계를 맺고 그들을 참여시키기 위해 민간 부문의 교훈을 이해하고 수용한다. 이 시대의 리더는 모두 스토리텔러가 되어야 한다.

생각해볼 문제

1 커뮤니티에 우리 학교의 가치를 보여주기 위해 어떻게 하고 있는가?

2 커뮤니티의 진정한 참여를 유도하고 긍정적인 브랜드 존재감을 구축하여 우리가 학생들과 어떤 일을 하고 있는지 보여주고, 그런 일을 꾸준히 하려면 어떻게 해야 할까?

3 내 이름이나 우리 학교/교육구 이름을 검색하면 어떤 내용이 나오는가? 디지털 아이덴티티와 실제가 일치하는가?

4 학교/교육구의 브랜드를 효과적으로 구축할 방법은 무엇일까? 브랜드 구축 활동을 시작하거나 개선하려면 어떤 조치가 필요한가?

일곱 번째 기둥:
기회 발견

Discovering Opportunity

내가 좋아하는 문구다. 지금은 내 좌우명과 다름없는 문구이지만, 학교 행정가로 일하던 초기에는 나에게 별다른 감흥을 주지 못했다. 나는 몇 년 동안 '물이 반밖에 없는 유리잔'의 시각으로 세계를 보았다. 나에게 주어진 도전 과제는 핑계가 되었고, 결국 아무것도 변하지 않았다. 학교 문화에 강력한 변화를 일으키거나 혁신적이어야 할 필요성이 절실하지 않았다고 볼 수 있다. 대개 오래된 생각은 오래된 결과를 낳는다. 그러나 급변하는 시대에 전통적인 사고방식을 고수하는 것은 훨씬 위험하다. 우리와 우리의 학교를 앞이 보이지 않는 길로 이끌 수 있기 때문이다.

난해하고 불확실한 경제의 시대에 학교 리더는 학생들에게 디지털 세계에서 성공하기 위한 수단을 제공하는 데 초점을 맞춰 기존의 프로그램과 이니셔티브를 점검하고 개선해야 한다. 참여도를 높이고 학습을 강화하고 학업성취도를 증진하면서 학교의 지속적인 발전을 꾀하려면 과감한 리더십이 필요하다. 디지털 리더십은 교육 개혁이나 경제적 불안정성을 핑계 삼는 논리에 굴복하기보다는 학생들에게 현실 세계를 잘 반영한 학습 경험을 선사하고 최고의 학습 기회를 계속 제공할 혁신적인 방법을 찾아내는 데 집중한다.

기회는 다양한 방식으로 스스로를 드러낸다. 기회는 '무엇인가를 할 수 있게 해주는 일련의 상황'이라고 정의된다. 내가 이 정의를 좋아하는 이유는 성장형 사고방식, 기업가 정신, 혁신과의 여러 연관성이 명확하기 때문이다. 그러나 가능성이 발현되는 문화는 아무 노력 없이 저절로 굴러들어오지 않는다는 점을 명심해야 한다. 물론 바라던 일이 우연히 이루어질 때도 있지만, 그런 행운을 바라는 것은 현실적이거나 실용적인 태도라고 할 수 없다. 그보다는 실제로 개선을 가져올 새로운 문화를 만드는 일에 얼른 착수하는 편이 낫다.

전략적 파트너십 ———

상상하기 힘들지만 미주리주의 메이플우드 리치먼드 하이츠 교육구는 몇 년 전까지만 해도 학부모, 파트너십, 각종 프로그램을 마치 바이러스라도 감염되는 듯이 외면했다. 이 교육구는 여러 면에서 지역사회와 관계 맺기에 실패했고, 외부 자원을 끌어들일 만한 요인이 없었다. 결론부터 말하자면, 지금은 교육구 곳곳에서 아이들을 위한 놀라운 기회가 흘러넘치고 있다. 지역사회와 전국, 전 세계의 파트너에게서 각종 자원, 프로그램, 인력을 지원받지 않았다면 불가능했을 일이다. 대부분은 메이플우드리치먼드하이츠중학교 전 교장 로버트 딜런의 리더십에 따라 계획, 실행되었다.

유동적인 학습 파트너십을 활용하는 등 상호 연결성이 높은 교육구가 되기 위한 여정에서 티핑 포인트는 커뮤니티의 파트너들이 조직의 사명과 핵심 동력에서 에너지를 얻었을 때였다. 이 에너지는 점점 더 많은 파트너에게 교육구를 향한 관심과 열망을 일으켰고, 빠른 속도로 달리는 혁신의 열차에 올라탈 수 있게 도와주었다. 이 기간 동안 교육구의 교사와 학생은 이제까지와 전혀 다른 흥분을 경험했다. 활발한 학습을 촉진하는 새로운 아이디어와 신선한 방법이 넘쳐났기 때문이다. 메이플우드 리치먼드 하이츠 교육구는 이러한 변화로 더 대담해졌으며, 교사와 학생들은 새로운 가능성에 기대를 걸었다.

그동안 기존 시스템이 새로운 기회를 감당하지 못하고 초점을 흐려서 본연의 임무를 달성하지 못하게 하리라고 우려하는 사람들이 늘 있었다. 조직을 커뮤니티 자원에 무방비하게 노출시킬 경우, 파트너가 학교의 핵심 기능 수행에 도움이 되지 못하고 오히려 교육구가 그들의 목적에 끌려갈 것이라는 논리였다. 이러한 우려를 불식하려면 메이플리치먼드하이츠중학교의 리더들이 학습에 주춧돌이 되는 역할(학교 운영, 학문, 시민의식, 청지기 의식)을 중심으로 파트너십 포트폴리오를 구성하는 데 철저한 일관성을 지키는 것이 중요했다.

메이플우드 리치먼드 하이츠 교육구가 새로운 기회를 창출한 또 다른 방법은 참신한 비전으로 지역사회와 그 너머에 활력을 불어넣은 것이었다. 파트너들은 열에 아홉이 해당하는, 여느 학교와 다를 바 없는 사명을 내세우는 학교를 원치 않는다. 혁신적인 리더라면 10장에서 설명했듯이 교육을 둘러싼 대화의 불협화음 속에서 그들만의 틈새 영역, 스토리, 독특한 공간을 브랜드로 만들어야 한다. 그래야만 학교, 교육구, 조직이 오래 협력할 수 있는 최고의 파트너를 끌어들일 수 있다(R. Dillon, 비공식 인터뷰, 2013).

메이플우드 리치먼드 하이츠 교육구는 견고한 자원과 파트너십 구축으로 학생들을 지원하기 위해 체계적인 접근 방식을 취했다. 파트너십의 대상에는 대학, 정신 건강 기관, 다른 학교, 체험학습 관련 기관, 기업, 지역사회가 포함되었다. 학생들과 연계되는 정도는 서로 다르지만 저마다 시간, 재능, 귀중한 기회를 제공하여 아이들의 교육적 경험을 풍부하게 만들고 있다.

상호 연결성을 확보하기가 쉬운 디지털 시대여서, 새로운 파트너십 대상을 찾을 때도 소셜미디어, 특히 방대한 교육 지형에서 아이디어와 새로운 가능성을 발굴하고자 트위터를 사용하는 교육자들이 끊임없이 유통하는 자원이 도움이 되었다. 소셜미디어의 전략적 활용은 처음에는 소수 얼리어댑터가 시작했지만 점차 리더 교사, 학생에 이르기까지 교육구 전체로 확산했다. 다음은 몇 년에 걸쳐 개발된 새로운 기회와 파트너십이 교사와 학생에게 어떤 영향을 미쳤는지 구체적으로 보여주는 사례다.

대학 파트너십

메이플우드 리치먼드 하이츠 교육구는 성장의 모든 측면에 레조 에밀리아의 유아교육 전문가들을 참여시켰다. 이는 웹스터대학교와의 파트너십 덕분이었다. 세인트루이스대학교, 메리빌대학교, 세인트루이스워싱턴대학교와의 파트너십을 통해 캠퍼스를 방문한 많은 학생들은 대학 진학에 더 큰 희망을 품게 되었다. 또한 중·고등학교 STEM 수업에 대학이 보유한 대학생과 성인용 실습 자원을 도입할 수 있었다. 학생들을 지원할 때 대학과의 연계는 다양한 활동에서 시너지를 일으켰다.

메이플우드 리치먼드 하이츠 교육구는 서로에게 도움이 되는 공생적 파트너십을 형성하는 데 주의를 기울였다. 예를 들면 대학 수업을 중·고등학교에서 진행하기도 하고, 대학생들이 교육구의 시설을 방문하여 미적으로 쾌적한 공간이 학생들의 성장에 어떻게 도움이 되는지 관찰하기도 했다. 교실에 테크놀로지를 어떻게 통합하는지, 미래 지향적인 도시 학교 환경을 어떻게 구축하는지 체험하기도 했다.

체험학습 파트너십

메이플우드리치먼드하이츠중학교는 '원정대로서의 학교'를 표방한다. 이 학교 학생들은 일 년 중 20퍼센트 이상을 교실 밖에서 배운다. 이를 위해서는 파트너십의 발굴과 육성이 필수적이었다. 교사와 학교 리더들이 몇 년 동안 각별한 노력을 기울인 덕분에 학생들은 테네시주 트레몬트에 위치한 그레이트스모키마운틴스연구원, 앨라배마주에 있는 도핀아일랜드해양연구소로 현장학습을 다녀올 수 있었다. 이러한 주요 파트너십 외에도 오듀본센터앳리버랜드, 포레스트파크포에버, 미주리식물원, YMCA 등 관내외의 여러 지역 파트너가 체험학습을 지원한다. 각 분야의 전문가들은 최대의 학습효과를 거둘 수 있는 체험학습 프로그램을 설계한다.

학교 간 파트너십

우수한 학교와 우수한 학교 리더는 학생들의 성취가 경쟁적인 노력만으로 달성될 수 없다는 사실을 잘 안다. 따라서 학생들의 더 높은 수준의 성취를 돕기 위해 학교 간 파트너십에 더 많은 자원을 투입한다. 메이플우드리치먼드하이츠중학교의 리더들도 전국의 여러 학교와 학습 파트너십을 구축하는 데 주력했다. 인근의 웹스터 그로브에 위치한 더칼리지스쿨과의 파트너십도 그중 하나였다. 더칼리지스쿨의 한 학급과 메이플우드리치먼드하이츠중학교 학생들은 수질, 강 유역, 물을 둘러싼 인간 활동의 지속 가능성에 관해 함께 배웠다.

파트너십은 학생들에게 협동과 소통 역량을 쌓을 기회를 제공했다. 한 중학교 교사는 '전국 소설 쓰는 달National Novel Writing Month' 기간에 브리티시 컬럼비아 소재의 한 고등학교 글쓰기 수업과 협업하여, 고등학생이 중학생의 멘토가 되어 한 달 동안 매일 글쓰기를 도와주게 했다. 또 어떤 중학생 그룹은 '지속 가능성을 위한 교육'이라는 주제로 다른 학교의 여러 학생과 교사 앞에서 발표할 기회를 얻음으로써 학생의 목소리가 지닌 힘을 배웠다. 교사들은 교실에서 아이들을 돕는 일을 넘어 전 세계 학생들의 조력자이자 파트너가 되었다. 그리고 리더, 학자, 시민, 청지기를 키워내는 일 또한 자신들의 임무라는 것, 즉 자신들이 전체 교육 시스템의 파수꾼이 되어야 한다는 사실을 깨달았다.

기업/지역사회 파트너십

주변 환경에 대한 공감 능력 함양의 중요성이 커지면서 메이플우드 리치먼드 하이츠 교육구는 지역사회, 기업 파트너십의 필요성을 느꼈다. 데이나브라운재단, 노버스인터내셔널, 댄포스플랜트사이언스센터 같은 파트너들은 학생들에게 식품, 물, 에너지 등 환경 정의에 관련된 쟁점을 더 깊이 탐구할 기회를 제공했다. 슐라플라이 보틀워크, 카카오 초콜릿 등의 지역 사업체는 기업이 인간, 지구, 이윤을 위한 트리플 보텀라인triple bottom line을 실천하여 지역사회 구성원으로서의 책임을 이행하는 실례를 보여주었다. 학생들은 지역 기업들의 사례 연구를 바탕으로 지역사회에서 개인이 부딪히는 사회정의와 경제정의라는 쟁점을 탐구하고 학습할 수 있었다. 게이트웨이 그리닝, 이노베이티브 테크놀로지 교육 기금, 지속 가능한 농업 연구와 교육 프로그램 같은 펀딩 파트너들도 교육구의 비전과 사명을 지지하며 재정적으로 도움을 주었다.

이와 같은 협력기관들은 교육구의 영구적인 파트너가 되었다. 기관과 교육구의 관계가 일시적인 교류나 단발성 행사에 그치지 않고 꾸준히 이어진다는 뜻이다. 모든 파트너십에서 그런 깊은 관계가 실현되는 것은 아니다. 학교와 교육구가 언제든 파트너십의 기회를 포착하고 끌어안을 준비가 되어 있고, 지역사회·기업과의 훌륭한 파트너십을 형성하고 성장시키는 데 많은 시간을 쓸 수 있어야 한다.

정신 건강 파트너십

세인트루이스 카운티의 유권자들은 0.25센트 판매세 조치를 통과시켰다. 이 세금으로 아동과 19세 이하 청소년에게 정신 건강 및 약물 남용 치료 서비스를 제공하는 지역사회 아동 서비스 기금이 조성되었다. 그 일환으로 메이플우드 리치먼드 하이츠는 지역의 관련 기관과 전략적 파트너십을 구축하여 학생들의 정신적·정서적 건강을 돕고 있다. 이 기회를 활용하려면 교육 시간과 공간을 관련 기관들에 할애할 수 있는 의지와 해당 서비스가 학생들의 학문적 성장 전반에 유익하다는 인식을 확산할 리더십이 필요했다. 교육구 내 빈곤 가정 학생의 절반 이상과 그 밖의 많은 학생들이 정신 건강이나 약물 남용 문제를 겪고 있었다. 유스인니드, 미국알코올및약물남용위원회, 세이프커넥션, 루터교 가족및아동서비스 같은 훌륭한 기관들이 아니었다면 미주리주에서 모범 사례로 인정받는 일은 불가능했을 것이다.

메이플우드 리치먼드 하이츠 교육구의 미래는 매우 밝다. 학생들 주변을 일종의 가상 마을이 둘러싸고 각종 지원과 전문가의 멘토링, 고등학교 졸업 후의 기회에 대한 전망도 제공하기 때문이다. 이러한 파트너십의 씨를 뿌리고 가꾸고 잡초를 제거하여 결실을 맺기까지는 학교와 교육구 리더의 깊은 헌신이 있었다. 파트너십의 정원에 기름진 토양을 마련하고 필요한 영양분을 분석하며 지속 가능한 활동 방안을 찾아 실행하는 일이 아름다운 까닭은 성장과 꿈을 실현할 기회를 만들어주기 때문이다. 메이플우드 리치먼드 하이츠 교육구가 매일 아이들을 돌보면서 항상 놓치지 않으려 하는 점이 바로 그것이다.

아카데미 ————

우리는 너무 많은 시간을 상자 안에서 보낸다. 기존 교육과정과 교수법을 조금씩 수정하여 시험 점수를 올리거나 정해진 기준을 맞추는 데 급급하다는 뜻이다. 교육자는 상자가 없는 곳으로 나아가야 한다. 즉 전통적인 학교와 운영 방식에서 벗어나 21세기형 학교 시스템을 다시 구상해야 한다.(Dwight Carter and Mark White, 2017, p. 182)

디지털 리더는 디지털 시대의 진학과 취업 준비에 초점을 맞춘 환경을 제공하는 학교 디자인을 하고, 학생들의 진정한 참여에 필요한 프로그램 유형을 예견해야 한다. 더 엄격한 기준을 적용하는 것도 그 시작이 될 수 있다. 그러나 리더는 학생들이 학습에 열정을 발휘하고 코호트식 학습에 참여하며 구성주의적 접근으로 학문 분야의 지식을 오롯이 자기 것으로 만드는 전체적인 프로그램을 개발해야 한다. 그런 프로그램은 학교를 아이들을 위한 기회가 늘 새롭게 열리는 공간으로 만들 것이다.

아카데미 프로그램은 교육의 새로운 방향을 보여준다. 국가적으로든 세계적으로든 가장 높은 수준에서 경쟁할 수 있는 뛰어난 졸업생을 요구하고 있다. 수준 높은 프로그램을 향한 학생들의 관심도 커졌다. 아카데미 프로그램은 대학의 전공과 일자리 요구에 직접적으로 연관되게끔 명확하게 설계한 진로 중심의 학습 프레임워크를 제공한다. 글로벌 시장에서 성공에 필수적인 지식, 기술, 자질, 직업 윤리를 갖춘 신진 전문가를 육성하는 프로그램이다.

뉴밀퍼드고등학교에서는 내가 교장으로 재임하는 기간 중에 학생들에게 더 많은 학습 기회를 제공하기 위해 아카데미(Academies@New Milford High School)를 개설했다. 아카데미는 학교 안의 학교라고 보면 된다. 각 아카데미에는 진로 중심 교육과정 외에 다음과 같은 특별 프로그램도 운영하고 있다.

- 전문 멘토링

- 대학 학점 선취득 기회

- 학교 밖의 자원, 현장학습, 가상 수업 수강

- 서적 스터디

- 버겐퍼포밍아트센터, 세인트토마스아퀴나스대학, 페어레이디킨슨
  대학교 등 결연 기관이나 단체와 교류

- 마스터 클래스, 워크숍 등 관련 현장학습

- 오픈코스웨어를 통한 개인 연구(6장 참조)

- 캡스톤 프로젝트

- 특화한 성적 증명서

- 졸업장에 아카데미 수료 명시

아카데미를 개발하고 성공적으로 실행하는 일에는 사회의 변화에 따른 뉴밀퍼드 학생들의 요구를 예상하는 것과 과감한 리더십도 필요했다. 처음에는 별도의 재정을 사용하지 않고 기존 고등학교 과정을 기초로 STEM, 예술과 문학, 글로벌 리더십처럼 아카데미에 특화한 과정 세 개만 추가했다. 첫해 이후에는 아카데미 학생들의 학습 기회 확대를 지원하기 위해 별도의 예산을 마련했는데, 대부분은 현장학습 교통비에 쓰였다. 온라인 자료 11.1에서 아카데미의 철학과 세 가지 과정 그리고 인증서에 관한 설명을 볼 수 있다.

뉴밀퍼드고등학교는 자체 아카데미를 만들어 기존의 시스템에 결

합함으로써 학생들의 학습 방식을 극적으로 변화시킬 수 있었다. 이 프로그램은 성적과 관계없이 자기만의 관심 영역을 추구하면서 스스로 더 높은 목표를 향하고자 하는 모든 학생에게 제공되었다.

소셜미디어 활용 ────

디지털 리더십의 일곱 기둥에서 상호 연결성은 학교 문화와 교사 업무 수행의 지속적인 개선을 이끈다. 리더가 소셜미디어와 디지털 도구 활용 전략을 도입하면 앞서 논의한 여섯 기둥 각각의 행동 변화가 가시화한다. 소셜미디어 사용에서 비롯되는 투명성은 학교에서 시행하는 여러 프로그램과 리더십 스타일에 관심을 불러일으킨다. 좋은 뉴스가 빠르게 퍼져나가고 소셜미디어를 사용하는 수많은 이해관계자에게 소식이 전해지기 때문이다. 이러한 관심은 전략적 파트너십, 실제성 있는 학습 경험, 교사 직무 학습, 학교와 교사에 대한 대외적 인정, 교육 테크놀로지 지원 등 다양한 형태로 수많은 기회를 낳는다.

　나는 소셜미디어와 디지털 리더십의 일곱 기둥을 수용한 뒤로 학교와 나에게 수많은 기회가 생기는 것을 직접 경험했다. 몇 년 전에는 뉴밀퍼드고등학교가 소셜미디어에서 하는 일을 알고 에버미디어AverMedia가 문서 카메라와 디지털 응답 장비를 기증했다. 그들은 우리 학교 교사들에게 장비 사용법을 교육하기 위해 애리조나에서 뉴저지까지 두 번이나 와주기까지 했다. 교사들은 필요한 장비를 확보했을 뿐만 아니라, 문서 카메라로 수업을 녹화한 뒤 유튜브와 구글 사이트에 정기적으로 업로드하여 플립 접근법(6장 참조)에 기반한 개념 학습에 활용했다.

에드스케이프Edscape는 뉴밀퍼드고등학교와 교육 테크놀로지 기업 Teq(www.teq.com) 사이의 전략적 파트너십으로 진화했다. 이 파트너십의 결과물이 바로 6년간 개최되면서 미국, 멕시코, 캐나다의 교육자 수천 명을 불러 모은 에드스케이프 콘퍼런스였다. 이는 교육자들에게 세계적으로 저명한 교육자의 기조 강연, 동시에 열린 세션 60개, 혁신 랩에 참여할 수 있는 기회였다. 뉴밀퍼드고등학교 캠퍼스에서 열린 이 행사는 학교의 프로그램과 이니셔티브를 더 많이 알릴 수 있는 기회였다. 교육구의 모든 교직원에게는 특별한 학습 기회이기도 했다.

학생들에게도 전에 없던 학습 기회가 제공되었다. 소셜미디어를 통한 연결은 뉴밀퍼드고등학교 학생들에게 교실에서는 맛볼 수 없는 놀라운 학습 경험을 선사했다.《뉴욕타임스》베스트셀러 작가 대니얼 핑크와 스카이프로 만나고, 크롬북 출시 초기에 뉴욕 구글 사무실의 엔지니어들에게 피드백을 제공했으며, UN 걸스 리더십 서밋에도 참가했다. 매사추세츠공과대학의 사례 연구에 참여하고, 뉴어크박물관을 방문하여 그 소장품을 디지털 도구로 소개할 21세기형 전략을 조언한 적도 있으며, 학교 앱도 학생들이 직접 개발했다. 별다른 비용이 들지 않은 이 모든 놀라운 경험은 디지털 리더십의 일곱 기둥 없이는 불가능했을 것이다.

디지털 존재감과 함께 학교와 교사의 인지도가 높아졌다. 디지털 리더십의 일곱 기둥에 따른 소셜미디어의 전략적 활용은 혁신적 이니셔티브와 학생 성취에 관한 지역 및 전국 매체 보도로 이어졌다. CBS뉴욕, NBC뉴욕, 《USA투데이》, 《스콜라스틱 어드미니스트레이터》, 《e스쿨 뉴스》, 《에듀케이션 위크》 등의 주류 매체가 디지털 리더십의 일곱 기둥에 관련된 기사를 꾸준히 내보내고 있다.

내가 더 투명한 리더가 되자 전문성에 대한 인정이 뒤따랐다. 나는 전국에서 여러 상을 받았으며, 구글 교사 아카데미와 어도비 교육 리더의 일원이 되었다. 소셜미디어를 사용하기 전에는 교장으로서 내가 하는 일에 대해 어떤 형태로든 외부의 인정을 받은 적이 없었다.

내 활동은 물론 교사와 학생의 성과를 공유할 기회도 생겼다. 리더는 소셜미디어라는 렌즈를 통해 구성원들의 활동을 전 세계의 다양한 청중에게 보여줄 수 있다. 좋은 아이디어는 소셜미디어를 타고 빠르게 전해지며, 지속 가능한 변화를 시작하려는 사람들은 아이디어를 받아들이고 실행할 것이다. 시간이 더 지나면 지역, 국가, 전 세계의 관련 기관들이 주목하고, 모두 더 나은 교육을 위해 강연과 사례 발표를 요청할 것이다.

일곱 기둥의 상호 연결성 ─────

기회를 발견하는 데서 만족하지 말고 기회가 찾아올 수 있는 문을 만들어라. 나는 기회가 노크할 문을 만들 만한 상황과 조건을 디지털 리더십의 일곱 기둥이 제공한다는 교훈을 얻었다. 각 기둥의 상호 연결성과 공생적 본질은 내 학교와 나를 노력의 결실을 수확할 수 있는 길로 이끌었다. 그림 11.1은 각 기둥이 다음 기둥에 기여한다는 점을 보여준다. 하나의 기둥이 마련한 더 나은 토대에서 다음 기둥으로 계단을 오르듯 나아가는 것이다. 이 과정은 다음과 같은 3단계 접근이라고 할 수 있다.

1 개선(기둥 1~3)

2 공유(기둥 4~6)

3 발생한 기회에 대한 후속 조치(기둥 7)

여기서 우리의 목적은 아이들의 학습을 개선하는 것이다. 창의적인 아이디어가 샘솟게 하는 교수법을 개발하려면 지금의 우리 교육을 비판적인 시각에서 볼 필요가 있다. 더 우수하고 더 튼튼한 토대를 마련하여 다음 단계로 나아가려면 학습에 영향을 끼치는 중요한 요소인 공간과 환경의 진화가 요구된다. 끝으로, 모든 교육자들이 전문성을 키울 기회를 적극적으로 찾아내고 활용하여 실제 교육의 혁신으로 이어

그림 11.1 디지털 리더십 일곱 기둥의 상호 연결성

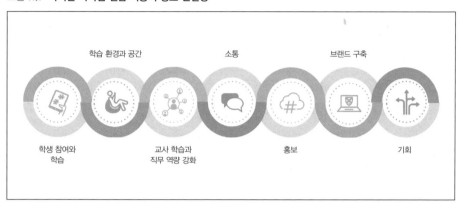

학습 환경과 공간   소통   브랜드 구축

학생 참여와
학습   교사 학습과   홍보   기회
                  직무 역량 강화

질 수 있게 해야 한다.

　개선을 위한 노력에 견주면 다음 단계는 간단해 보일지도 모른다. 그러나 다각적인 접근법으로 이해관계자를 찾아가는 소통과 홍보에 초점을 맞추려면 꾸준한 노력이 필요하다. 외부에서 정보를 얻고 우리 학교의 스토리를 전하는 활동을 이어가면 브랜드 존재감이 자연스럽게 형성된다(10장 참조). 그리고 거기에서 기회가 생겨날 것이다.

요약

리더가 디지털 리더십의 일곱 기둥을 채택하고 수용하면 다양한 영역에서 학교 문화와 교사 업무에 긍정적인 영향을 끼칠 수많은 기회가 생길 것이다. 리더는 소셜미디어를 활용함으로써 학교와 교사의 성공 사례를 공유하고, 전략적 파트너십을 구축하며, 자기가 하는 일을 널리 알릴 수 있다. 소셜미디어에서 학생과 교사의 실제적인 학습 경험 기회도 발견할 수 있다. 이 모든 방법은 적은 비용으로 교육의 여러 측면을 개선할 수 있게 돕는다. 또한 새롭게 열린 기회는 혁신적인 교육 활동에 대한 지역사회의 자부심으로 이어질 수 있다. 디지털 리더십의 기둥을 이해하고 받아들인 뒤에는 이 기둥들이 서로를 더 강화하면서 현재와 미래를 위한 기회를 꾸준히 만들어낼 것이다.

생각해볼 문제

1 디지털의 힘을 효과적으로 활용하여 파트너십을 구축하거나 자원을 획득하거나 학생들에게 실제적인 학습 경험을 제공해본 적이 있는가? 어떤 노력이 더 필요할까?

2 우리 지역과 제반 여건에서 어떤 유형의 파트너십을 구축할 수 있을까? 대외 협력과 교육과정과의 연계를 위한 전략 개발을 어떻게 시작할 수 있을까?

3 일곱 기둥 가운데 우리 지역, 기관, 학교, 학급에 더 많은 기회를 가져다줄 수 있는 열쇠는 무엇일까?

효능을 이끌어내는
리더

Leading for Efficacy

테크놀로지와 혁신적인 아이디어의 도입은

수업의 수익률, 다시 말해 학생들의 학습 성과가

향상되었다는 증거로 이어져야 한다.

—E. 셰닝어, T. 머리

나는 미국 북동부 출신이다. 뉴저지주에서 나고 자랐으며, 교사가 되고 교장이 된 곳도 뉴저지다. 2002년에 아내를 만나 뉴욕주의 스태튼 아일랜드로 이사했고, 그곳에서 13년 동안 살았다. 아내와 나는 모두 그 지역에 깊이 뿌리 내리고 있었기에 다른 지역으로 이주할 생각은 해본 적이 없었다.

그러나 상황은 변하기 마련이다. 내가 교장으로 재직한 학교의 성공적인 디지털 혁신이 주류 미디어와 지역 및 전 세계 학교, 관련 기관의 엄청난 관심을 받게 된 것이다. 그들은 우리가 보여준 효과에 주목했다. 내가 계산된 위험을 감수하고 다른 학교들이 디지털 테크놀로지 도입과 혁신적 변화를 위한 활동 규모를 키울 수 있게 돕겠다고 결심한 것이 그 무렵이었다. 온라인 자료 12.1은 뉴저지의 고등학교에서 실행한 혁신 활동을 소개한 기사다.

교장직에서 ICLE 선임 연구원으로 자리를 옮기자, 내 업무는 나를 미국 전역뿐 아니라 전 세계로 데려갔다. 하와이로 출장을 갔을 때 스태튼아일랜드에 30센티미터가 넘게 눈이 내린 적이 있었다. 아내는 내가 돌아오자마자 최후통첩을 내렸다. 앞으로 눈이 올 때마다 집에 있을 수 있게 학교 현장으로 다시 돌아가든가 아니면 눈이 올 일이 없는 따뜻한 곳으로 이사하든가, 둘 중 하나를 선택하라는 것이었다. 내가 내 일을 얼마나 사랑하는지 잘 알고 있던 아내는 미국 지도를 펼친 다음, 앞으로 우리 아이들을 어디에서 키울지를 두고 토론을 열었다.

나는 협상 불가 항목을 제시했다. 아내는 따뜻하고 눈이 없는 곳을 원했고, 나는 비행시간과 연결편 이용을 줄여줄 큰 공항이 가까워야 했다. 그렇다면 현실적인 후보지는 댈러스와 휴스턴뿐이었다. 휴스턴이 조금 더 남쪽이고 마침 우리가 원하던 집도 있어서 최종 낙점되었다. 우리의 결정에서 큰 비중을 차지한 또 다른 요소는 아이들이 다닐 학교였다. 마지막에 협상 불가 항목을 고려하여 사이프러스-페어뱅크스 독립 교육구CFISD에 집을 마련하기로 결정한 것은 결과적으로 나에게 더 좋은 일이 되었다.

디지털 리더십으로 만든 최고의 학교 ————

CFISD는 텍사스주에서 학업 성취도가 가장 높은 대규모 교육구에 속하며, 학생 12만 명 모두의 학습 향상을 위한 혁신적인 교육 확장에 전념하는 놀라운 교육구다. 나와 내가 이끄는 ICLE팀은 전 학년 개인 기기 활용Bring Your Own Technology; BYOT K-12 프로그램 시행, 블렌디드 러닝 도입, 가변형 공간 활용을 위한 교수법 최적화를 1년 반 동안 지원했다. 또한 디지털 프랙티스 평가Digital Practice Assessment; DPA 프로세스를 사용해 그들의 현재 수준을 파악하고 앞으로 학생들을 위해 지향해야 할 목표를 설정하는 데 도움을 주었다. 온라인 자료 12.2에서 DPA 프로세스의 주요 내용에 관한 상세 요약을 볼 수 있다. 이제 다시 내 이야기로 돌아가보자.

휴스턴에 도착하고 얼마 안 되어 CFISD의 초등학교 교장 셰릴 피셔에게서 연락을 받았다. 피셔는 내 트위터 팔로워였는데, 블렌디드 러닝을 전 학년 수업에 어떻게 활용하는지 보여주고 싶다면서 자기 학교를 방문해줄 수 있는지 물었다. 내가 본 것은 내 가슴을 따뜻하게 만들었는데, 이에 관해서는 나중에 좀 더 자세히 설명할 예정이다. 일 년 남짓 지나 피셔는 새로 설립된 웰스초등학교의 교장으로 임명되었다. 이 학교는 내가 사는 동네 한가운데에 있었다. 나는 흥분을 감출 수 없었지만, 내 딸 이저벨라에게는 헤쳐나가야 할 새로운 도전 과제가 생긴 셈이었다.

당시 4학년이었던 이저벨라는 중대한 결정을 내려야 했다. 2년 동안 다니면서 여러 친구를 사귄 학교에 계속 머무를 것인가, 아니면 초등학교 마지막 학년을 신생 학교에서 보낼 것인가. 사실 그 아이의 마음은 머무는 쪽으로 기울어 있었다. 내가 이 문제를 상의하자 피셔는 자신 있게 대답했다. "따님이 웰스초등학교로 온다면 날마다 즐겁게 공부할 겁니다." 나는 그 한마디에 벌써 넘어갔지만, 피셔는 이저벨라를 만나 웰스초등학교의 학습 문화에 관련된 자신의 비전을 자세히 설명했다. 이제 이저벨라의 결정을 기다릴 일만 남았다.

고맙게도 내 딸은 웰스초등학교에 전학을 가기로 스스로 결심했다. 아내와 내가 어느 정도 설득하기는 했지만 말이다. 나는 매일 딸에게 학교생활이 어떤지 물었고, 대답은 늘 같았다. "아주 좋았어요, 아빠!" 그 말을 들을 때마다 눈물이 날 만큼 기뻤다. 내 딸은 학교에 완전히 푹 빠졌다. 교육자이자 학부모로서 그 아이의 성취도 평가 점수가 해마다 높아지는 것보다 더 의미 있는 일이었다. 나에게 웰스초등학교는 꿈의 학교가 되었다. 무엇보다 내 딸이 거기에서 배우는 것을 좋아했기 때문이다. 좀 더 구체적으로, 웰스초등학교의 특징은 다음과 같다.

- 모든 학년에서 숙제를 없앴다.
- 학생은 BYOT 정책에 따라 교육 목적으로 개인 기기를 사용할 수 있다. 테크놀로지는 실생활에서 개념을 탐구하는 기회를 제공함으로써 학습을 지원, 강화하는 데 사용된다.

- 선택판, 플레이리스트와 함께 스테이션 순환형 블렌디드 러닝 모델을 전략적으로 활용해 학습 시간을 최대화하고 학생의 주도적인 학습을 늘린다.
- 건물 전체에 가변형 학습공간을 도입한다.
- 시소Seesaw와 구글 클래스룸Google Classroom을 활용한 포트폴리오 기반 평가로 학생들에게 표준 교육과정에 부합하면서도 더 나은 피드백을 제공한다.
- 전 교직원이 연결성의 힘과 PLN의 중요성을 믿는다.
- 다양한 소셜미디어를 체계적으로 사용하여 이해관계자들과 소통함으로써 학교의 최신 소식과 스토리를 전하고 긍정적인 브랜드 입지를 구축한다.

그저 학부모로서 느낀 단상을 나열한 것이 아니다. 나는 영광스럽게도 CFISD의 파트너로 웰스초등학교에 연구 기반, 증거 기반의 디지털 리더십과 학습 솔루션을 지원하는 일에 참여했다. 나는 첫 두 해 동안 이 학교의 교사와 관리자들의 현장 코치로 일했다. 앞서 설명했듯이 활기찬 학습 문화를 창출하고 유지하기 시작할 때 그 목표에는 모든 아이들이 배우는 것을 좋아하게 만들고 높은 성과를 거두는 것도 포함되어 있었다. 이 학교에서 처음 표준화 성취도 평가를 실시했을 때 그 결과는 놀라웠다. 아래는 '능숙함proficient' 이상의 평가를 받은 학생의 비율이다.

3~5학년 전체

수학 : 97퍼센트

읽기 : 97퍼센트

학년별

5학년 읽기 : 99퍼센트

5학년 수학 : 99퍼센트

5학년 과학 : 96퍼센트

4학년 쓰기 : 93퍼센트

웰스초등학교의 시도는 훌륭했고 탁월한 성과가 나왔다. 그러나 발전할 가능성이 더 크다는 사실을 모두 알고 있었다. 모든 교육구, 학교, 학급에 해당하는 이야기다. 우리는 과감한 비전과 혁신적인 학습 그리고 교수법의 변화를 위해 늘 힘써야 한다. 이 책에서 줄곧 말했듯이, 테크놀로지는 혁신적인 아이디어를 추구하며 계속 변화할 것이다.

디지털 효능을 달성하는 법 ───

성과를 보여주는 것은 교장인 내 책임이었다. 재직하는 동안 여러 교육감들이 나에게 이 문제를 상기시켜주었다. 그러나 뉴밀퍼드고등학교에서 디지털 혁신을 추진하기 시작했을 때, 한 교육감은 새로운 시도가 더 낮다는 주장의 증거가 있는지 단도직입적으로 물었다. 이 질문은 내 걸음을 멈추게 했으며, 우리가 하는 일의 기초를 마련할 계기가 되어주었다. 그것은 학교와 나에게 정말 필요한 순간이었다. 모든 이해관계자가 변화를 수용하게 하려면 개선이 이루어지고 있다는 말보다 직접 보여주는 것이 중요하다.

성과를 책임지는 일은 중요하며 우리의 현실이기도 하다. 그것은 무엇보다 학생들에 대한 책임이다. 나는 목적의식적인 테크놀로지 사용과 혁신적인 교육 방식을 지지하는 사람으로서 이 전략이 학습 향상에 얼마나 효과적인지 보여주어야 했다. 설명과 주장만으로는 절대로 충분하지 않았다. 효능efficacy이라는 용어가 내 머릿속에 계속 맴돌고 대화에도 자주 등장하게 된 것이 바로 이때부터다.

교육은 현실이라서 효능이 중요하다. 디지털 테크놀로지를 도입하는 문제도 결국 교육 효능이라는 더 큰 주제의 일부라는 점을 잊으면 안 된다. 이 단어는 우리의 일상과 업무의 일부가 되어야 한다. 간단히 말하자면, 효능은 원하는 결과와 목표가 달성되는 정도를 말한다. 이 개념을 디지털 시대의 교수·학습과 리더십에 적용하면 테크놀로지와 혁신적인 방법의 도입이 장식품이나 부가 요소에 그치지 않고 확실히 자리 잡게 만들 수 있다.

의도한 목표와 강력한 교수법적 기초는 효능을 위한 여정의 시작이자 끝이다. 이 두 가지 없이는 테크놀로지나 새로운 아이디어를 가져다놓아봤자 아무 효능도 거두지 못할 공산이 크다. 5장에서 다룬 엄격성/현실 적합성 프레임워크는 모두를 위한 공통 언어를 제공하고 공동의 비전을 둘러싼 문화를 창출하며, 교육과정·수업·평가를 검토하는 비판적 렌즈를 구축함으로써 학교와 교육자에게 견제와 균형 체계를 제공한다. 따라서 엄격성/현실 적합성 프레임워크는 혁신적 학습과 디지털 테크놀로지 활용을 돕는 대표적인 수단이다.

한 학교의 학습 문화를 이 프레임워크에 맞추어 조정하는 일은 그 자체로 의미가 있다. 뿐만 아니라 학습이 왜 바뀌어야 하고 어떻게 바뀌어야 하는지를 두고 온·오프라인에서 수많은 대화를 낳는다. 이러한 프레임워크는 강력한 교수법적 기초의 중요성을 강조하면서 우수 사례를 시스템의 한 요소로 포함해 학교 전체로 확장하는 데 도움을 준다. 또한 개선을 위해 평가하고 성찰할 수단을 제공한다.

디지털 학습에 관한 전체적인 비전을 확실하게 세우고 나면 성공을 위한 구조와 지원 방법 마련에 착수할 수 있다. 이 시점에서 다시 효능이 관건이 된다. '왜'가 아무리 훌륭해도 '어떻게'와 '무엇을'으로 구체화하지 않으면 소용이 없다. 이때 테크놀로지와 혁신적인 방식의 효과성 판단이 중요하다. 디지털 리더는 다섯 영역에 초점을 맞춘다. 바로 핵심 질문, 연구, 실용성, 증거와 책무 이행, 성찰이다. 이 영역들은 모든 교실과 학교, 교육구, 기관을 디지털 효능을 달성하는 길로 이끌 것이다.

핵심 질문

질문은 우리가 지향하는 목표 지점과 거기에 도달할 방법, 성공 여부에 구체적인 맥락을 제공한다. 변화 프로세스의 초기에는 대답보다 질문이 많은 것이 자연스러운 현상이다. 시간이 지날수록 디지털 학습의 효능이 특정 형태로 성취되었음을 구체적으로 답할 수 있을 것이다. 아래 질문에 어떻게 대답할 수 있을지 생각해보자.

- 테크놀로지가 학교 문화에 끼치는 영향을 입증할 수 있는 증거는 무엇인가?
- 학습의 현실 적합성을 어떻게 달성하고 있는가?
- 학생들이 미래에 잘 대비하는 데 도움이 되게끔 엄격성과 현실 적합성을 갖춘 학습 과제를 실행, 지원하는 방법은 무엇인가?
- 현실 세계 같은 환경과 학습 기회를 모델링하는 공간을 창출하려면 무엇이 필요한가?
- 테크놀로지가 학생들의 학습과 성취에 미치는 영향을 측정하는 데 사용할 만한 관찰 가능한 증거로는 무엇이 있는가?
- 테크놀로지가 학습을 강화할 수 있게끔 교사와 학생에게 맞춤형 피드백을 제공하려면 어떻게 해야 할까?

연구

앞서 언급한 것처럼, 학술적 연구는 교육에 널리 활용된다. 연구 결과는 학생들의 학습에 실제로 효과가 있는 방법이나 도구가 무엇인지에 관한 기초 자료를 제공한다. 질이 낮은 연구도 있지 않느냐고? 맞다. 디지털 시대의 학습 혁신에 필요한 자료를 얻기 위해 수많은 연구를 엄밀하게 살펴서 가장 훌륭하고 실용적인 연구를 선별하는 작업은 교육자인 우리의 몫이다. 과거의 연구도 예외가 아니다. 예를 들어, 오늘날 많은 교육자들은 학생 주도형 학습, 프로젝트 기반 학습, 협력 학습을 지지한다. 디지털 테크놀로지도 이러한 학습 모델에 도움이 되지만, 이론적 검증을 제공하는 것은 듀이·비고츠키·피아제·패퍼트·블

그림 12.1 **학습 모델의 이론적 기반**

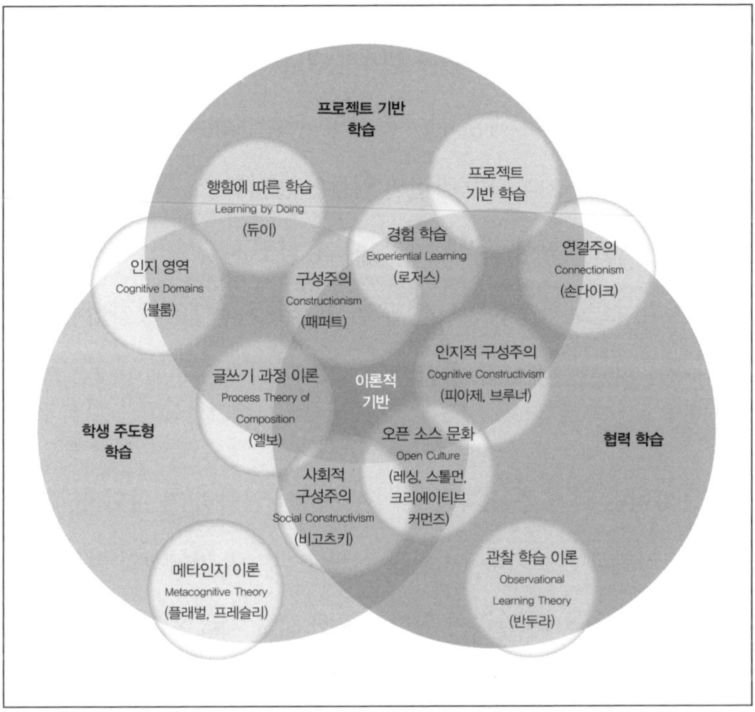

룸 등 여러 학자들의 연구다(그림 12.1 참조). 효능이 목표라면, 우리가 하는 작업에 정보를 제공하거나 영향을 주는 학문적 논리 구조를 이해할 필요가 있다.

실용성

우리가 하는 모든 일은 주어진 제약 안에서 주어진 요구에 부합해야 한다. 학생들을 표준화한 시험에 대비시켜야 한다는 점도 마찬가지다. 실용성이 없다면 새로운 아이디어와 교육 방식을 실행에 옮기는 추진력이 시들해지거나 아예 사라지고 말 것이다. 예를 들어, 표준 교육과정의 범위와 순서에 부합하는 엄격한 디지털 수행 과제를 만들 수 있다. 이때 수행 과제에는 표준과 얻어진 결과에 관한 가치 있는 정보를 학습자와 교육자에게 제공하는 평가 양식(형성 평가 또는 총괄 평가)이 포함되어야 한다. 여기까지는 작업의 일부일 뿐이다.

엄격성/현실 적합성 프레임워크를 활용하면 학습자가 배운 것을 의미 있는 방식으로 응용하면서 비판적 사고와 문제 해결에 참여하는 수행 과제를 만드는 데 도움이 된다. 학생들은 자연스럽게 이 과정의 주체가 될 것이다.

실용성이란 더 좋은 결과를 얻기 위해 "더 열심히"가 아니라 "더 현명하게" 일한다는 뜻이다. 이 책에 소개한 디지털 리더십의 일곱 기둥은 지금 하는 일을 더 잘하기 위한 유용한 틀을 제공한다. 각자의 관점에서 각 기둥을 검토하고 합리적인 개선 전략을 개발하라.

단, 여기서 잊지 말아야 할 점이 있다. 디지털 리더의 임무는 연결하고 테크놀로지를 사용하고 공간을 바꾸는 방법을 제시하는 데서 끝나지 않는다. 디지털 리더는 인간 대 인간의 대화와 디지털 디바이스에서 해방되는 방법도 제시해야 한다. 교육자라면 디지털화한 세계가 학생들이 자라온 환경이며 늘 그들이 있는 곳이라는 이유로 자기까지 그속에 매몰되면 안 된다.

학생들에게 세계의 다른 측면을 보여주는 것 또한 학교 리더의 책임이다. 테크놀로지는 교육의 모든 부분을 향상하는 만능열쇠가 아니다. 실용성을 고려하는 것은 곧 균형을 추구하는 것을 말한다. 교육자는 인간 대 인간의 상호작용을 갈망하며, 숨을 고르고 동료와 진정한 대화를 나눌 시간을 필요로 한다. 우리에게는 테크놀로지만큼이나 대인 상호작용도 필요하다. 따라서 디지털 리더는 대인 상호작용을 촉진하는 일도 소홀히 하면 안 된다.

증거와 책무 이행

테크놀로지와 혁신적인 아이디어의 도입은 수업의 수익률, 다시 말해 학생들의 학습 성과가 향상되었다는 증거로 이어져야 한다(Sheninger & Murray, 2017). 이 영역의 중요성에 관해 터놓고 대화하기를 주저하면 안 된다. 어느 직업이든 증거와 책무 이행accountability을 보여줘야 하지만, 교육에서는 우리 일의 효능을 증명하고 변화를 확장해야 하기에 더 많은 것이 요구된다. 우리는 더 높은 표준에 부합하는 수업 설계, 디지털 교수 기법, 평가 방법 개발에 초점을 맞추어야 한다.

테크놀로지가 교수·학습을 지원, 강화하는 도구로 진지하게 받아들여지려면 테크놀로지에 대한 섣부른 가정과 일반화에서 벗어나야 한다. 나는 학생들이 학습의 주체가 되고, 창의적인 성과물을 만들며, 개념 숙달을 보여주고, 스스로의 목소리를 내기를 바란다. 또 온라인 공간에서 책임감 있게 행동하고 실제성 있는 방식으로 세계와 연결되는 모습도 기대한다. 교육자의 관점에서는 교사와 관리자들이 테크놀로지와 혁신적인 방식으로 교수·학습과 리더십을 개선하는 것도 바라는 바다. 그러나 교장으로서는 명백한 결과도 필요하다. 이것은 모든 교사와 관리자에게 무시할 수 없는 현실이다. 학생들이 최고 수준의 지식 분류에 맞게 적절한 방식으로 배운 것을 적용할 줄 안다는 증거를 보여줄 필요가 있다. 설명만으로는 충분하지 않다.

데이터, 관찰/평가, 포트폴리오, 성과물을 활용하여 성공을 입증할 방법을 생각해보자. 모든 것을 측정할 수는 없고 그렇게 할 필요도 없다. 그러나 교육의 효과에 초점을 맞춘다면 개선이 실제로 일어나고 있는지 판단할 여러 질적·양적 지표를 누구나 마련할 수 있다.

성찰

디지털 테크놀로지와 혁신적인 아이디어는 교육에서 놀라운 일을 만들어내고 있다. 우리는 늘 스스로의 발전과 끊임없는 개선을 위해 노력해야 한다. 우리가 더 큰 효능을 위해 서로를 자극할수록 교육과 학습, 리더십에서 공동 목표에 점점 더 가까워질 것이다. 웰스초등학교의 사례는 꿈의 학교, 디지털 리더십이 효능을 발휘한 최고의 예를 보여준다. 내 딸이 배움을 좋아하고 자신의 미래를 훌륭하게 대비하게 되었다는 것은 나와 내 아내에게 그 무엇과도 바꿀 수 없는 일이었다. 나는 이저벨라가 경험한 매력적인 학습 기회가 그 아이에게 자기 꿈을 향해 나아가게 하는 더 큰 동기를 부여하기를 바란다. 그 꿈이 무엇이든 말이다.

디지털 리더는 학교를 흥미진진하고 자극제가 되는 학습의 장, 학생들이 전통적인 수업과 교육 테크놀로지를 활용한 활동 모두에서 개념을 이해하고 응용하는 과정에 활발하게 참여하는 곳으로 만드는 사람이다. 이 시대는 모든 리더에게 사회 변화를 더 빠르게 인지하고 끊임없이 진화하는 현실 세계에 연결될 기회를 포착하기를 요구한다. 이제는 모든 학습자에게 예측 불가능한 세상을 헤쳐나가 성공할 수 있는 역량을 제공하기 위해 우리의 현재 모습을 비판적으로 성찰해봐야 할 때다. 학생들이 스스로 의미 있는 방식으로 배운 것을 숙고하고 적용해볼 수 있게끔 권한을 부여하자. 그렇게 해야만 학습자들을 특정한 미래가 아닌 어떤 미래에든 대비시킬 수 있다.

디지털 리더십의 일곱 기둥을 기본 틀로 삼아 학교 문화를 궁극적으로 바꿀 의미 있는 변화를 시작할 수 있다. 그러나 그 변화를 유지하는 것은 리더에게 달려 있다. 이를 위해 리더는 명확한 비전 수립, 전략적 계획 개발, 구성원의 권한 부여, 위험을 감수할 수 있는 환경 조성, 일정 부분의 통제 포기, 교육 테크놀로지를 효과적으로 활용하는 모델 제시, 학습 선도자 역할을 수행해야 한다. 디지털 리더는 끊임없이 진화하는 테크놀로지 도구들을 놓치지 않고 살피며 그 지원과 훈련에 관한 정보도 업데이트해야 한다.

테크놀로지에는 동일한 목표를 더 나은 방법으로 달성하게 해주는 힘이 있다. 그러나 대인 상호작용도 그에 못지않게 교육을 변화시키는 핵심 구성 요소이며 앞으로도 그럴 것이다. 디지털 리더는 이 점을 숙지해야 한다. 우리에게 필요한 변화를 예측하면서 상호작용을 바탕으로 하는 관계 구축을 함께 고려하고 비전을 현실로 만들고자 할 때 디지털 리더십의 일곱 기둥이 하나의 지침이 될 수 있을 것이다. 결국 모든 것은 관계로 귀결된다. 신뢰가 없으면 관계도 없으며, 관계가 없으면 진정한 학습도 일어나지 않는다.

생각해볼 문제

가장 중요한 것은 우리가 하고 있는 일에 대한 꾸준한 성찰이다. 디지털 학습의 효능을 되돌아보기 위해 370쪽의 '핵심 질문'에 더하여 스스로에게 아래의 질문을 던져보자.

• 우리 학생들은 무엇인가를 배웠는가?

• 우리 학생들이 배웠는지 어떻게 알 수 있는가?

• 다른 사람들은 우리 학생들이 배웠는지 어떻게 알 수 있는가?

• 개선을 위해 무엇을 할 수 있는가?

• 고려하지 않은 관점이 있는가?

교육계의 반응

셰닝어의 《디지털 리더십으로 이끄는 최고의 학교》는 철저하게 현장에 기반해 생생한 사례를 보여준다. 초판보다 더 진전되고 더 견고해진 개정판은 그 어떤 책보다 테크놀로지와 학습, 변화 리더십이 유기적으로 통합되어 있다. 저자가 제시하는 학습의 일곱 기둥은 모든 것을 포괄한다. 이 책은 수준 높은 실행을 위해 필요한 리더십이 무엇인지 훌륭하게 포착하며, 효능과 역량을 강조한 점도 인상적이다. 최신 노하우로 학습의 질을 높이고자 하는 모든 교육자에게 유익할 것이다.

— 마이클 풀란(토론토대학교 부설 온타리오교육연구소 명예교수,
《학교개혁은 왜 실패하는가》 저자)

《디지털 리더십으로 이끄는 최고의 학교》는 그야말로 역작이다. 빠르고 격렬한 디지털 세계 속에서 교육의 변화를 모색하는 사람들이라면 이 시의적절하고 현실적인 책을 반드시 읽어야 할 것이다. 이 책의 핵심 내용은 소프트웨어나 하드웨어가 아니라 학습과 교수법에 관한 것이다. 또한 디지털 시대에 발맞춘 변화의 선언문이며, 테크놀로지를 활용하여 모든 학생의 학습 성과와 삶의 기회를 향상시킬 방법에 대해 말한다. 필독할 것!

— 앨마 해리스(영국 스완지대학교 교육대학 학장)

테크놀로지를 교육에 도입하는 데 대해 히스테리 반응을 보이는 사람들이 있다. 특히 관리자 쪽이 더 심하다. 리더가 할 일이 차고 넘치기 때문일 수도 있

다. 이 책은 각자의 학교 또는 교육구에서 리더의 일을 단순화할 수 있게 도와준다. 문제는 우리 학생들이 새로운 환경을 갈망한다는 것이다. 저자는 이 책에서 과민 반응을 가라앉힐 만한 사려 깊은 프레임워크를 제시한다. 이 솔루션은 우리의 현재 위치와 가야 할 방향을 어떻게 잇는지 보여주고 있어 모든 교육자에게 유익할 것이다. 또한 전략적 사고, 문제 해결, 협업, 의사결정의 지침이 될 알차고 현실적인 정보가 가득하며, 그 혜택은 학생에게 돌아갈 것이다. 디지털 시대에 어떻게 구성원들을 이끌어나가야 할지 궁금해하는 수많은 리더가 있다. 다행스럽게도 이제 우리에게는 《디지털 리더십으로 이끄는 최고의 학교》가 있다.

— 앰버 티만 (텍사스주 휘트초등학교 교장)

《디지털 리더십으로 이끄는 최고의 학교》 개정판 출간은 매우 흥분되는 일이다. 2014년 초판이 나온 후 우리는 테크놀로지 발전에 의한 디지털 지형의 여러 변화를 목격해왔다. 우리는 리더로서 이러한 변화에 적응하여 학교의 지속 가능하고 의미 있는 변화를 이끌어야 한다. 저자는 높이 평가받는 교육자이자 리더, 작가, 강연가로서 교수법의 프레임워크와 실용적인 아이디어, 학교 현장에서 나온 실제 사례들을 전달하는 데 헌신하고 있다. 독자가 학교에서 어떤 역할을 맡고 있든, 이 책의 내용을 업무에 적용해보면서 자신의 업무 방식을 바꾸어 교육자로서 지속적인 진화를 추구할 것이라고 확신한다.

— 지미 카사스 (교육자, 작가, 강연가, 리더십 코치)

테크놀로지를 지지하지 않거나 테크놀로지에 대해 별다른 감흥을 느끼지 못했던 리더라도 이 책을 다 읽고 나면 달라질 것이다. 저자는 테크놀로지가 발전하고 그것이 학생들의 존재 방식이 되어감에 따라 학교 리더들이 그 흐름에 발맞추거나 앞서나가야 한다고 말한다. 이 책은 오늘날의 리더들에게 생각할 거리를 주며 그들을 독려한다. 그리고 무엇보다 실용적이다.

— 러셀 J. 쿼글리아 (교육학 박사, 작가)

리더의 역할은 구성원의 할 일을 지시하는 것이 아니라 그들이 어떻게 성장할 수 있는지 몸소 보여주는 것이다. 교육의 세계는 해마다, 아니 매일매일 변한다. 디지털 테크놀로지는 학교의 리더를 둘러싼 환경을 끊임없이 변화시키고 있으며, 모든 리더는 이 새로운 환경을 헤쳐 나갈 방법을 익혀야 한다. 구성원들의 리더십 역량을 키우면 시스템 전체가 달라진다. 저자 에릭 셰닝어는 그 길을 알려줄 뿐만 아니라 나아가기 위한 연결 고리도 제공한다. 이 책은 ISTE 표준, 퓨처 레디 프레임워크, 조직 변화가 어떻게 맞물리는지 가르쳐준다는 점에서 전 세계의 리더들을 위한 필독서다.

— 조 샌펠리포 (작가, ICLE에서 2016~2017학년도
최고의 혁신 교육구로 선정된 폴크릭 교육구 교육감)

에릭 셰닝어가 또 해냈다! 《디지털 리더십으로 이끄는 최고의 학교》 개정판을 읽으니 이 책 제목만으로도 '강력한 스토리'가 분명하게 느껴진다. 저자는 그저 디지털 리더십을 연구하고 그것을 바탕으로 컨설팅을 시작한 사람이 아니라, 실제로 매우 성공적인 교장으로서 디지털 리더십을 직접 발휘한 현장 전문가다. 디지털 방식으로 그가 이끈 학교는 엄청난 성공을 거두었다. 그 전략은 《디지털 리더십으로 이끄는 최고의 학교》 개정판 전체에 스며들어 있다. 리더로서 학교의 교육 프로그램에 테크놀로지를 성공적으로 융합할 입증된 전략을 찾고 있다면, 이 책이 답을 줄 것이다.

— 바루티 카펠레 (교장, 강연가, 컨설턴트, 작가)

온라인 자료

온라인 자료 3.1   평가 공정성 개선안(goo.gl/s3jFLK)

온라인 자료 4.1   ISTE 교육지도자 표준(www.iste.org/standards/for-education-leaders)

온라인 자료 4.2   ISTE 표준(www.iste.org/standards)

온라인 자료 4.3   퓨처 레디 프레임워크(futureready.org)

온라인 자료 4.4   퓨처 레디 프레임워크와의 관계(goo.gl/7RN6mS)

온라인 자료 5.1   인스타그램 프로젝트 평가 기준(goo.gl/mJYEzL)

온라인 자료 6.1   메이커스페이스 자료(tinyurl.com/y6vjtmc4)

온라인 자료 6.2   오픈코스웨어 사이트(goo.gl/oF7EPm)

온라인 자료 6.3   NMHS의 오픈코스웨어를 통한 개인 연구IOCS (sites.google.com/site/opencoursewarestudies/)

온라인 자료 6.4   MIT OCW 스콜라 사이트(ocw.mit.edu/courses/ocw-scholar)

온라인 자료 8.1   뉴밀퍼드고등학교 운동부 트위터 페이지(twitter.com/NMHS_Athletics)

온라인 자료 8.2   뉴밀퍼드고등학교 트위터 페이지(twitter.com/NewMilfordHS)

온라인 자료 8.3   소통과 참여를 위한 트위터 활용 안내문(tinyurl.com/y8clvas5)

온라인 자료 8.4   《교장 리포트》견본(tinyurl.com/y7plm9uy)

온라인 자료 8.5   《교장 리포트》템플릿(tinyurl.com/ycnn8vvj)

온라인 자료 8.6   집슬립(www.zippslip.com)

온라인 자료 9.1   학생 정보 활용 동의서 견본(tinyurl.com/yatt7pdq)

온라인 자료 11.1 아카데미@뉴밀퍼드고등학교(goo.gl/8XQ4jv)

온라인 자료 12.1 뉴저지의 한 고등학교는 어떻게 학생들의 변화를 따라잡았나 (tinyurl.com/y8g3aaa2)

온라인 자료 12.2 디지털 프랙티스 평가(tinyurl.com/ybyaotlr)

* 온라인 자료는 사이트 운영자의 상황에 따라 변경되거나 접속이 원활하지 않을 수 있습니다.

참고문헌

Anderson, S., & Stiegelbauer, S. (1994). Institutionalization and renewal in a restructured school. *School Organization, 14*(3), 279-293.

Arnold, M., Perry, R., Watson, R., Minatra, K., & Schwartz, R. (2006). *The practitioner: How successful principals lead and influence.* Ypsilanti, MI: National Council of Professors of Educational Administration. Retrieved February 16, 2013, from http://cnx.org/content/m14255/1.1

Barrett, P., & Zhang, Y. (2009). *Optimal learning spaces: Design implications for primary schools.* Salford, UK: Design and Print Group.

Barrett, P., Zhang, Y., Davies, F., & Barrett, L. (2015). *Clever classrooms: Summary findings of the HEAD Project (Holistic Evidence and Design).* Salford, UK: University of Salford, Manchester.

Barrett, P., Zhang, Y., Moffat, J., & Kobbacy, K. (2013). A holistic, multi-level analysis identifying the impact of classroom design on pupils' learning. *Building and Environment, 59*, 678-689.

Barseghian, T. (2011). Straight from the DOE: Dispelling myths about blocked sites. *Mindshift: How we will learn.* Retrieved December 26, 2012, from http://blogs.kqed.org/mind-shift/2011/04/straight-from-the-doe-facts-about-blocking- sites-in-schools/

Boaler, J., & Zoido, P. (2016). Why math education in the US doesn't add up. *Scientific American.* Retrieved November 19, 2018, from https://www.scientificamerican.com/article/why-math-education-in-the-u-s-doesn-t-add-up/

Bouffard, S. (2008). *Tapping into technology: The role of the Internet in family-school communication.* Retrieved September 21, 2013, from http://www.hfrp.org/publications-resources/browse-our-publications/tapping-into-technology-the-role-of-the-internet-in-family-school-communication

Buchanan, R., & Clark, M. (2017). Understanding parent-school communication for students with emotional and behavioral disorders. *The Open Family Studies Journal,* 10, 122-131.

Carter, D., & White, M. (2017). *Leading schools in disruptive times: How to survive hyper-change.* Thousand Oaks, CA: Corwin.

Casero-Ripolles, A. (2012). Beyond newspapers: News consumption among young people in the digital era. *Comunicar, 20*(39), 151-158.

Cheryan, S., Ziegler, S., Plaut V., & Meltzoff, A. (2014). Designing classrooms to maximize student achievement. *Behavioral and Brain Sciences, 1*(1), 4-12.

Cheu-Jey, L. (2015) Project-based learning and invitations: A comparison. *Journal of Curriculum Theorizing, 1*(3), 63-73.

Churches, A. (2008). *21st century pedagogy.* Retrieved July 1, 2013, from http://edorigami.wikispaces.com/21st+Century+Pedagogy

Couros, A. (2006). *Examining the open movement: Possibilities and implications for education.* Retrieved from http://www.scribd.com/doc/3363/Dissertation-Couros-FINAL-06-WebVersion

Daggett, W. (2016). *Rigor/Relevance Framework2®: A guide to focusing resources to increase student performance.* Rexford, NY: International Center for Leadership in Education.

Darling-Hammond, L., Hyler, M., Gardner, M., & Espinoza, D. (2017). *Effective teacher professional development.* Learning Policy Institute. Retrieved August 18, 2018, from https://learningpolicyinstitute. org/sites/default/files/product-files/Effective_Teacher_Professional_Development_BRIEF.pdf

Darling-Hammond, L., Zielezinski, M., & Goldman, S. (2014). *Using technology to support at-risk students' learning.* Stanford, CA: The Alliance for Excellent Education and Stanford Center for Opportunity Policy in Education.

Demski, J. (2012). 7 habits of highly effective tech-leading principals. *THE Journal.* Retrieved December 29, 2012, from http://thejournal.com/articles/2012/06/07/7-habits-of-highly-effective-tech-leading-principals.aspx

Dewey, J. (1910). *How we think.* New York, NY: Prometheus Books.

Dornhecker, M., Blake, J., Benden, M., Zhao, H., & Wendel, M. (2015). The effect of standbiased desks on academic engagement: An exploratory study. *International Journal of Health Promotion and Education, 53*(5), 271-280.

DuFour, R., DuFour, R., & Eaker, R. (2008). *Revisiting professional learning communities at work: New insights for improving schools.* Bloomington, IN: Solution Tree.

Edudemic. (2012). *Pedagogical framework for digital tools.* Retrieved March 23, 2013, from http://edudemic.com/2012/12/a-pedagogical-framework-for-digital-tools/

Edutopia. (2012). *What works in education.* The George Lucas Educational Foundation. Retrieved December 23, 2012, from http://www.edutopia.org

Epstein, J. L. (2011). *School, family, and community partnerships: Preparing educators and improving schools* (2nd ed.). Philadelphia, PA: Westview Press.

Escueta, M., Quan, V., Nickow, A. J., & Oreopoulos, P. (2017). *Education technology: An evidence-based review.* NBER Working Paper No. 23744. Cambridge, MA: National Bureau of Economic Research.

Federal Communications Commission. (2011). *Children's Internet Protection Act (CIPA).* Washington, DC: Author. Retrieved September 14, 2013, from http://www.fcc.gov/guides/childrens-internet-protection-act

Ferriter, W. M. (2013). Technology is a tool, not a learning outcome [Blog post]. Retrieved July 13, 2013, from http://blog.williamferriter .com/2013/07/11/technology-is-a-tool-not-a-learning-outcome/

Ferriter, W. M., Ramsden, J. T., & Sheninger, E. C. (2011). *Communicating & connecting with social media.* Bloomington, IN: Solution Tree.

Finette, P. (2012, November 1). The participation culture: Pascal Finette at TEDxorangecoast. Retrieved January 5, 2013, from http://www.youtube.com/watch?v=yJMnVieDfD0

Fisher, A., Godwin, K., & Seltman, H. (2014). Visual environment, attention allocation, and learning in young children: When too much of a good thing may be bad. *Psychological Science, 25*(7), 1362-1370.

Fleming, L. (2015). *Worlds of making.* Thousand Oaks, CA: Corwin.

Fleming, L. (2017). *The kickstart guide to guide to making great makerspaces.* Thousand Oaks, CA: Corwin.

Friedman, T. (2005). *The world is flat.* New York, NY: Farrar, Strauss, and Giroux.

Fullan, M. (2001). *Leading in a culture of change.* San Francisco, CA: Jossey-Bass.

Fullan, M. (2011). *The six secrets of change: What the best leaders do to help their organizations survive and thrive.* San Francisco, CA: Jossey-Bass.

Gee, J. P. (2007). *What video games have to teach us about learning and literacy* (2nd ed.). New York, NY: Macmillan.

Gerstein, J. (2013). *Schools are doing Education 1.0; talking about doing Education 2.0; when they should be planning Education 3.0.* User Generated Education. Retrieved March 23, 2013, from http://usergeneratededucation.wordpress.com/2013/03/22/schools-are-doing-education-1-0-talking-about-doing-education-2-0-when-they-should-be-planning-education-3-0/

Gladwell, M. (2008). *Outliers.* New York, NY: Little, Brown.

Glazer, N. (2009). Outliers, by Malcolm Gladwell [Book review]. *Education Next.* Retrieved December 29, 2012, from http://educationnext.org/nature-or-culture/

Godin, S. (2010). *Linchpin: Are you indispensable?* New York, NY: Penguin Group.

Gordon, D. (2010). Wow! 3D content awakens the classroom. *THE Journal.* Retrieved December 26, 2012, from http://thejournal.com/articles/2010/10/01/wow-3d-content-awakens-the- classroom.aspx

Gronn, P. (2000). Distributed properties: A new architecture for leadership. *Educational Management and Administration, 28*(3), 371.

Harris, A., & Lambert, L. (2003). *Building leadership capacity for school improvement.* Maidenhead, UK: Open University Press.

Hatch, M. (2014). *The maker movement manifesto.* New York, NY: McGraw Hill.

Haystead, M., & Marzano, R. (2009). *Evaluation study of the effects of Promethean ActivClassroom on student achievement.* Retrieved December 26, 2012, from http://www1.promethean-world.com/server.php?show=nav.19203

Henderson, A. T., Mapp, K. L., Johnson, V. & Davies, D. (2007). *Beyond the bake sale: The essential guide to family-school partnerships.* New York, NY: The New Press.

Herold, B. (2016, February 5). Technology in education. *Education Week.* Retrieved January 2, 2019, from http://www.edweek.org/ew/issues/technology-in-education/

Herold, D., & Fedor, D. (2008). *Change the way you lead change.* Stanford, CA: Stanford University Press.

Hopkins, D., & Jackson, D. (2003). Building the capacity for leading and learning. In A. Harris, C. Day, M. Hadfield, D. Hopkins, A. Hargreaves, & C. Chapman (Eds.), *Effective leadership for school improvement* (pp. 84-105). London, UK: Routledge Falmer.

Hoyle, J. R., English, F. W., & Steffy, B. E. (1998). *Skills for successful 21st century school leaders: Standards for peak performers.* Arlington, VA: American Association of School Administrators.

HRTMS. (2016). *Skills or competencies . . . what's the difference?* Retrieved July 7, 2018 from http://www.hrtms.com/blog/skills-or-competencieswhats-the-difference

IGI Global & Information Resources Management Association. (2018). *Gamification in education: Breakthroughs in research and practice.* Hershey, PA: IGI Global.

Immordino-Yang, M. H., & Faeth, M. (2010). The role of emotion and skilled intuition in learning. In D. A. Sousa (Ed.), *Mind, brain and education: Neuroscience implications for the classroom* (pp. 69-84). Bloomington, IN: Solution Tree Press.

International Society for Technology in Education (ISTE). (2018). *ISTE standards for education leaders.* Retrieved July 15, 2018, from https://www.iste.org/standards/for-education-leaders

Internet World Stats. (2018). *Internet growth statistics: Today's road to e-commerce and global trade.* Internet Technology Reports. Retrieved May 22, 2018, from https://www.internetworldstats.com/emarketing. htm

Jacob, S. R., & Warschauer, M. (2018). Computational thinking and literacy. *Journal of Computer Science Integration, 1*(1). Retrieved January 1, 2019, from https://inspire.redlands.edu/cgi/viewcontent. cgi?article=1003&context=jcsi

Jacobs, R. (2009). *Leveraging the "networked" teacher: The Professional Networked Learning Collaborative.* Retrieved February 24, 2013, from http://educationinnovation.typepad.com/my_weblog/2009/06/lever aging-the-networked-teacher-the-professional-networked-learning-collaborative.html

Jesdanun, A. (2017, February 10). How Google Chromebooks conquered schools. *AP News.* Retrieved June 9, 2018 from https://www.apnews.com/41817339703440a49d8916c0f67d28a6.

Johnson, S. (2006). *Everything bad is good for you.* New York, NY: Riverhead.

Jones, R. (2008). *Leading change in high schools.* Rexford, NY: International Center for Leadership in Education.

Jukes, I., McCain, T., & Crockett, L. (2010). *Understanding the digital generation: Teaching and learning in the new digital landscape.* Kelowna, BC, Canada: 21st Century Fluency Project [copublished with Corwin].

Junkala, J. (2018). Comfort is the enemy of progress. Medium. Retrieved May 14, 2018 from https:// medium.com/@joanijunkala/comfort-is-the-enemy-of-progress-3c861f758a6f

Kelly, F. S., McCain, T., & Jukes, I. (2009). *Teaching the digital generation: No more cookie-cutter high schools.* Thousand Oaks, CA: Corwin.

Kember, D., Ho, A., & Hong, C. (2008). The importance of establishing relevance in motivating student learning. *Active Learning in Higher Education, 9*(3), 249-263.

Kieschnick, W. (2017). *Bold school: Old school wisdom + new school technologies = blended learning that works.* Rexford, NY: International Center for Leadership in Education.

Killion, J. (2013). *Meet the promise of content standards: Tapping technology to enhance professional learning.* Oxford, OH: Learning Forward.

Kouzes, J. M., & Posner, B. Z. (2007). *The leadership challenge* (4th ed.). San Francisco, CA: Jossey-Bass.

Kouzes, J. M., & Posner, B. Z. (2009, January). To lead, create a shared vison. *Harvard Business Review.* Retrieved July 14, 2018 from https://hbr.org/2009/01/to-lead-create-a-shared-vision.

LeLoup, J. W., & Ponterio, R. (2000). *Enhancing authentic language learning experiences through Internet technology.* Report No. EDO-FL-00-02. Washington, DC: Office of Educational Research and Improvement.

Lemke, C. (2008). *Multimodal learning through media: What the research says.* San Jose, CA: Cisco Systems.

Lemke, C., Coughlin, E., & Reifsneider, D. (2009). *Technology in schools: What the research says: An update.* Culver City, CA: Cisco Systems.

Lin, M., Chen, H., & Liu, K. (2017). A study of the effects of digital learning on learning motivation and learning outcome. *Eurasia Journal of Mathematics, Science and Technology Education, 13*(7), 3553-3564.

Maich, K., & Hall, C. (2016) Implementing iPads in the inclusive classroom setting. *Intervention in School and Clinic, 51*(3), 145-150.

Martinez, S. L., & Stager, G. (2013). *Invent to learn: Making, tinkering, and engineering in the classroom.* Torrance, CA: Constructing Modern Knowledge Press.

Merchant, Z., Goetz, E. T., Cifuentes, L., Keeney-Kennicutt, W., & Davis, T. J. (2014). Effectiveness of virtual reality-based instruction on students' learning outcomes in K-12 and higher education: A meta-analysis. *Computers & Education, 70,* 29-40.

Mielke, D. (1999). *Effective teaching in distance education.* Report No. EDO-SP-1999-5. Washington, DC: Office of Educational Research and Improvement.

Murphy Paul, A. (2012). Your brain on fiction. *New York Times.* Retrieved August 3, 2018, from https://www.nytimes.com/2012/03/18/opinion/sunday/the-neuroscience-of-your-brain-on-fiction. html?pagewanted=all

National Association of Secondary School Principals (NASSP). (2011). *Breaking ranks: The comprehensive framework for school improvement.* Reston, VA: Author.

National Research Council. (2012). *Education for life and work: Developing transferable knowledge and skills in the 21st century.* Washington, DC: The National Academies Press.

Niels, J. (2012). *A pedagogical framework for digital tools.* Retrieved from http://www.edudemic.com/a-pedagogical-framework-for-digital-tools/

Olins, W. (2008). *The brand handbook.* London, UK: Thames & Hudson.

Peters, T. (1999). *The brand you 50.* New York, NY: Knopf.

Pink, D. (2011). *Drive: The surprising truth on what motivates us.* New York, NY: Riverhead.

Prensky, M. (2001). Digital natives, digital immigrants. *On the Horizon, 9*(5), 1-6.

Riedel, C. (2012, February 1). Digital learning: What kids really want. *THE Journal.* Retrieved January 5, 2013, from http://thejournal.com/articles/2012/02/01/digital-learning-what-kids-really-want.aspx

Rock, H. (2002). Job-embedded professional development and reflective coaching. *The Instructional Leader.* Retrieved August 18, 2018, from http://www.ascd.org/publications/classroom_leadership/may2002/Job-Embedded_Professional_Development_and_Reflective_Coaching.aspx

Rule, A. (2006). The components of authentic learning. *Journal of Authentic Learning, 3*(1), 1-10.

Saidin, N. F., Abd Halim, N. D., & Yahaya, N. (2015). A review of research on augmented reality in education: Advantages and applications. *International Education Studies, 8*(13), 1-8.

Schrum, L., & Levin, B. (2015). *Leading 21st century schools* (2nd ed.). Thousand Oaks, CA: Corwin.

Scott-Webber, L., Strickland, A., & Kapitula, L. (2014). *How classroom design affects student engagement.* Grand Rapids, MI: Steelcase Education.

Sheninger, E. (2015a). Transforming your school with digital communication. *Education Leadership, 72*(7). Retrieved January 1, 2019, from http://www.ascd.org/publications/educational-leadership/apr15/vol72/

num07/Transforming-Your-School-with-Digital-Communication.aspx

Sheninger, E. (2015b). *Uncommon learning: Creating schools that work for kids.* Thousand Oaks, CA: Corwin.

Sheninger, E., & Murray, T. (2017). *Learning transformed: Eight keys for designing tomorrow's schools, today.* Alexandria, VA: ASCD.

Sheninger, E., & Rubin, T. (2017). *BrandED: Tell your story, build relationships, empower learning.* San Francisco, CA: Jossey-Bass.

Skiba, D. J., & Baron, A. J. (2006). Adapting your teaching to accommodate the net generation of learners. *Online Journal of Issues in Nursing, 11*(2). Retrieved January 1, 2019, from http://ojin.nursingworld.org/MainMenuCategories/ANAMarketplace/ANAPeriodicals/OJIN/TableofContents/Volume112006/No2May06/tpc30_416076.aspx.

Spiro, R. J., & Jehng, J. (1990). Cognitive flexibility and hypertext: Theory and technology for the non-linear and multidimensional traversal of complex subject matter. In D. Nix & R. Spiro (Eds.), *Cognition, education, and multimedia* (pp. 163-205). Hillsdale, NJ: Erlbaum.

Stepien, W., & Gallagher, S. (1993). Problem-based learning: As authentic as it gets. *Educational Leadership, 50*(7), 25-28.

Tay, H. Y. (2016). Longitudinal study on impact of iPad use on teaching and learning. *Cogent Education, 3*(1). Retrieved January 1, 2019, from https://www.tandfonline.com/doi/full/10.1080/2331186X.2015.1127308?scroll=top&needAccess=true

Tomlinson, C. (2011). Respecting students. *Educational Leadership, 69*(1), 94-95.

Vest, C. M. (2004, January 30). Why MIT decided to give away all its course materials via the Internet. *The Chronicle of Higher Education,* p. 20.

Wexler, B. E., Iseli, M., Leon, S., Zaggle, W., Rush, C., Goodman, A., . . . & Bo, E. (2016, September 12). Cognitive priming and cognitive training: Immediate and far transfer to academic skills in children. *Scientific Reports, 6,* article 32859.

Whitaker, T. (2003). *What great principals do differently: Fifteen things that matter the most.* Larchmont, NY: Eye on Education.

Whitehurst, G. J. (2009). *Don't forget curriculum.* Washington, DC: Brookings Institution. Retrieved January 1, 2019, from https://www.brookings.edu/research/dont-forget-curriculum/

Willis, J. (2010). The current impact of neuroscience on teaching and learning. In D. A. Sousa (Ed.), *Mind, brain and education: Neuroscience implications for the classroom* (pp. 45-68). Bloomington, IN: Solution Tree Press.

Yildiz, M. N., & Keengwe, J. (Eds.). (2016) *Handbook of research on media literacy in the digital age.* Hershey, PA: IGI Global.

Zhao, Y. (2012). *World class learners.* Thousand Oaks, CA: Corwin.

Zheng, B., Warschauer, M., Lin, C. H., & Chang, C. (2016). Learning in one-to-one laptop environments: A meta-analysis and research synthesis. *Review of Educational Research, 86*(4), 1-33.

디지털 리더십으로 이끄는 최고의 학교

초판 1쇄 발행 2022년 1월 7일
초판 2쇄 발행 2023년 4월 17일

지은이 에릭 셰닝어
옮긴이 김보영
펴낸이 김명희 편집 이은희 책임편집 김미경 임주하 디자인 신병근 선주리

펴낸곳 다봄교육 등록 2011년 6월 15일 제2021-000136호
주소 서울시 마포구 토정로 222 한국출판콘텐츠센터 305호
전화 02-446-0120
팩스 0303-0948-0120
전자우편 dabombook@hanmail.net
인스타그램 instagram.com/dabom_books

ISBN 979-11-92148-01-4 93370

DIGITAL LEADERSHIP, 2nd Edition by Eric Sheninger
Copyright © 2019 by Corwin Press, Inc.
Korean translation copyright © 2022 Dabom Publishing
This Korean edition published by arrangement with Corwin Press, Inc.
(a SAGE Publications, Inc. company), USA through LENA Agency, Korea.
All rights reserved.

• 다봄교육은 출판사 다봄의 교육 도서 브랜드입니다.
• 책값은 뒤표지에 있습니다.
• 잘못 만든 책은 구입하신 곳에서 교환해 드립니다.